新时代中国乡村振兴指南丛书

乡村振兴的基础理论与应用

徐祥临 著

中国建筑工业出版社

图书在版编目（CIP）数据

乡村振兴的基础理论与应用 / 徐祥临著.—北京:
中国建筑工业出版社，2019.4
（新时代中国乡村振兴指南丛书）
ISBN 978-7-112-23539-1

Ⅰ. ① 乡… Ⅱ. ① 徐… Ⅲ. ① 农村–社会主义建设–
研究–中国 Ⅳ. ① F320.3

中国版本图书馆CIP数据核字（2019）第057218号

责任编辑：宋　凯　张智芊
书籍设计：锋尚设计
责任校对：王　烨
封面题字：房木生

新时代中国乡村振兴指南丛书
乡村振兴的基础理论与应用
徐祥临　著
*
中国建筑工业出版社出版、发行（北京海淀三里河路9号）
各地新华书店、建筑书店经销
北京锋尚制版有限公司制版
天津翔远印刷有限公司印刷
*
开本：787×960毫米　1/16　印张：17½　字数：217千字
2019年9月第一版　2019年9月第一次印刷
定价：45.00元
ISBN 978-7-112-23539-1
（33838）

总序一

乡建之要义在于『家国天下』

自从2017年乡村振兴成为国家重大战略以来，我被邀请到村子里去参加的全国性会议多了起来。于是，这段文字就写在了因“五大气候带覆盖下的浅表地理资源条件不同”而千差万别的山水乡村的行走之间……

开头这个小自然段的第二句话，言简意赅地表述了为什么我们这个国家在新时代要通过乡村振兴才能实现向生态文明的伟大转变——被钢筋水泥堆砌的城市，具有反生态的内在性质。只有与大自然内生多样性密切结合为一体的千差万别的乡村，才是生态文明的载体。据此可知，所谓中华文明的伟大复兴，乃是万年生态农业为主要内涵的文明在新时代的复兴！由此，中国人才在21世纪生发出从“乡愁”到“乡建”的多彩故事……

在中国治学的传统中主张格物致知，如今人强调的实践出真知。几十年来带着脚踏实地的乡建团队改写了过于偏斜的西方中心主义倾向，对某些照搬过来的一元论派生对立价值取向造成的跟风炒作也有了基本的识别能力。借此书作序，也寄望于本土的乡村研究者，至少要做到“理论联系实际”，才能自觉区别于那些浸淫于殖民化知识体系中的发展中国家所谓学术界的数典忘祖。

有鉴于此，这些年我便尽可能地支持那些长期坚持在乡村实际工作中形成理性思考的学者。其中就有对创设了乡建院的李昌平推进的农村实践活动的支持。

乡建院这些年在全国协作建设了212个新农村示范村，还以这些村为案例编写了《新时代中国乡村振兴指南丛书》。李昌平要我为这么丰富的乡村案例集作序，理当领命。

一、审时度势方可处变不惊

首先是想提醒读者，基于我自己20多年在政策界工作的经验，各种基于不同利益集团的不同政策意见本来就无所谓对错，相应带来的对不同利益结构的调整本来也应属正常。至于是非功过，只能留给后人。因此，恳请代表着各种利益结构的大咖们不要把下面的说法对号入座。

接受作序之请，恰逢岁末寒流强劲。一片彻骨肃杀之中提笔，难免想起一句话：“冬天都来了，春天还会远吗?”，但那话毕竟是个问号！我们注定要应对巨大挑战！然而，问题不在人家挑战，却在无问东西者与“不知杭汴”者的应对阙如！正所谓“盲人骑瞎马夜半临深池!”近年来之所以连“小员司小业主”们都有临渊之虞，是因为中国一方面正在遭遇国际局势恶化的严峻挑战，另一方面各种被海内外主流利益集团符合规律地生发出来的“灰犀牛”们，正被鞭策着奋蹄破尘……

好在天佑吾华！人们在“渔阳鼙鼓动地来”之际多少地有了些反思和觉醒。与其浑浑噩噩地跟着主流呼喊“40年未有之大变局”——

今人喊破嗓子也不如李鸿章“三千年未有之大变局”那一嗓子喊破了八旗贵胄之天下！

前些年，很多人把“产业结构高度化”和“加快城市化”作为主导思想的时候，我曾经提出过关于“两个50%”的警戒线，试图为决策者增加些思考的材料。一是“如果金融资本为主的所谓服务业占GDP比重超过50%，势必因金融异化于实体而内生性地爆发危机”；这个警戒线已经被突破，中国金融高速度扩张带动服务业占比很快超过了50%。二是“如果真实城市化率超过50%，中国就将不会再有城市资本危机代价向乡村转嫁而实现软着陆的基础”；这也正在被突破，中国现在的统计城市化率已近60%、户籍城市化接近50%……

这两句警语形成于我自1987年从事国际合作项目以来几十年大量开展的国际比较研究，并不表示对现行政策的任何对错。

中国融入全球化带来的演变，基本上符合西方主导资本全球化的规律。其在新世纪的主要变化过程是2001年美国爆发“9·11事件”为代表的政治危机，由此瞬间验证亨廷顿《文化冲突论》而陡然转向对恐怖主义的极高代价的连年战争；同年，美国还在经济上发生IT泡沫崩溃为标志的“新经济危机”。政治经济危机同时爆发，遂使2002年以来外资逃离美国大举进军中国，当然就造成进出口及外汇流入激增，同时当然导致国内人民币升值；这又反过来使外资追求汇率投机更多流入中国，诱使2003年以来几乎不可逆的“货币对冲”超发之下的“中国资金脱实向虚”——那一年的M2与GDP的比值逼近“2”倍。此后发生的，则是符合金融资本运作规律的国内“金融异化”。其直接表现是2007年与美国“次贷危机”同步爆发的中国股灾蒸发掉7万亿人民币的市值。但这显然没有改变输入型危机的规律——中国不分属性的资本巨婴们完全按照西方经济学教科书出牌——在华尔街金融海啸造成外需更大幅度下降演变为国内实体经济过剩派生的脱实向虚压力下，更多析出资金进入虚拟部门，随之而来的是2015年股市危机销掉21万亿人民币，接续汇市危机销掉1万多亿美元外储……

在长期加快城市化的国家战略下，促使资本及其风险都过度麇集于大城市的作用之下，新世纪第二个10年资金继续“脱实向虚”。这时，无论左派强调国有资本还是右派强调私人资本，金融资本异化都会规律性地造成资本市场和房地产市场的过度投机。不论理论界如何做微观机制及宏观管理制度的解释，海内外投机资本追求流动性获利的内在动因造成全社会承担的巨大的制度成本，正在内生性地演化成绞杀性危机持续演化的复杂局面。

中国在2003年以后成为世界碳排放第一的国家，照搬西方模式高速现代化发展伴生着愈演愈烈的污染和资源环境灾难……即使美国人没有发起以贸易战为名、“新冷战”为实的对华“战略阻断”，中国自己也到了必须调整发展战略的时候了！

党的十八大确立了整个国家的“生态文明”转型方向；5年之后的十九大则确立符合生态文明大方向的“乡村振兴”战略！相应地，自十九大以来，盲目加快城市化及其代表的“粗放数量型增长”的说法，确实很少再见之于官方文件和各地一把手的正式讲话。

无独有偶，2002年中央农村工作会议掷地有声地宣布“三农问题”是全党工作的重中之重！此后则顺理成章地有了2005年9月党中央正式宣布确立“新农村建设”的国家战略。

自那以来，各级财政不断增加三农开支；而后，到2017年乡村振兴提出之际，国家财政最大项开支已经是三农；到2018年累计投入已经高达十几万亿！

中国这种海内外前所未有的大规模三农投入，确实违反被主流认为具有绝对真理意义的市场经济规律，更没有经济学教科书要求的那种短期市场回报！

新时代乡村振兴战略的最实际的作用，是与激进全球化生发出来的“灰犀牛”们赛跑……

一方面，巨大投资加强了农村基础设施和社会建设，使得多数地区农民户口的含金量已经高于城市。于是，那些沿着加快城市化老路大规模开发房地产的地方政府为了消化三四线以下城镇的房地产泡沫而减少负债过重的压力，刻意地把优质教育医疗资源强制性集中到县以上城镇，以此迫使重视子女教育的农民家庭迁户口进城。事实上，过去被西方作为批评中国制度歧视的“户口问题”实现了逆转！

另一方面，相对于全球危机对中国的打击，这个长期化的三农投资具有明显的两面性。其一，如果看政府通过大型国企下乡投资形成了巨大的沉淀成本和地方政府在国有银行的债务，则海内外的经济学家有关中国债务相对于GDP已经构成债务危机恶化为最大“灰犀牛”的担忧，当然算是“有的放矢”。其二，如果看这个国家对乡村基本建设投资形成的巨额物业资产，则至少基本实现了乡村水电路气+宽带的“五通”，客观地构成了吸纳中小企业创业创新的巨大的机会收益空间。

于是，近年来首先发生的是被地方政府高度认同的城市过剩资本的大举下乡。诚然，这在宏观上也算是缓解了资本过度麇集于城市的“生产过剩危机”！因为，只要过剩资本还能找到投资空间，则新世纪资本高速扩张造成的严重过剩矛盾就会缓解。若据此看，面对全球危机严峻挑战，中国的乡村振兴战略也许会成为又一次危机软着陆的基础。

但乡村振兴虽然有吸纳过剩资本的作用，但其初衷却并非是为了缓解城市资本危机而打造的应对基础。毕竟官方政治生态已经发生积极变化，各级一把手职责所在还是得配合国家的生态文明转型，有关部门还是得去基层发动群众实现“20字方针”……那些很难跟得上中央转型战略指导思想而懒政怠政的官员或者研究部门中的两面人，肯定不在意本书的案例所代表的群众意愿；而那些积极地试图跟上中央战略意图的干部，则会对本书推出如此之多的村级案例感到受益良多；对于那些愿意开展研究的学者，本书也或多或少地有借鉴意义。

二、唯有心之人方可成有为之事

很多人表面上跟着总书记说乡村振兴，但却难以掩饰20世纪90年代以来那种“眼中有数，心中无人”的痼疾。可称之为“一心资本，二瞽人文，三农不适，四乡难稳，五谷仰外，六畜无存，七方负债，八面为人”。

而委托我作序的乡建院的创建者李昌平，是个有心之人。属于长期投身于乡村建设事业、从实践求真知的中国思想者之一。或许可以说，我算是看着他成长起来的老同志；因此，扶持中青年骨干乃是义不容辞的责任。

李昌平原来是湖北监利县棋盘乡的党委书记。作为基层党组织的一把手，曾经把真实情况归纳成文出版了《我向总理说实话》《我向百姓说实话》等引起社会轰动的三农著作；他2000年离开了政府体制，2001年在中央确立三农问题重中之重的时候从全面市场化+外向型的南方来到北京，找到我主持工作的“中国经济体制改革杂志社”求职，恰逢杂志社创办《中国改革—农村版》，遂安排他担任副主编，也参与接待农村读者的来信来访。两年之后，我建议他增加些国际经验，推荐他去了“香港乐施会”。虽然离开“农村版”，但他一直坚持做与三农发展相关的工作。

2011年，李昌平等人创建乡建院，整合了多种专业背景的人才投身于乡村建设事业，这是把乡村建设的社会公益事业变成一种社会企业。实行公司化运作的社会企业是一种尝试，逐步得到强调市场化意识形态的官方部门的认可。我认为，乡建前辈中清末的张謇和民国的卢作孚都是中国早期社会企业家的杰出代表。我近年来也希望各地乡建工作者把市场作为手段，把资本作为工具，向社会企业转型。乡建院从一开始就承诺不以营利为第一目标，我认为可以定位乡建院为社会企业。

李昌平说，乡建院要为乡村建设提供高质量的产品和服务，以“四两拨千斤”之法破解乡村建设“千金拨不动四两”之困境，在市场上求发展。我觉得，这个探索的目标围绕的还是“提高农民组织化程度”，这目标跟其他乡建单位一致；但模式则与众不同。

在做法上，很多单位是先去发展乡村文化凝聚人心，再发起综合性的合作社提高组织约束机制，然后才可以搞合作社内部的资金互助。而他是直接以村社内部资金合作——内置金融为切入，在实现“三起来”（村民组织起来、资源资产资金集约经营起来、产权实现和交易起来）的基础上，再提供包括规划设计、施工监理、体制机制再造、农民培训及营运支持等在内的“组织乡村、建设乡村、经营乡村”的系统性解决方案，并协作或陪伴农民及其共同体主导实施的“社区营造”模式。

我看，只要是在坚持村社土地财产权益归全体成员的集体所有制和充分结合双层经营体制的前提下，通过协作农民自主形成“新型集体经济”，就可以走出以村庄层面的“三位一体”合作为基础的综合发展与自治之路。

乡建院的理念和方法也大体上与百年乡建历史传承的进步文化有

所呼应。

例如，乡建院要求员工要有延安人的信仰和作风，以“助人互助、互助助人”为基本的协作理念，始终把村民及其共同体的主体性建设放在乡村建设的第一位。再如，他们以“三生共赢”（生产、生活、生态）为乡村建设最高原则，以探索“以较小增量投入在村社组织中置入合作金融体制机制”，这就突破了制约乡村治理的组织低效、金融无效、产权无效的三重瓶颈。总之，乡建院是以激活村庄巨大存量及内生动力的乡村振兴之法为根本服务宗旨。

2009年以来，乡建院在全国22个省市区的协作地方党委政府及村民做了200多个新农村示范村。信阳市的郝堂村、江夏区的小朱湾村、鄂州市的张远村、岢岚县的宋家沟村、微山湖的杨村等就是其中的代表作。这些示范村比较客观地诠释了“产业兴旺、生态宜居、乡风文明、治理有效、生活富裕”这20字方针的丰富内涵，符合中国乡村振兴战略实施的前进方向，也因此成为地方党委政府深化农村改革及振兴乡村的在地化参谋和助手。

然而，乡建院的探索意义不止于此。

从2018年开始，中国改革开放的国际环境已经发生了根本性变化，“中美贸易战”倒逼中国经济必须由外向为主的依附性型经济，转向内需拉动的自主型经济。在中国产业化的经济发展模式向生态化转型时期，乡建院以村社内置金融为切入点的“三起来”——村民再组织起来、资源资产资金集约经营起来、让产权充分实现和交易起来，突破了长期制约农村发展的三重瓶颈——组织低效、金融无效、产权无效。以组织创新和金融创新支撑产权制度创新，既打通了农民由追求农产品数量增长效益转向追求农产品价值和价格增长效益的瓶颈，又打通了农民由追求生产性收入增长转向追求财产性收益增长的瓶颈，更重要的是为激活农村数百万亿的资源、资产找到了“中国特色”之法——在坚持土地集体所有制的前提下，从根本上突破了市场配置农村土地等资源资产的体制机制障碍，为农村数百万亿潜在价值的土地、森林、山地、草原、河湖等资源探索资产货币化、市场化，从农村基层试验中找到了生态资源价值化的实现方式。

从一定意义上讲，乡建院的乡村建设实践，开辟了中国农民收入再上新台阶的新空间，开辟了中国农民“死资产、死资源”变“活钱、活资本”的新途径，为扩大内需激活了动力源泉，为内需拉动中国经济增长找到了实现路径；只要认真地发动和依靠广大群众拓展城乡融合、要素流动的空间，就可能为中国经济再维持稳定增长40年开辟广阔的空间。

从一定意义上讲，对乡建院的村级案例讲述的各地实践作经验归纳和理论提升，也从另一个侧面佐证了“十九大”提出的“乡村振兴”战略的高瞻远瞩。

近代中国的现代化进程中，对内追求工业化、城市化，对外追求全球化确实是主流。但其实质都是资本扩张；随之必然是资本占用资源，通过推进资源资本化占有收益，遂有失去资源的乡村群体从土地革命派生的小有产者演化为“被无产者”。由此，社会上本来属于“人民内部矛盾”的各种利益纠葛，也随这种属性变化而演变为对抗性冲突……

但无论日月星辰如何更替，乡村建设都不乏坚守者。在很多被西方殖民化知识洗过脑的人看来，唯有城市化、全球化才是中国现代化的正道，在他们看来，唯有消灭农村才能有现代化，甚至据此批评乡村建设于中国现代化而言并无积极意义。然而，自2005年新农村建设、2017年乡村振兴作为两届领导集体的国家战略相继提出以来，尤其在2008年面对全球化挑战、2018年面对“贸易战”为名的“新冷战”等重大教训接踵而至之际，乡村建设于中国向生态文明为内涵的现代化转型而言，意义特别重大。

有鉴于此，我们长期深入乡村基层做乡建工作的同仁们，尤其要刻意秉持“克己复礼”方可“家国天下”之传统，从大局出发把“乡村振兴”作为练好内功应对危机的国家战略！何况，此前全国各地的与三农有关的创业创新方兴未艾，多种多样的经验层出不穷，正好赶上国家出台了“乡村振兴”大战略这个难得的历史机遇，吾辈更应该及时把各地乡建经验的归纳总结提升到符合国家的重大战略调整要求的高度上。

总之，乡建院这两百多个村的案例所表达的不仅仅是如何做好乡村工作，而是为了国家应对危机而练好内功，具有“夯实基础”的重要战略意义。对此，我作为长期从事调查研究的老人也确实有话说。遂为之序。

乡建老人

2018年12月15日起草于四川郫都区战旗村

12月20日修改于陕西礼泉县袁家村

12月22日再改于山西上党区振兴村

2019年4月3日完稿于福建闽侯县归农书院

总序二——

建设未来村 共创新生活

一

我于2000年离开体制内后，较长时间跟随温铁军先生做乡村建设“志愿者”。于2011年，和孙君等人创建了“中国乡村规划设计院”（后更名为“乡建院”），开创了中国乡村建设专业化、职业化的道路——为乡村建设提供系统性解决方案、并协作落地实施。

由于乡建院人手有限，满足不了市场需求。于2016年年初，在信阳郝堂村设立“郝堂乡村复兴讲坛”，固定每月27—28日以案例讲习的方式为乡村建设培训实操性人才。

党的十九大做出了振兴乡村的重大战略部署，习近平总书记要求五级书记要亲自抓乡村振兴工作。

乡建院生逢其时!

到2019年5月为止，乡建院为全国22个省市区的76个县的281个村庄提供了乡村建设与综合发展服务，习总书记到过的岢岚县宋家沟村，还有信阳郝堂村、江夏小朱湾、鄂州张远村、微山湖杨村等一批著名的示范村就是其中的代表。"乡村振兴有个乡建院"顺势口口相传，不推自广。

乡建院协作政府、基层组织、企业等打造了两百多个乡村建设与综合发展的案例，有成功的也有不成功的。做的案例越多，越觉得做好一个村庄或一个小镇或一个综合体不容易，敬畏之心也越来越强。在全国各地已经形成乡村振兴高歌猛进之势时，乡建院顾问老师陈小君教授（广东外语外贸大学土地法制研究中心创始人）再三督促乡建院出版《新时代中国乡村振兴指南丛书》，为轰轰烈烈的乡村振兴运动做抛砖引玉之用。《新时代中国乡村振兴指南丛书》的作者主要是乡建院的员工和一直陪伴乡建院成长的顾问老师，内容基本上都是基于乡建院所协作过的案例的总结。不同的作者，视角不一样，侧重点也不一样，以便于不同的读者各取所需，各有所得。

二

党的"十六大"提出新农村建设，"十八大"提出新型城镇化，"十九大"做出乡村振兴战略决策，这是"一脉相承"的！近十年的时间，我与乡建院人一直在乡村建设的第一线摸爬滚打，从志愿者到职业乡建人。有两个现象越来越受到关注：一个是"千金拨不动四两"，另一个是"四两拨千斤"。我们把"乡村规划设计院"更名为"乡建院"，是因为实践教育我们，服务于乡村振兴仅仅有规划设计服务是远远不够的。后来又慢慢明白，即使提供系统性解决方案和陪伴式落地服务，依然做不到"四两拨千斤"、依然可能"千金拨不动四两"——投入巨大的增量，迅速变成了新的存量。大量的实践，让我们越来越清晰地认识到，乡村振兴还有一系列重大问题有待解决，只有在一系列重大问题上获得共识之后，才能解乡村振兴“千金拨不动四两”之困。

第一，为什么要振兴乡村？为谁振兴乡村？在这两个问题上达成共识，是正确实施乡村振兴战略的前提。但显然没有达成共识。

第二，乡村振兴的主要力量是谁？实施乡村振兴战略的主要抓手是谁？明确乡村振兴的主要力量和实施乡村振兴战略的主要抓手，应该是当下实施乡村振兴战略的头等大事。

第三，如何选择乡村振兴的最佳实现路径？是以“产业振兴、人才振兴、文化振兴、生态振兴、组织振兴”实现乡村振兴吗？可能还需要再追问一下，如何实现五个振兴呢？五个振兴之间的关系是什么？回答不清，怎么可能找到乡村振兴的最佳实现路径，乡村振兴走弯路就是必然的。

第四，什么是科学的乡村振兴方式方法？在既有的乡村振兴实践中，本来没有推广价值的领导工程，被专家们总结出很多“经验”，树立为“样板”，如络绎不绝的干部参观学习成为其振兴的唯一证明，这样的“样板”永远学不了，学了也白学。乡村振兴是复杂的系统工程，一定要讲方法——思维方法、决策方法、执行方法、总结和推广方法。乡村振兴必须要有科学的方式方法。方式方法不对，好事会做成坏事。这也是当务之急！

第五，如何保证乡村振兴的可持续性？在乡村振兴的既有实践中，乡村振兴几乎等同于“基础设施建设+乡村旅游+房地产”。如何实现乡村振兴可持续呢？

上述五个重大问题，都还没有真正破题，乡村振兴或许还没有“到达遵义”。

三

我国有数百万个自然村，五十多万个行政村。可以肯定，随着时间的推移，很多村庄会自然消亡。我曾推断，这类的村庄大约占60%左右；真正有未来的村庄，可能只有30%左右；10%的城市郊区村庄，会淹没在城市之中。

乡村振兴，重点是建设和振兴30%有未来的村庄——未来村。然而，大量没有未来的村庄或许正在大规模的建设中；大量有未来的村庄，或许也不是按照未来村的要求在建设。

乡村振兴，必须叫响我们乡建院的一句口号：建设未来村，共创新生活。

10%左右的城郊村庄，会成为城市的一部分，重点要研究的是如何让村民抱团进城；60%左右的村庄，会空心化，会逐步消亡，重点要研究的是如何再造农业生产经营主体，如何建立原有村民或社员或成员权“有偿退出机制”；只有30%左右的村庄，人口不减反增，是未来村，是农村和城市居民都喜欢的地方，是新生活的地方，这30%左右的村庄才是乡村振兴的重点。

建设未来村，共创新生活。必须以此作为乡村振兴的着力点和牛鼻子。

什么是未来村?

未来村一定是智慧的、四生共赢的、四权统一的、三位一体的、平等互助的、共享共富的、民主自治的、食物本地化的、食物自主化的、开放的、基本公共服务及基础设施完备的、业态多元共荣的、有文化传承的……可持续发展的、五百年后都存在的理想家园，这个理想家园一定是一个共同体家园。

未来村是谁的?

未来村，既是原住民的、又是新村民的；既是农村居民的、也是城市居民的；既是常住民的、也是暂住者的。

未来村的垃圾是怎么处理的？应该是100%的资源化。

未来村的环境治理模式是怎样的？应该是共同体区域内小闭环治理模式。

……

未来村的产权制度是什么样子的？应该是多个村集体共有产权下的“多权分置、混合共享”产权模式。

未来村的治理结构是什么样的？应该是“四权统一”，即“产权、财权、事权和治权”统一的共同体，一定的产权和财权支撑一定的事权和治权。应该在共同体内实行一元主导下的多元共治制度

……

未来村有多种形式。或许有未来村 · 原乡、未来村 · 归园、未来村 · 邻里街坊、未来村 · 自然之城……或许有以养老为主的未来村、或许有以教育为主的未来村、或许有以休闲为主的未来村、或许有以一二三产业融合发展为主的未来村、或许有以科研为主的未来村、或许有以企业总部为主的未来村……

未来村生产生活方式是什么样子的?

未来村的房屋是什么样子的?

未来村的厕所是什么样子的?

未来村家家户户还有厨房吗?

……

未来村该如何建设?

应该为未来村建设供给什么样的制度?

如何将多个村庄的建设用地整合到一个村庄或几个村庄共同建设未来村？

如何让城市居民或国内外自然人、企业等自由进入未来村生活和发展？

如何自由退出未来村？

……

假如地球某一天突然变暖了，中国最理想的未来村在哪里？是什么样子的？

……

乡村振兴战略规划到了2050年，绝对不是权宜之计。应该立足未来思考乡村振兴。当下建设的每一个乡村，都应该是有未来的；当下建设的每一个有未来的乡村，都应该真正是按照未来美好生活的需要而建设的！

“建设未来村、共创新生活”是乡建院的神圣使命，乡建院人的探索永不停止。首批出版的《新时代中国乡村振兴指南丛书》共5本，第二批《新时代中国乡村振兴指南丛书》正在准备之中，《新时代中国乡村振兴指南丛书》会一直出下去。

建设未来村，共创新生活。

乡建院一直在路上，希望一路有你！

2019年6月25日

于北京平谷同心公社乡村振兴文创营地

目录

第二章 ——

城乡融合发展与二元经济结构理论创新

第三章 ——

乡村振兴要求经济人、货币、资本为人民服务

第四章 ——

农民组织起来　积累乡村资本

第五章 ——

乡村振兴的基层探索

前面的话：

理论要创新　体制要改革

农业是农民赖以生活的产业，农村是农民赖以生存的区域。农业农村是个完整的经济、政治、文化、社会、生态系统。解读农业农村需要广博的理论，非本书力所能及。这里主要是从经济的角度讨论乡村振兴的基础理论，而且，同其他学者一样，在著述中讲基础理论，并不代表这些理论就是千真万确的，只是作者本人理解研究对象的学理依据而已。当然，同样明显的是，所有著书立说者都相信，自己阐述的基础理论千真万确，至少会有这样的愿望并孜孜以求。否则，立论就没有根基。

农村改革前，农产品供应严重短缺，并不是必然的，是体制机制存在弊端造成的。而体制机制存在弊端，又是因为思想不解放，理论滞后。40年前中国启动改革开放历史进程，正是从解放思想开始的，也就是从理论创新开始的。让笔者深感荣幸的是，当年的这场理论创新是由中共中央党校的内部刊物《理论动态》发起的，并且，笔者也多次在这个刊物上发表文章，包括自认为学术生涯中最有价值的理论创新观点，也是在这个刊物上率先发表。

习近平总书记在2017年12月28日中央农村工作会议讲话中指出，改革是乡村振兴的重要法宝。要解放思想，逢山开路，遇河架桥，破除体制机制弊端，突破利益固化藩篱，让农村资源要素活化起来，让广大农民积极性和创造性迸发出来，让全社会支农助农兴农力量汇聚起来。

实施乡村振兴战略，需要理论创新。笔者长期从事农业农村经济发展问题的学习与研究，深感现有农业农村经济理论的落后，既拖累了莘莘学子的学业进步，更束缚了党政机关涉农官员们的思维与决策。本书将为我国农业农村经济理论创新和体制创新亦即实践创新大胆探索。

第一章 农业经济学概论

理解农业农村经济问题，首先要具备农业经济学的基本常识。我国的农业经济学虽然还不成熟，但一些基本道理还是被业内学者们普遍接受的，探讨乡村振兴问题的学者和官员掌握这些专业常识很有必要。

第一节　农业的概念及产业特点

研究农业农村经济问题，先要在概念层面对农业有个基本把握，搞清楚农业是什么，也就是要抓住农业作为一个产业与其他产业相区别的本质特征。这是很重要的。

一、农业的定义及基本特点

（一）关于农业的定义

定义是对概念的精确诠释。农业经济学教科书中都有关于农业的定义。在不同的教科书中，关于农业的定义在表述上略有不同，但在基本意思方面并无根本性差异。

本书对农业的定义是：农业是人类利用生物——植物、动物、微生物的生理机能，生产以食物为主的物质资料的产业部门。从农业所包含的内容和范围来划分，有狭义农业与广义农业之分。狭义农业指种植业或仅指农作物栽培业。广义农业包括种植业、林业、畜牧业、渔业和副业。按不同标准还可以区分出其他农业概念，如有机农业与无机农业，灌溉农业与旱作农业等。

正是因为农业是生产食物的产业，所以，基于人必须吃饭才能活着的众所周知的常识，这个产业才显得特别重要。中国的最高决策层一贯把农业看作是“安天下、稳民心”的战略产业。1957年毛泽东对省市自治区党委书记们说：“全党一定要重视农业。农业关系国计民生极大。要注意，不抓粮食很危险。不抓粮食，总有一天要天下大乱。”改革开放后，邓小平也曾经直白地说：“只要老百姓吃饱了肚子，其他事情都好办。”近年来，习近平多次强调：“农村改革不论怎么改，……不能把粮食生产能力改弱了。”

（二）农业的基本特点

农业的基本特点是：自然再生产与经济再生产紧密结合在一起。

所谓自然再生产，是指生物有机体通过同它所处的自然环境之间的物质与能量的交换、转化，而不断生长、繁殖的过程。在这个过程中，绿色植物依靠光合作用，将二氧化碳、水、矿物质等养料转化成有机物，用于自身生长，并繁殖后代。由此构成自然界的“第一性生产”，也就是生生不息的植物世界。种类繁多的植物生产又可为动物和微生物提供生长、繁殖的食物，由此构成自然界的“第二性生产”。植物、动物的残体和排泄物回到土壤中以后，经过微生物分解，可以再一次成为植物的养料来源。如此循环不已。这是个自然再生产过程，遵循自然界生命运动规律，周而复始。

单纯的自然再生产过程构成自然界的生态循环，但并不是农业生产。作为农业生产，还要有人类劳动对自然再生产过程进行干预。这种干预过程，就是投入和产出的过程，就是进行资源配置的过程，它与自然再生产过程结合在一起，就构成经济再生产过程。人类所追求的目标是以尽可能少的投入，获得尽可能多的产出，也就是追求效益。从经济再生产过程看，要经过生产、交换、分配、消费四个环节。所以，发展农业，研究农业经济问题，既要遵循经济规律，又要遵循自然规律。

遵循经济规律，要在遵循自然规律的前提下进行。过去，我们在这方面有过沉痛的经验教训。人类大规模地围湖造田，缩小了湖区面积，是为了获得更多的种植业产出，是经济活动。但遇到降水多的年份，就要洪水泛滥，造成人民生命财产的损失。这种水灾的形成，实际上是在自然界水的大循环中出现了“循环渠道堵塞”，洪水只能遍地横流。而毁林开荒造成水土流失、土壤沙化，则是自然再生产循环中植物营养物质的流失。南方（气温高）的品种引种到北方（气温低）只长秧子不结实，是植物没有吸收到足够的太阳能（基温不足）所致。所以，农业中一些对于人类经济活动及至生存而言属于灾害的东西，在自然界本身来说，却正是自然规律的表现。对于自然规律，我们人类只能顺从，却没有能力违拗。有位学者开玩笑地“篡改”过一句曾经为改革开放前的中国人熟知的名言：“与天奋斗其乐无，穷！与地奋斗其乐无，穷！……”这虽然是玩笑，但笑后确实值得人们认真地反思。搞农业从远古时代起，就是人类顺应自然的过程，而不是战胜自然的过程。人类是大自然的一员，而不能成为它的主人。当然，这不是说人类不能对抗自然规律给人类带来的损害，但这种对抗，一定要建立在遵循另外的自然规律基础之上。比如，修水库、挖沟渠，都是人类遵循自然规律对抗水旱自然灾害的伟业。

在遵循自然规律的前提下，也必须遵循经济规律。所谓遵循经济规律，说到底就是追求资源配置的高效率，就是讲究经济效益。比如，在农业方面也需要从粗放经营转变到集约经营，这种转变本身就是经济规律的要求。因为集约经营可以比粗放经营获得更高的经济效益。但是，集约经营并不是没有限度的。农业上的集约经营要求在单位土地面积上有更多的投入，但是究竟投入多少才能使产出最大，也就是效益最高，需要进行缜密的技术经济分析。在这个问题上，最关键的问题是要注意产量与效益之间的对比。有时候产量很高，但细算经济账却可能是亏本的，也就是所谓的增产不增收的问题。农业与工业相比有一个很大的差别，就是在农业上集中资源的难度要比工业上大得多。农业上所需要的最重要的资源——太阳的辐射能，无法从十亩地上集中到一亩地上来，植物通过光合作用转化太阳能为生物能的能力也是很难人为提升的。所以在农业上提高经济效益要比工业上相对地困难一些、复杂一些。

二、农业的具体特点

由于农业存在上述基本特点，人们在日常的经济活动中，能感受到它与其他产业不同的特点，主要表现在以下几个方面。

（一）土地是农业生产中不可代替的基本生产资料

土地在农业中的作用，是和农业生产的特点相联系的，在其他物质生产部门中，土地一般只作为劳动场所，而在农业生产中，土地不仅是人们劳动的场所，同时还是农作物的生长基地，直接承载农作物的生长过程。所以，土地在农业中不仅是劳动对象，而且是劳动手段。土地以自身的物理、化学、生物学特性，为动植物的生长发育提供必需的水分、养分等，直接参与农产品形成；农业还必须在广阔的土地上进行，只有扩大接受太阳光照射的面积，才能有更多的植物吸收转化太阳能。

土地面积有限，人们不能创造出比地球表面更多的土地，而且即使是地球表面，也不是全部能用于生产农作物的。因此，进行农业生产，必须十分珍惜土地资源，充分合理地开发利用土地，做到用地和养地结合，不断提高土壤肥力，为植物生长提供和谐的营养条件及环境条件。

习近平总书记多次强调，农村改革不论怎么改，都不能把耕地面积改少了，就是因为充分认识到了耕地资源的有限性和耕地对于植物生产的重要性。

（二）农业生产过程中劳动时间和生产时间不一致

农业生产时间指动植物生长、发育、成熟和繁殖的全过程，是持续不断的。各种生物生长时间的长短，主要由生物本身的特点决定，同时也受季节、气候和自然条件等因素的影响。劳动时间则是指人们作用于劳动对象的时间。在整个农业生产时间内，也是植物、动物、微生物的自然生长过程，并不需要人们持续不断地投入劳动。比如，一天中一个农民只能劳动8~10小时，并且还要分成两个以上的作业时间段，而农作物和家畜要生长24小时。所以劳动时间在农业生产过程中有间歇性，由此产生了劳动力和生产资料利用的间断性。

这一特点，要求人们既要按生物本身需要，不违农时地进行农事活动，又要合理组织生产活动，使农业各部门全面发展，全年均衡有效地利用生产资料和劳动力，做到人尽其力，物尽其用。

（三）农业生产受外界环境条件影响较大，有明显的地域性

一般来说，各种农作物对外界条件都有其特殊要求。由于土地不能移动，而自然条件又具有地区的分布规律和特点，致使农业生产具有明显的地域性。其突出表现是不同地区种植的作物和饲养的牲畜，在种类和品种上各有不同。此外，各地区的科技水平、交通运输条件、经营管理水平等也存在差别，在不同地区消耗同等劳动的情况下，会产生不同的农业劳动生产率，造成农业的社会分工主要表现为地域上的分工。其经营效益和农民收入也有差异。

马克思指出："农业劳动的生产率是和自然条件联系在一起的，并

且由于自然条件的生产率不同，同量劳动会体现为较多或较少的产品或使用价值。”[①]因此，发展农业生产必须因地制宜，分类指导，根据当地自然、经济条件和生态特点进行合理布局，充分发挥各地区优势，建立合理的农业生产结构，以便取得更好的经济效果。

（四）农业生产分布广阔，适合家庭经营

人类自出现在地球上那天起，就是生物群落的一个组成部分，依赖所处生物群落中的植物、动物为生，即通过采集、渔猎等方式获得食物。所以，人类对植物、动物、微生物生产食物的特性有着天然的了解。从古至今，人类生产食物，既离不开微不足道的生物个体，更离不开生物个体赖以生存的广袤土地或水体。

家庭作为社会细胞产生后，首先是依赖食物的生产和消费存在的，所以家庭从一开始就是一个农业生产单位。随着社会分工的发展，人类的生产力水平提高了，有的家庭脱离了农业，但仍然需要有其他家庭从事农业生产，并且一个家庭生产的农产品能够满足越来越多的家庭对食物的需求。

尽管工业技术有了巨大的进步，带来了农业劳动生产率水平的巨大提升，但主要粮食作物生产仍然需要在广阔的土地上进行，不能像工业那样采取集中的、封闭的方式进行生产，也没有必要在一个生产经营单位内部建立众多工作人员的协作分工体系。在高度发达的农业社会化服务体系支撑下，一个家庭或少量几个人可以完成大规模的生产。即使将来人工智能等当代科学技术得到了广泛的应用，农业以家庭为单位进行生产且分布在广袤的土地上，仍然不会改变，因为没有必要改变。

---

① 《马克思恩格斯全集》第 25 卷，人民出版社 1974 年版，第 922 页。

三、传统农业和现代农业

（一）区分传统农业与现代农业的重要性

农业是个古老的产业，也是个永恒的产业。

在人类历史发展的长河中，随着科学技术进步和生产力水平的不断提高，农业生产方式也在不断地变化。西方发达国家已经实现了农业现代化，而中国和很多发展中国家还处在从传统农业向现代农业转变的历史阶段上。通俗地说，一个国家有多少人在搞饭吃即有多少人在从事农业生产，是衡量这个国家发达程度的尺度之一。

中国共产党第十五次代表大会报告指出，社会主义初级阶段的基本特征之一，是由农业人口占很大比重、主要依靠手工劳动的农业国，逐步转变为非农业人口占多数、包含现代农业和现代服务业的工业化国家的历史阶段。在这段话中，出现了“依靠手工劳动的农业”和“现代农业”这两个相互对应的概念。前一个概念在农业经济学中通常称为“传统农业”。可见，传统农业与现代农业这对范畴对于中国而言十分重要。

（二）传统农业与现代农业本质区别

那么，什么是传统农业？什么是现代农业？两者的本质区别是什么?

在明白了前述农业的概念之后，回答这个问题就比较容易了。农业作为自然再生产，其实质是生物有机体通过同它所处的自然环境之间的物质与能量的交换、转化，而不断循环繁殖的过程。农业作为经济再生产，是人类劳动对自然再生产过程进行干预，而人类干预的目的是扩大物质与能量的交换、转化。就种植业而言，也就是通过绿色植物的光合作用，将更多的二氧化碳、水、矿物质等养料转化成人类所需要的食物以及其他产品。当我们透视了农业再生产的本质之后，传统农业与现代农业的本质区别就显而易见了（图1-1）。

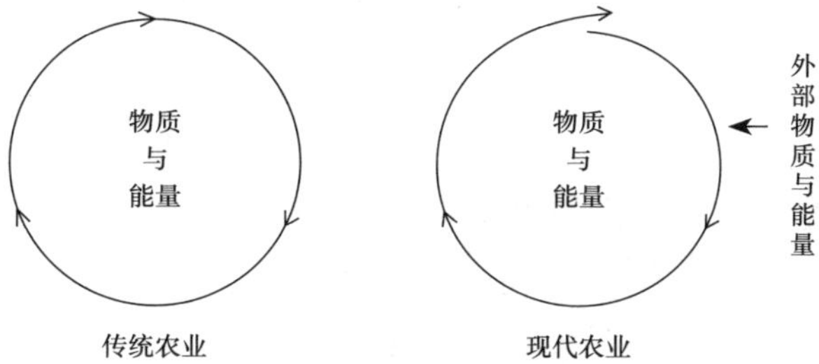

图1-1　传统农业与现代农业图示

（三）传统农业特征

所谓传统农业，是指以封闭或半封闭（准确地说是半封闭，因为有人力的加入）的形态进行物质与能量循环的农业。在传统农业阶段，生产过程中的基本动力来源是人畜力，而人畜力的能量又来源于农产品；施入土壤的肥料包括绿肥和动物的排泄物，也是来自农业本身。这种半封闭式的循环，由于不能从生物的自然再生产过程以外取得更多的物质和能量，从而限制了农业的发展，表现为农产品产量尤其是人均占有量的长期停滞。

从经济循环的角度评论传统农业，其显著特征是简单再生产，即上一个生产周期的规模与下一个生产周期的规模大体一样。在传统农业阶段，一个农业劳动者供养的人数是极为有限的。1949年3月5日，毛泽东《在中国共产党第七届中央委员会第二次全体会议上的报告》中指出："中国还有大约百分之九十左右的分散的个体的农业经济和手工业经济，这是落后的，这是和古代没有多大区别的。我们还有百分之九十左右的经济生活停留在古代。"正是因为如此，从农产品的人均占有量上来看，不要说遭受战争严重破坏的新中国成立初期，就是到了改革开放前的20世纪70年代，中国的人均粮食占有量只有300公斤多一点，这个水平并不比中国古代的太平盛世高。据专家研究，汉朝的“文景之治”和唐朝的“贞观之治”时期，人均粮食生产量都在400公斤左右。

（四）现代农业特征

所谓现代农业，是指以开放的形态进行物质与能量循环的农业。它是以现代工业与市场交换为前提的。比如，化学肥料的施用，就加大了氮、磷、钾、微量元素等物质循环的数量，农药的使用就防止了物质与能量在循环过程中的流失，农业机械的使用就增加了能量的循环。农业生产者将农产品带到市场上去出售，换回农业外部更多的物质与能量——农业生产资料，再生产出更多的农产品，循环往复，不断加大。所以在现代农业中，一个农业劳动者所供养的人数从理论上说是没有上限的。美国在20世纪70年代农业劳动力还占总劳动力的比重3%，到20世纪90年代已经下降到2%左右，现在就更低了。

因此，从传统农业发展到现代农业，必须建立发达的农业生产资料工业，以提供更多的生物所需要的物质和能量，同时，还要大力发展现代农业科技，发现新的品种和栽培（饲养）方法，以实现更多的物质与能量的循环。改革开放40年，中国的农业取得了令世界瞩目的伟大成就，人均粮食占有量超过了400公斤，高于世界平均水平，其他主要农产品的人均生产量和消费更是成倍增长。有学者指出，把这个成绩完全归功于农村改革是片面的。确实，从农业生产过程本身来看，除了改革开放调动了亿万农民的生产积极性这个体制因素之外，现代农业生产资料的投入在农产品的大幅度增产中起了决定性作用。与1980年相比，2016年化肥的使用量从1270万吨，增加到近5984万吨；目前，我国粮食产量大约占世界的16%，而化肥的用量却超过了30%。

此外，农用薄膜、农药、农业机械的使用量增加幅度也都大于农产品产量的增加幅度。在良种、栽培技术方面也有了长足的进步。

从经济循环的角度看，现代农业的显著特征是扩大再生产，它不仅意味着经营规模的扩大，更要求生产技术与经营管理不断创新。

四、农业多功能性拓展新的发展空间

传统农业和现代农业的区分并没有穷尽人们对农业的认识。由于人类对经济、政治、社会、文化、生态的认识不断深化，农业这个最古老的产业也不断被赋予新的价值。农业的多功能性就是近几十年来对农业价值的新发现。

（一）发现农业多功能性的背景与定义

农业多功能性这个概念最早出现在日本。有学者认为，日本学者提出这个概念，理论源头在德国。这是个可以留待考证的话题。理论都不是凭空产生的。日本学者提出农业多功能性这个概念起因于农产品国际贸易领域的国家竞争。

1986年9月，当今的世界贸易组织（WTO）的前身关税贸易总协定（GATT）在乌拉圭举行部长级会议，决定进行一场旨在全面改革多边贸易体制的新一轮谈判，故命名为“乌拉圭回合”谈判。这个马拉松式的谈判持续了8年时间，直到1994年建立了世界贸易组织。“乌拉圭回合”谈判从一开始，就把农产品贸易问题作为中心议题，目标是建立一个没有政府干预、扭曲的贸易环境。这样，对于长期对国内农业采取保护政策的日本压力非常大，而且这种压力主要来自于美国及拉美等农产品出口国。

为了延缓农业受贸易自由化冲击，尽可能地保护缺乏竞争力的农业，日本农民的合作经济组织即农业协同组合（简称“农协”）在学者的帮助下，提出了农业多功能性理念，以此来说服政府在“乌拉圭回合”谈判中据理力争，从而让政府抵制外部压力，更好地保护日本农业利益。当时，日本大米的国内价格接近国际市场的8~10倍。日本政府也的确采取了这样的谈判策略。日本把强调农业多功能性的谈判策略延伸到WTO农业谈判中，获得了预期效果，即WTO允许日本对大米、牛肉采取特殊保护措施，韩国也获得了同样的利益。

1992年联合国环境与发展大会通过的《21世纪议程》正式采用了农业多功能性提法。1999年日本颁布了《粮食·农业·农村基本法》，强调农业除具有经济功能外，还同时具有社会功能、生态功能和政治功能等多种功能。虽然日本提出农业多功能性概念的直接动因是应对国际贸易压力，而且，农业多功能性也自古以来就一直存在着，不同国家不同历史时期各功能发挥作用也会有所不同，但日本农业经济学界能够把它概括出来，就是对农业的认知做出了学理性贡献，是值得肯定的。

（二）农业多功能性定义及主要内容

综合国内外学者的研究成果，农业多功能性是指，农业具有提供农副产品、促进社会发展、保持政治稳定、传承历史文化、调节生态环境、实现国民经济协调发展等综合功能，而且，各功能之间相互依存、相互制约、相互促进，具有完整性和系统性。

农业的多功能性所包含的内容主要有以下五个方面。

（1）经济功能。农业的经济功能主要表现在为社会提供农副产品。以使用价值形式表现出来的功能，是农业的基本功能，其中心作用是满足人类生存和发展对食物的需要。在此基础上，农业还为工业发展提供原材料，加长了产业链条，生产具有比较优势的产品进行国际贸易，取得巨大的直接和间接经济效益。总之，农业对国民经济协调与可持续发展具有直接的支撑作用。很多学者熟知，美国经济学家库兹涅茨的研究表明，农业对国民经济发展做了产品、市场、要素和外汇四大贡献。

（2）社会功能。农业的社会功能主要表现为对劳动就业和社会保障，促进社会发展方面的功能。农业作为国民经济体系中的一个重要部门，不仅能容纳劳动力就业，而且农副产品质量、数量及其安全性本身就直接影响着居民的健康状况、营养水平、最基本的生存需要以及优美的环境等，涉及社会发展问题。因此，农业的社会功能作用很大，搞不好就会破坏经济社会发展的良好势头。

（3）政治功能。政治是经济的集中表现。农业的政治功能主要表现为对保持社会和政治稳定的作用上。常言道："家中无粮心里慌，国家无粮必自乱""无农不稳，无商不活"。党的十八大以来，习近平多次强调，中国人的饭碗要端在自己手上，我们的饭碗里应该主要装中国生产的粮食。这主要是着眼于政治稳定阐述农业的重要性。从很大程度上讲，农业生产状况决定了社会秩序的状况。农业发展的好坏直接关系到所有人的切身利益，在很大程度上影响他们的政治倾向和选择；同时，农副产品还是国家的战略储备物资。因此农业具有重大的政治作用。

（4）生态功能。农业的生态功能主要表现在对生态环境的支撑和改善作用上。农业各要素本身就是构成生态环境的主体因子，因此，农业的功能可直接表现为生态功能。农业的生态功能，对农业经济的持续发展、人类生存环境的改善、保持生物多样性、防治自然灾害，为二、三产业的正常运行和分解消化其排放物产生的外部负效用等，均具有积极的、重大的正面作用。

（5）文化功能。农业的文化功能主要表现为农业在保护文化的多样性和提供教育、审美、休闲等的作用上。在漫长的历史演变中，农业不仅是一种生产方式，也是一种生活方式，积累了丰厚的文化资源。比如说中国人具有勤劳、节俭、敦厚的美德，其实就是在文化层面对中国农民长期生产生活习惯的肯定，在这个过程中，每个村庄都有虽不成文却无人可以抗拒的公序良俗。农业对教育、审美等有关人们的价值观、世界观和人生观的形成有着积极的作用。在人与自然的和谐发展方面，农业正承担着传承传统文化载体的职能。

（三）农业多功能性深化并拓展了对农业特征的认知

与以往农业经济学单纯从国民经济部门的角度认识农业相比，农业多功能性的提出，深化并拓展了人类对农业地位和作用的认识。沿着农业多功能性的思想去发展农业、提升农业价值，对于促进农业可持续发展、提高农民农产品以外的收入、繁荣农村具有重要意义。

从经济学角度评价农业多功能性理论，就在于它让人们首先是决策者认识到，农业具有外部性或公共性，也就是在经济功能之外，农业还具有社会、政治、文化和生态等功能，表明了农业作为产业部门，与其他部门相比关联到更多的东西。所谓外部性，经济学的含义是指，某个市场主体的经济行为在市场交易之外使另一个人或一群人受益或受损，或者说，市场主体的经济行为在市场交易之外产生了联动后果，即其他人受益了却不必向市场主体付费，让其他人受损了也无法向市场主体索赔。例如，蜂农的蜜蜂采蜜时给果树授粉，让果农受益，但果农不会给蜂农报酬（据说，有些国家已经建立了蜂农收费制度，另当别论），这就是养蜂产业的正外部性；化工厂把污水排放到河流里，让水产养殖业受到损失，这就是化工产业的负外部性，即使水产养殖业者能够索赔，化工产业的负外部性也产生了。

农业多功能性理论提示人们，在国民经济作用之外，农业还对整个社会、政治、文化和生态起到基础支撑作用。因此，农业有充分的理由得到全社会的支持和保护，以达到重视程度与其总体功能相匹配。

（四）农业多功能性衍生“六次产业”，即一二三产业融合发展

2015年中央一号文件的一个突出亮点，是首次提出“推进农村一二三产业融合发展”的创新思路。这个思路并不是一下子凭空想出来的。早在40年前，我国就借鉴前南斯拉夫的“农工商联合体”（据说，南斯拉夫人说他们的这个经验受到了中国的人民公社既搞农业又办工业和商业的启发），让农业“接二连三”，1995年前后大力推广农业产业化经营经验。后来，我国农业经济学者又把日本的“六次产业”理论引进来。其实，这些不同说法的内涵都是一致的，也都是源于农业多功能性。但从总体上评价，还是日本的“六次产业”理论和实际操作经验更有助于透彻理解“一二三产业融合发展”。

“六次产业”概念由中国农业经济学界熟知的日本东京大学教授今村奈良臣首倡。其语义来源是一二三产业的“1+2+3”等于6，“1 × 2 × 3”也等于6。对于三次产业之间的关系是加法还是乘法，今村教授的看法是乘法。这就给农业的发展带来了更为丰富的想象空间。

今村教授也是在日本农业经济学界提出农业多功能性的重要学者。20世纪90年代中期，今村教授研究发现，农民提供给市场的农产品与消费者消费的农产品（食品）之间存在巨大的价值差。这种价值差是在农产品加工和农产品流通等环节产生的，并流向了农业外部，也就是说，农业作为第一产业，由它延伸出来的第二产业和第三产业创造的增加值没有留在农业生产者手中，制约了农民增收。据此，今村教授提出，要通过鼓励农业生产者搞多种经营，发展农产品（食品）

加工业、肥料等农资制造业、农产品和农资流通业等服务业以及农业旅游业，形成集农产品生产、加工、销售、服务于一体的完整链条，将流到城市等农村外部的就业岗位和附加值内部化，为农业生产者获得更多农产品加工、流通等环节和农业旅游业的附加值创造条件，借此增加农民收入，激发农业发展活力。

发展“六次产业”的宗旨是让依托农业的产业链条上的附加值留在农业生产者手中。为了达到这个目标，日本在政策导向上，注意促进农产品加工、流通本地化，并发展休闲农业、乡村旅游等项目，将原来流向农业农村以外的就业岗位和附加值尽可能留在内部。与此相配套，日本政府优先支持本土化经营主体的发育成长，尽可能让本土化经营主体在“六次产业”发展中掌握主动权，防止其成为工商资本的附庸，避免其被推向利益分配的边缘地位。

日本的农业经济理论和发展“六次产业”的经验告诉我们，推进农村一二三产业融合发展，能够大大丰富农业农村发展的内涵，提升农业竞争力和农业附加值，促进农业增效、农民增收和农村繁荣稳定，是形成农业农村发展内生动力的有力举措，对于推动乡村振兴具有重大现实意义和实践价值。

第二节　农业生产结构

在第一节的末尾已经介绍了农村一二三产业融合发展，这就已经涉及了农村产业结构问题。实际工作中，人们也常常讨论农村产业结构问题，而很少单独讨论农业生产结构问题。但据笔者的理解，农村与城市的区分，首要且基本标志还在于，行政区划范围内，是否把农业作为主要的产业部门，当地居民——至少是大部分居民的生活来源是否依赖农业，大部分土地是否用于农业生产。如果一个行政区域仍然农业占主导地位，大部分土地仍然用于农业生产，那么农业生产结构对于这个地区的整体状况及未来发展就是至关重要的。所以，这一节里还是要单独讨论一下农业生产结构问题，它是乡村振兴中实现一二三产业融合发展的基础。

一、农业生产结构的概念与形成

（一）什么是结构

结构是事物组成因子的内在联系，也就是事物特定因素之间较为稳定的结合形式。万事万物都是由一定的因子组成的，由于这些组成因子的空间排列和组合层次不同，因而导致了事物的质的差异。事物特有的组织层次和有序排列决定了该事物的结构。各类事物皆以其特定的结构存在着。事物的结构改变了，原来的事物也就随之消亡了，新的事物也就随之诞生了。事物的结构不同，其性质也就不同，因此，观察事物结构的特征，是认识事物本质属性的基本依据。

结构概念广泛引入农业经济学科，在我国时间还不长。改革开放以前，农业经济一般只用按比例发展的概念，没有结构的概念。结构和比例都含有量的比重关系，但结构除此之外还有其质的规定性。一定量的比例会影响一定事物的性质，然而，结构所反映的事物的性质除量度以外，还决定于组成该事物的因子的空间位置，内部和外部联系，及其发展的态势。因此，结构概念的引入，极大地丰富了农业经济学科的内容。通过研究结构问题，我们既可以了解农业本身的发展变化，也可以了解农业在整个产业结构中的变化。对于一个产业部门而言，结构如何，反映了它在社会分工体系中的资源配置状况，或者说，整个社会配置给这个部门的资源，要落实到结构上。

（二）农业生产结构的概念

农业生产结构指一个国家、一个地区农业生产各部门和各部门内部的组成及其相互之间的比例关系。一个农业企业内部也存在类似的结构问题。农业生产结构是农业生产力要素合理配置与开发利用方面的一个基本问题。市场经济理论引入我国经济学界以后，人们经常谈资源配置状况如何如何。这个问题具体到农业部门，就是农业生产结构问题，说得更通俗一些，农业生产结构反映了一个国家、地区或企业用什么农业生产要素，生产什么农产品，以及要素和产品在量上是多少这样一种状态。农业生产结构合理与否，对农业能否顺利发展起着十分重大的作用。同样的资源（生产力要素），生产结构不同，发展结果会大有差别，在市场经济制度下尤其如此。因此，建立合理的农业生产结构，就成了我国发展现代农业的一个重大战略性问题。

（三）形成农业生产结构的相关因素

农业生产结构的形成，是错综复杂的因素综合作用的结果。如前所述，农业生产是自然再生产与经济再生产交织在一起的物质和能量交换过程。它包括自然物之间的物质和能量变换过程，人与自然之间的物质和能量交换过程，人与人之间的物质和能量的交换过程。这些过程，总是在一定的农业生态环境条件、农业物质技术条件和社会经济条件下进行的。这几个方面既有联系、又自成系统。而且，各个系统中都存在着一系列促进或阻碍农业生产中物质和能量变换的因子。这些综合因素决定着一个地区的农业生产结构及其变动。具体说来，有以下几个方面。

（1）决策者对农业生产对象的选择。这里所说的决策者既包括宏观决策者也包括微观决策者。这里所说的生产对象是指植物、动物、微生物。在纯粹的自然界，植物、动物、微生物从来都是相伴而生，构成生态群落。人类是处于生态群落食物链顶端的种群。如前所述，农业也是自然再生产过程，是人类根据自身对食物的需求对生态群落进行重新构造。由于植物、动物、微生物种群的多样性，重新构造生物种群的选项十分丰富，可以有多种多样的组合。因而，决策者的主观能动性作用非常明显。国家在农村划定基本农田，其实就是在宏观决策层面规定，这些农村选择以植物种群为农业的主要生产对象，从而也就确定了这些农村的农业生产结构主体框架。农业经营者选择生产经营项目，其实就是在微观决策层面决定农业生产结构。所以，讨论农业生产结构问题，决策者的素质是非常重要的影响因素。

（2）自然生态环境。决策是复杂的人类智力活动。决策者要想获得预期效果，就不会随心所欲地进行决策。农业生产目的要通过生物在适宜的自然生态环境中不断地新陈代谢才能得以实现。生物种群处于适合生长的自然环境中，农业生产才能处于良性循环状态，也就表明农业生产力要素的配置是优化的。反之，即使只在某一个环节上自然环境不适合生物种群的生长，农业生产过程也会中断。所以，发展农业生产，生态环境是第一位必须考虑的因素。历史上，我国曾经为了增加粮食生产违背自然规律围湖造田、毁林开荒，导致了自然生态环境恶化，导致土地的农业生产能力下降，农业生产结构陷入恶性循环。各个地区所处的地理位置不同，自然生态条件千差万别，这意味着各个地区适宜于发展的农业生产部门互不相同。因地制宜地发展农业生产，按照各地自然生态环境条件的特点，选择最适宜于发展的农业生产部门，方能提高农业生产中物质和能量转换的效率。

（3）农业生产的物质技术条件。农业物质技术条件包括农业生产工具、农用动力、生产设施、农用物资、生物品种、农产品加工和贮藏技术、农艺技术等因素，是农业生产力发展水平高低的标志。农业生产结构的形成同当时的农业物质技术条件是密切相关的。在历史上，农业能够从采集、渔猎的原始状态中脱胎出来，就是物质技术进步的结果。农业对生态环境条件的利用，农业生产部门的组合，农业生产中物质和能量转换的效率，都要受农业物质技术水平的制约。一般说来，在农业物质技术水平很低的条件下，人们只能听命于自然，对农业自然资源的利用效率是很低的。随着农业物质技术水平的逐步提高，人们才不断加深对自然生态环境条件的认识，增强对生物的自然再生产过程进行控制的能力，扩展对农业自然资源利用的广度和深度，推动农业生产部门之间的合理组合，促使农业生产满足社会需求的能力越来越强。

（4）社会经济条件。这里所说的社会经济条件，主要指经济制度，以及在此基础上产生的经济规律和体现经济制度本质特征的经济政策。包括农业生产资料所有制形式，农业的经营方式，农产品交换、分配的方式和方法，人们的消费结构与消费水平，农业部门与其他国民经济部门的联系，国家发展农业的经济政策和经济措施，等等。这些因素直接影响到投入农业各生产部门的物质和能量的数量，影响到从事不同生产部门的劳动者的经济利益。这些制度因素都直接对农业生产结构的形成产生直接影响。比如，在半封建、半殖民地的旧中国，帝国主义为了掠夺农产品原料，使得我国一些地区形成了单一的经济作物的集中产区，使自古以来“小而全”的农业生产结构发生了变化；又比如，计划经济时期我国片面强调“以粮为纲”的农业发展方针，农业的其他生产部门的发展就受到了压制，被讽刺为“以粮为纲，全面砍光”；再比如，改革开放以后，党和政府按照市场经济规律，要求搞活城乡商品流通，在城乡之间建立“绿色通道”，蔬菜、水果、畜产品的供应便越来越丰富。

二、农业生产结构分析

我国幅员辽阔，各地的自然条件和生产力发展水平差别很大，农业生产结构必然是丰富多彩的。在具体分析农业生产结构时，一般是从它的层次与类型方面进行把握。

（一）农业生产结构的层次

从层次上分析农业生产结构是最常见的分析方法。它是指对整个农业进行不同生产部门的层次性区分。

首先，农业（有人称为“大农业”）分为农（这里的农业专门指种植业）、林、牧、渔不同的门类。这一层次的结构称为农业生产的一级结构。在各门类内部又包括产品性质和生产特点不同的各种生产部门，如种植业内部包括粮食作物、经济作物等不同特点的作物生产部门，畜牧业中包括役用畜和各种畜产品生产部门，林业中包括生态林、用材林、经济林等不同性质的林木生产部门，渔业中包括海洋渔业和淡水渔业生产部门等。这些生产部门的比例关系和结合形式，构成了农业生产的二级结构。以此类推，各种生产项目内部还有更加具体的三级甚至四级结构。比如，粮食生产中有水稻生产部门和小麦生产部门等就是三级结构，小麦生产部门中又包括冬小麦生产部门和春小麦生产部门就是四级结构。各级农业生产结构的合理与否都对农业生产的发展起着重要作用。因此，研究农业生产结构，不仅要重视一级结构的合理化问题，也要注意二、三级乃至四级结构的合理化。

（二）农业生产结构的整体关联性

农业生产结构具有纵横交织的立体结构特性。其横向联系既包括种植业、林业、畜牧业、水产业等各生产部门之间的联系，也包括地区之间的联系。其纵向联系包括从各个独立的农业基本生产单位上升到县、地、省级农业生产单位，再上升到不同的农业区，以致整个国家内部的联系。

不同层次、不同特点的农业生产结构相互交错，融为一体，构成一个有机的整体。在这个整体中，无论是横向的还是纵向的任何一个局部，都是一个立体的剖面，而且每一个局部都包含着多个层次。把这些局部剖开来看，它们的生产结构也都有各自不同的特点。但它们彼此之间绝不是分离割裂的，而是密切联系，相辅相成的。为了使这个有机体的各个组成部分能够协调运转，在彼此相互依存关系日益深化的情况下，必须将生产、加工、销售结合起来，使农业生产各部门得到最适当的发展，提高农业中物质和能量转换的效率，并以此为基础，提高农业的整体经济效益和社会效益。

（三）农业生产结构的合理性评价

衡量农业生产结构合理与否，需要从全局、从多方面进行定性与定量分析。从定性的方面说来，需要从以下几个方面进行合理性评价。

一是农业资源利用状况。农业生产结构是否合理，首先要看它对农业资源利用状况是否合理，主要包括各类土地资源、生物资源、水资源及其他自然资源的利用率、劳动力利用率、农业副产品利用率等。通过以上指标，与其他地区及以往相同指标进行对照，就可以看出资源利用的广度和深度，应该和可能利用的资源是否得到了利用。所谓农业发展，就是充分而又合理地利用有限的农业资源。如果资源利用不充分，浪费很大，农业生产结构自然就不合理。

二是生态环境状况。通过对包括森林覆盖率、自然灾害发生概率、土壤有机质含量、土壤水体中有害物质含量等指标的考核，可以看出是不是进行了掠夺式经营，农业再生产能否呈良性循环。农业生产结构直接影响生态系统，合理的农业生产结构能够保持和建立生态平衡，使生态系统呈良性循环，农业生产中物质和能量变换也就比较顺利；反之，如果破坏了生态平衡，生态系统呈恶性循环，农业生产中物质和能量变换受到阻碍，农业生产结构肯定不合理。因此，生态环境的状况，是评价农业生产结构是否合理的一条重要标准。

三是经济效益大小。经济效益是衡量农业生产结构的重要指标之一，主要包括农业劳动生产率、单位农产品成本、投入产出比、单位投资收益率、单位面积净产值、人均纯收入等。合理的农业生产结构，农业内部比例协调，农业生产中物质和能量转换的效率必然较高，经济效益也必然较大。

四是满足社会需要的程度。农产品是否满足社会需要也是衡量农业生产结构的重要指标，包括主要农产品人均占有量、农产品商品率、农产品的自给率、商品农产品总值、主要农产品人均消费水平等。通过以上指标不仅可以看出农业中市场经济的发展程度，农业生产的专业化水平，各地的优势是否得到发挥，而且，可以从中分析农业生产结构是否符合国民经济发展的要求，在多大程度上满足了社会对农产品的需要。随着国民经济的发展和人民生活水平的提高，社会对农产品的需求不断增长，对各种农产品需求的数量和比例会不断变化。在一定的农业生产水平下，农业生产结构合理与否，对于满足社会对农产品的需求具有重要的作用。

以上四个方面是相互联系、相互制约的。评价农业生产结构是否合理应该同时从这四个方面去考察。

评价一个地区、一个企业农业生产结构的合理性，不能只看其微观经济效果，要把这个地区、这个企业放在全局中来考察，看看它对宏观经济带来了什么影响。宏观经济由微观经济所组成。一般说来，宏观经济效果与微观经济效果是一致的，但往往也有不一致的情况。从某一个地区、某一个企业来看，农业生产结构取得了较好的经济效果，似乎是合理的，可是，从全局来看，却因某些生产部门的发展或压缩，妨碍了国民经济其他部门的发展，影响了人民生活需要的满足，有损于宏观经济效果，长此下去，终将会使微观经济遭受损害。所以，对农业生产结构进行经济评价，只有把宏观经济效果与微观经济效果统一起来考察，才能得出正确的结论。

在定性分析的基础上，具体反映一个地区、一个企业的农业生产结构，通常需要借助一系列能够反映农业生产结构状况的经济指标。这些指标主要有:

（1）土地利用结构，即耕地、林地、牧场草地、养殖水面等各种农业用地占土地总面积的百分比。

（2）播种面积结构，即各种作物的播种面积占总播种面积的百分比。

（3）农业总产值结构，即种植业、林业、牧业、渔业等各业的产值占农业总产值的百分比。

（4）农业劳动力利用结构，即各业所占用的劳动力占劳力总数的百分比。

（5）资金利用结构，即各业所占用的资金在资金占用量中的百分比。

（四）农业生产结构演变趋势

随着社会生产力和国民经济的发展，农业生产结构呈现出有规律的变化趋势。

1. 畜牧业的发展快于种植业

几十年来，世界上经济发达国家农业生产结构的一个重要特征是，畜牧业的比重普遍大大超过种植业，从而使畜牧业在整个农业生产结构中占有重要地位。就农牧业产值来说，畜牧业一般占农牧业总产值的50%以上，有的高达60%~70%，个别的达到90%。发展中国家的农业生产结构也在朝着这个方向演变。

从世界范围来看，有两种不同的农业生产结构模式:一种是经济发达国家实行的以牧为主，或农牧兼营型结构。这一模式的特点是生产水平高，农业劳动生产率高，产品的商品率高，居民消费水平也高。建立这种农业生产结构的国家，居民的食物结构以动物性食物为主，总人口不到世界人口的1/3，但他们却消费了全世界粮食的2/3，主要是通过饲料转化成畜产品消费的。另一种是发展中国家实行的一般以种植业为主的、生产水平低下的单一农业生产结构。多数发展中国家属于这一类别。这些国家自己生产的粮食仍然不敷食用，每年需要大量进口粮食。

畜牧业的发展速度快于种植业，主要是由消费者的食物需求结构变动趋势决定的。在经济发展水平较低的阶段，大多数消费者的食物是以植物性食品尤其是粮食为主的。随着经济发展水平的提高，鱼肉蛋奶等动物性食品的消费量将不断提高，达到一定水平后才能稳定下来。

我国在历史上就是以植物性食品为主的国家。这种膳食结构以植物性食品为主，以动物性食品为辅，既能满足人体对营养物质的需要，又能对农产品资源实现高效率利用。而西方以动物性食品为主的消费方式需要消耗大量的粮食，对资源的消耗量要比我国大得多。近些年来，我国的中高收入阶层的食物结构已经接近发达国家，而低收入阶层的食物构成中动物性食品的比重还比较低。究竟怎样的食物结构最有利于消费者健康，是个世界范围内普遍关心但还没有解决好的问题。笔者倾向于中国应当坚持以植物性食物为主、以动物性食物为辅的食物结构，由此规定我国的农业生产结构。

2. 畜牧业内部结构变动趋势

畜牧业生产内部结构的变化要受各种因素的制约，包括：可供畜禽利用的饲草饲料资源状况，一个国家、一个地区居民的消费习惯，机械化、工厂化生产是否适于某种畜禽的生产，等等。肉、蛋、奶一直是畜牧业提供的主要产品。在西方国家，对肉类的消费主要集中在牛肉上，而我国的肉食消费历来以猪肉为主。由于牛和猪的饲料转化率相对较低，鸡和鱼类的生产有后来居上的趋势。近年来，为满足人们健康长寿的需要，提供高蛋白、低脂肪型畜产品的畜牧业部门发展较快，如世界范围内的养兔业的发展证明了这一点。

（五）种植业内部结构的变动趋势

随着畜牧业的迅速发展，种植部门生产的粮食越来越多地被用作饲料，种植业为畜牧业服务的趋势已日趋明显。目前在世界粮食总产量中，居民口粮只占45%左右，而饲料粮达35%，其余为工业用粮等。经济发达国家饲料粮要占到70%~80%，但经济不发达国家只占10%左右。近年来值得注意的动向是，有些国家的大豆和优质小麦也越来越多地被用作蛋白饲料。

随着城乡居民消费水平的提高，引发种植业内部结构调整的另一种趋势是，经济作物、水果、蔬菜、饮料作物的比重日益增大，观赏植物、花卉盆景等生产部门的发展速度在加快。

三、农业生产结构调整的宏观手段：布局与区划

由前述内容可知，农业生产结构决定着农产品的市场供给与需求。所以，农业生产结构调整属于重大宏观经济问题。面对可持续发

展和国内外市场竞争给农业发展带来的压力，农业生产结构调整必须建立在科学规划的基础之上。要实现这一要求，全国和各个地区必须进行科学的农业生产布局和区划。

（一）农业生产布局的概念

农业生产布局，是指农业生产的地域分布。农业生产的地域分布有两方面的含义:一是指农业生产在地区上的分工；二是指同一地区内农业各部门间的合理分布。前者反映了农业生产的空间关系，表现为不同地区农业生产的专业化取向；后者反映的是一定地区内农业各部门的结合，表现为专业化与多部门经济相结合。

任何物质生产都离不开一定的空间，都有其地域分布。农业生产的地域性特征更为明显，因为农业生产是在广大的空间进行的，农业生产中经济再生产与自然再生产过程是紧密地结合在一起的。农业生产与自然环境的密切联系决定了它具有鲜明的地域差异。然而，自然条件只是农业合理布局的客观基础，对农业布局起决定性作用的还是社会分工，这是因为社会分工的扩大会促使市场经济发展，进而又反过来促进农业的专业化和合理的地域分工。因此，只有在社会分工和市场经济有了一定发展的时候，合理的农业布局才有真正的社会经济意义。

（二）农业生产布局的基本原则

农业生产布局是整个社会生产布局的一个组成部分。因此，生产布局的一般原理同样适用于农业，如，生产在全国范围内均衡配置，在综合发展地区经济的基础上进行地域分工，工农业生产在地区间协调发展，生产地接近消费地等。对农业生产布局来说，就是要将生产布局的基本原理与农业生产的自然经济特点相结合，并根据当时的科学技术水平，使之更适合于农业，更好地指导农业生产。

在遵循一般生产布局原理的前提下，农业生产布局中最基本的原则是：地域专业化与部门综合发展相结合。农业生产的地域专业化是指在一定地域范围内农业部门发展的主导方向。它是农业生产充分利用各地区自然资源优势的必然结果，也是社会分工的扩大和商品农业发展的客观需要。农业的地域专业化与工业生产的专业化有所不相同。一般说来，工业生产随着产品向专业化、大批量生产发展，其工艺技术越容易提高，产品成本越容易降低。而农业生产则不然，它需要专业化与多部门合理配合，才能更充分地利用自然、经济资源和劳动力资源，克服生产的季节性，生产多种产品来满足社会需要。因此，农业的地域专业化与多部门综合发展相结合，是农业合理布局的基本原则。

当然我们也要看到，农业生产地域专业化与多部门发展有相互一致的方面，也有矛盾的方面。前者表现为专业化可以带动各辅助部门的发展，综合发展可为专业化生产提供更多的资金和原材料。后者表现为，如果不顾条件，过分强调地域专业化，就会削弱多部门综合经营，反之，过分强调综合经营，也会影响专业化水平的提高。因此，在进行农业布局时，要根据各地区的具体条件和市场需要，确定地域专业化的类型和发展方向，选择科学的专业化与综合发展的结合形式。做到一业为主，多种经营，建立各具特色的农业生产区域。

我国的地貌类型多种多样，其中山区丘陵面积较大，平原相对较少，这对建立较大范围的专业化农业区是一个很大的限制。但是，多种地貌提供的丰富多样的自然资源，为在我国建立大小不等的不同农业类型区创造了极为有利的条件。在社会主义市场经济体制下，实行因地种植、养殖，必将形成不同类型的农产品专业化生产区，为社会提供大量价廉物美的商品性农副产品。

（三）农业区划的概念和作用

所谓农业区划，是在全国或一定地域范围内，根据各地区的自然、经济条件，在生产上形成的地域性差异而划分出不同的区域。科学的农业区划是合理的农业生产布局的反映，或者说，合理的农业生产布局要靠农业区划工作来落实。在不同地域之间的农业生产有其明显的差异性，而在一定的地域范围内又有其一定的共同性。根据自然经济条件，用划区分片的办法，将一定地域划分为不同等级的农业生产区域和类型，就是农业区划工作的基本内容。因此，农业区划工作也是实现合理的农业生产布局的科学方法，同时，农业区划还可为制定农业长期发展规划和进行农业战略决策提供科学依据。

（四）农业区划的内容

农业区划的内容是很丰富的，它的主要组成因子有:

（1）农业自然区划。农业自然区划包括与农业生产有关的各种自然资源（如:地貌、土壤、水文、地质、气候、植被、动物等）区划，以及对各种农业资源进行经济评价的综合自然区划等。

（2）农业各部门、各主要作物和畜禽的分布与区划。根据农业生产布局的总体要求，按农业生产门类进行区划，诸如种植业区划、林业区划、畜牧业区划、渔业区划等。甚至在各门类中还可以作具体的区划，如专业化种植区的主要作物区划，商品性养畜业的不同畜禽区划等。

（3）农业技术进步的评价和实施区划。根据农业现代化的各项要求，按一定标准分类划区，如农业机械化区划，农业水利化区划，农业电气化区划，新技术采用和作物、畜禽优良品种推广区划等。

（4）综合农业区划。在上述三类农业区划的基础上，对全区农业生产条件和发展方向进行综合分析，然后划分各类综合农业区。

以上所述的区划内容虽有区别，但又是密切联系的。例如，要进行农作物区划，就必须考虑气象、水文、土壤等各种因素。要制定水利区划，就必须考虑地下水源、降雨量、耕作制度、灌溉制度等。总之，单项区划与综合区划、单项区划与单项区划之间必须协调一致，才能把农业区划的各方面内容融为一体。在进行各类农业区划的基础上，还需绘制有关地图，形象地反映农业区划的现状和发展远景。

农业区划是项面广量大，且又分散的工作。要实现农业的合理布局，应当在全国范围内同步进行。全国要搞农业区划，各省、市、区、县也要搞农业区划。为此，有必要自上而下、自下而上互相结合，同步进行，以形成纵横交错完整的农业区划体系。

农业布局与区划是政府发挥“看得见的手”作用的具体体现，是推动供给侧结构性改革的基础性工作。它对于农业经营主体不具有约束力，但政府可以依据农业生产布局与区划制定具体的支农政策，如有针对性地进行农业基础设施投资，就必然对农业经营主体起到引导作用，从而推动农业生产结构调整。

第三节　农产品市场的需求与供给

社会主义国家搞计划经济，直接起因是避免发生资本主义社会自由竞争造成的生产过剩危机。但计划经济造成了商品供应短缺，从一个极端跳到了另一个极端。邓小平领导中国改革开放，建立社会主义市场经济体制，目的是既要解决短缺经济问题，又要避免生产过剩危机。应该说，通过40年的农业农村经济体制改革，短缺问题已经彻底解决了，但过剩造成的问题却时常困扰着广大生产农产品的农民兄弟。如何解决农产品过剩给农民利益带来的损害以及农产品供给方面的问题，留待后面的章节探讨。这里，我们先从原理层面讨论农产品市场供求关系。

一位获得过诺贝尔经济学奖的经济学家讲过，一只鹦鹉也能当经济学家，因为经济学家只要讲好两个单词就够了，一个词是需求，另一个词是供给。这虽然是经济学家的自我揶揄，但确实生动地说明了需求与供给这两个范畴在市场经济中的重要性。农产品作为人类生活最基本的物质资料，它的需求与供给同样在农业经济中是非常重要的，关系到农产品生产者和消费者的切身利益。即使是从多功能性的角度考察农业，终归也要反映到农产品的供求关系上来。

一、农产品需求原理

（一）农产品消费的边际效用递减

需求是消费者在市场中的基本行为。在研究消费者行为时，可以发现一些共同点。首先，消费者支出自己得到的收入以获得各种商品和劳务。其次，消费者对大多数消费品似乎永远也不觉得满足。我们可以从消费者行为的这个特点推想到，人们的消费愿望是无法完全满足的，只能是尽可能多地满足。

市场机制的精巧之处在于，约束消费者尽情消费的不是别人的硬性规定，而是由他自己货币收入限定的支出能力的有限性。这就是说，消费者的需求，只能是有支付能力的需求。

那么，消费者在什么商品上支付货币，又支付多少货币呢？为了回答这个问题，研究者根据日常观察做出如下判断：在给定的货币收入条件下，消费者购买他们需要的衣服、住房、食品以及理发、旅行等其他一切东西的数量，要能够使它们的效用达到最大，也就是说，消费者总是用他的有限的货币收入购买他认为最必要的商品，而不存在随意消费现象。这是消费者行为的第一个特点。一种商品或劳务能够满足消费者的欲望，称为效用，它取决于商品的内在品质。这种品质可以是客观的，也可以是主观的。我们强调商品品质的主观性是说，两个人消费同一数量的某种商品所得到的效用或满足往往是不一样的，俗语说“萝卜白菜，各有所爱”，这句俗语表明，同样数量的萝卜或白菜，给“所爱”不同者进行消费，效用是不一样的。经济学中称这种“所爱”为“消费者偏好”。

消费者行为的另外一个特点是，收入不会只用于一项物品，而是要购买各种各样的商品和劳务。这种行为起因于所谓的边际效用递减律。这个规律是说，当其他商品和劳务的消费量保持不变时，一个人如果增加若干单位某种特定商品的消费，那么，每增加一个单位商品的消费所产生的满足程度是在减少的。中国的经济学老师在给学生们讲解这个道理时，常用吃馒头的例子：对于一个处于饥饿状态的人来说，吃进去的第一个馒头解决饥饿问题的效用最大，吃进去的第二个、第三个馒头，效用就递减了，直到不想再吃了，或者说再吃就撑破肚皮了，那么，撑肚皮的那个馒头对于这个食客而言就没有效用了。

在货币收入有限和边际消费效用递减两个因素的共同作用下，消费者必然按照一定的组合方式购买各种商品，比如，在饮食消费上，既要有主食，又要有蔬菜、肉类和水果等。消费者所选择的购买组合表示他认为这种组合带来的满足最大。

（二）农产品需求的价格弹性

通常情况下，其他条件不变，某一商品价格的变动通常使需求量向相反的方向变化，也就是商品价格越高，需求量就越低，相反，商

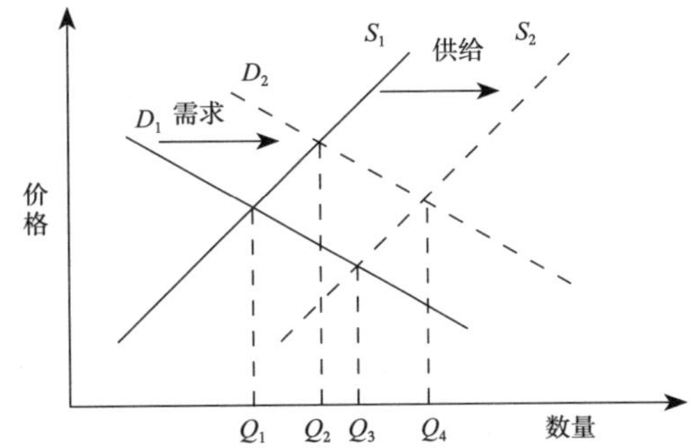

图1-2　供求曲线决定均衡价格

品价格越低，需求量就越多。这种现象与前面已经讲到的农产品消费边际效用递减有直接关系，即每追加一单位的商品消费所增加的效用都比前一个商品效用小，所以，要想让消费者较多地购买该种商品，该商品的价格必须下降。把这一现象在直角坐标系中表现出来，以纵轴表示该商品的价格，以横轴表示该商品的需求量，做出的需求曲线就是向下倾斜的（图1-2）。

求曲线向下倾斜是一个具有重要意义的经济现象，它包含了商品需求的价格弹性。它是指价格与需求数量之间的关系，是用需求的数量变动百分比除以价格变动百分比。直观地说就是，当商品的价格变动（上升或下降）一个百分点，商品的需求量变动（减少或增加）的百分点是多少，这个数值称为弹性系数。农产品需求的价格弹性系数一般为负值，因为需求曲线的斜率通常是负值。

弹性系数越小（正负可以忽略），比如小于1，说明需求量的变动对于价格来说并不敏感，或者说，商品的价格变动幅度不论是大还是小，对于商品需求量的变动都没有明显的影响。我们就说这种商品需求缺乏弹性。相反，需求量的变动幅度比价格变动幅度大，我们就说这种商品需求有弹性。

消费者的日常生活感受和学者的研究共同表明，农产品需求的价格弹性差异非常之大。通常是必需性农产品（如粮食）的需求弹性比较小，而非必需类农产品的需求弹性较大。影响需求弹性的因素主要有三个。一是这种商品有没有很好的替代品。如果有比较多的替代品，该种商品的需求弹性往往就比较大。大多数原料性农产品的需求是缺乏弹性的，因为它们很少有很好的替代品。二是这种商品有没有其他许多可供选择的用途。某一产品的用途越多，它的价格弹性也就越大。淀粉的需求量是比较有弹性的，因为它可以用来做粉条直接食用，也可以用做加工食品的辅料，还可以成为工业原料。三是这种商品是不是消费者总支出中很重要的项目。对于小轿车、住房、家具、电视机等的需求是有弹性的，因为这些都是大额的支出，占家庭预算的很大部分。当支出数额很大时，往往使消费者更为谨慎，希望找到最合适的物品。所以，价格稍有变化即可引起许多消费者的注意，导致购买量的巨大变化。

（三）农产品需求的收入弹性

影响商品市场需求的因素有很多。在价格之外，消费者收入的变化、消费人口数量的变化、消费者偏好的变化、消费环境或条件的变化等，都会导致需求的变动。这里我们主要讨论一下由于收入变化引起的农产品需求量的变化。

随着城乡居民可支配收入的增长，消费者有较多的货币用来购买商品和劳务，其结果是对商品、劳务的需求量增加。由于失业等因素引起城乡居民收入下降时，多数消费者的需求量也随着下降。收入与需求之间的关系称为需求的收入弹性。随着城乡居民收入的增加，某些商品的购买量或者上升，或者下降，并不是单向增加的。比如，消费者在收入水平低时，消费的主食比较多，而收入水平提高后，主食的消费量反而不断减少，其他所谓的奢侈品消费越来越多。

需求收入弹性分析，对于掌握农产品市场需求变动趋势非常重要。食物作为城乡居民消费不可或缺的组成部分，重要性是不言而喻的。但这种重要性并不是取决于城乡居民收入，而是由人的生命与食物的关系决定的。很多人都知道恩格尔系数这个概念，它说的是食物支出在居民全部消费支出中所占的比重。这个概念告诉我们，随着居民收入水平的提高，用于食物支出的比重越来越低，也就是恩格尔系数不断下降。统计数据表明，2017年，我国居民恩格尔系数为29.33%，已经低于30%，而1978年，我国农民居民家庭的恩格尔系数高达67.7%，城镇居民家庭的恩格尔系数也高达57.5%。

二、农产品供给原理

（一）农业生产资源的有限性与经营者决策

所有经济活动的最终目标都是为了满足人类的需要，因而任何能满足人类欲望的活动或过程，不管是直接的还是间接的，也不管是为了眼前还是为了将来，都可以看作是生产。从这个角度说，生产是将资源转换成消费者可以使用的产品或服务的过程。

农业经营者和其他经营者一样，进入生产过程之前，都要做出三方面的决策，即生产什么，生产多少和怎样生产。对于农业生产者来说，把这三方面的决策付诸实施，就是投入资源或者说付出成本，然后把农产品生产出来。当农业经营者作为市场主体是为了出售而进行生产的时候，他们真正关心的事情是出售的农产品市场价格是否大于成本。

农业经营者都知道，手中的农业资源即土地、机械等生产要素是有限的，使用这些资源是有成本的。对于进行生产经营决策而言，最大难点在于，生产要素的投入方向和投入方式是有多种选择的，选择不同，经营效果完全不同。

农业生产是多种要素相互配置的过程。农业经营者进行决策，基础是考虑技术层面的可行性。比如，农业生产以农户为单位进行，也就是假定劳动力这个要素是固定的，那么，在既有的农业生产力水平下——比如，靠人畜力作业或是靠机械作业，投入的土地等其他生产要素，既不是越少越好，也不是越多越好，而是有一个最佳投入的数量界限。在到达这个界限之前，劳动力资源得到不充分利用，超过这个界限之后，劳动力无法与其他要素有效结合（农民的说法是“照看不过来”），其他资源得不到有效利用。所以，农户在既有生产要素条件下，会做出综合生产要素产出最大化的决策。

在农村，我们经常能够看到这样的现象：同样是两个五口之家的农户，都拥有10亩土地和3个劳动力。一个农户用土地种植粮食作物，只有一个劳动力在家照看庄稼就够了，其余两个劳动力出外务工；而另一个农户选择了温室蔬菜栽培项目，如果这个农户不雇请帮工，完全靠自家劳动力，就只能在5亩地上建立温室，其余土地只能种植节省劳动力的粮食作物。这两个农户的生产决策大相径庭，反映了完全不同的劳动力、土地及其他生产资料的技术配比关系，农产品的产出种类和数量也就大不相同。

事实上，农业经营者进行决策不可能单纯考虑技术因素，还会自觉地把价格因素考虑进来。在市场竞争中，不论是生产要素价格还是产品价格，都是变动不居的。各种因素交织在一起，导致市场总供给与总需求不断变化，引起生产要素和产品市场价格的不断调整，从而影响着农业经营者不断进行决策调整。

那么，在这种状态下，农业经营者进行决策遵循什么样的规律呢？这个问题的答案十分复杂。但观察农业经营者特别是农户的经营行为，还是有规律可循的。以下两条具有普遍性。

（1）农业生产要素的机会成本决定农业生产要素的投向。一个农业经营者尤其是小农户掌握的生产要素是有限的。但以劳动力和土地为主的基本生产要素的投向却是有多种选择的。在正常情况下，每一种生产要素的投向选择，都会给经营者带来收益，但收益大小肯定会所有差别。这就意味着，农业经营者的任何一种选择，都会产生机会成本。所谓机会成本，其含义是：经营者为从事某项经营活动而放弃的另一项经营活动的机会，或利用一定资源获得某种收入时放弃的另一种收入。比如，前面例子中，同是五口之家的两个农户，其中一个农户的3个劳动力都在村里搞温室蔬菜生产项目，没有人外出打工，就表明这个农户的劳动力放弃了外出务工的收入。这种情况下，（农村）劳动力外出务工的收入，就是在家种菜（务农）的机会成本。土地也是一样，可以用于种植粮食，也可以用于栽培蔬菜花卉，等等，有多种选择。农业经营者总是在对不同生产要素的机会成本进行比较后，才决定可以支配的生产要素投入是否投入到农业生产中去以及投入到哪个生产项目中去，从而也就直接决定了农村能够向市场供给多少农产品以及农产品的种类。这个规律反映到农民的日常说法中，就是“干啥划算”。有时听一位农民对另一位农民说“今年干这个亏了”，不一定意味着他今年没有赚到钱，而是说他自己还可以选择另外更赚钱的经营项目。

（2）追加的（边际）投入要素价格等于增加的（边际）产出带来的收入，决定农业经营者扩大农业再生产的边界。农业经营者进行机会成本比较是必然的。但这并不意味着他每年都要转换经营项目。转换经营项目也是有代价的，常常代价还很大。农业经营者一旦选择了生产项目后，每年甚至每天都要动态核算投入到项目中的生产要素是维持不变还是有所增减。这时，农业经营者决策的依据是，对追加要素投入带来的收益与相应追加的成本进行比较。在这个过程中，农业经营者能够做出准确判断的，一是生产要素的技术配比，二是依据当时的生产要素市场价格核算出追加成本；不能做出准确判断的，是未来产品的市场价格，那就只能依据以往经验（包括听取他人的咨询意见），对当时的产品市场价格做必要的修正，然后进行模拟判断。有时候媒体报道，某种蔬菜收购价太低，农民让蔬菜烂在地里不收了，就是农业经营者认为，追加劳动的成本大于收益。这样就减少了该种蔬菜的市场供给。

（二）农产品供给的价格弹性

以上内容讨论了农业经营者在资源有限条件下如何进行农产品供给决策。从中可以看出，最终决定农业经营者供给多少农产品的决定性因素是销售价格，是在实现的销售价格下能否有利可图。我们在日常生活中能够观察到，某种农产品价格很高，供应就源源不断地增加起来，反之就不断地减少。

这样，在直角坐标系中，以纵轴表示农产品价格，以横轴表示农产品供应量，就能够描绘出一条由左向右上方倾斜的曲线，这就是供给曲线。它的定义是：在其他条件不变情况下，生产者愿意按不同价格水平向市场提供的商品和服务的数量。供给曲线由左到右呈现上升趋势，表明农产品价格越高供给量就越多，随着价格下降供给量相应减少（图1-2）。

有了农产品供给曲线后，就很容易理解农产品供给的价格弹性了。农产品供给的价格弹性定义是：在其他条件不变的情况下，价格变化1%所引起供给变化的百分比。假如，某种农产品的供给弹性为0.3，这就是说，当该种农产品价格上升1%时，其供给量会增加0.3%。供给弹性系数一般为正值，因为供给曲线的斜率通常是正数。完全垂直的供给曲线的价格弹性系数为零，这意味着供给对价格没有反应；如果供给弹性在0~1之间，通常说供给是无弹性的，在此情况下供给的比例变化小于价格变化的比例；供给弹性大于1时，说明供给是有弹性的；当弹性系数为1时，说明供给与价格之间以相同比例变化。

供给弹性低的农产品生产不容易进行调整，如粮食、牛奶等；供给弹性高的农产品生产则比较容易进行调整，如蔬菜、禽蛋等。农村改革以来，我国蔬菜、禽蛋类产品的市场供应量增长很快，一方面是有需求拉动的原因，另一方面也是由于增加供给相对比较容易。

三、农产品价格的市场决定机制

在阐述了农产品的需求原理与供给原理的基础上，农产品的供求关系就比较容易理解了。

前面讨论的农产品需求曲线和供给曲线，都是在阐明农产品的消费者和供给者如何进行个别决策，也就是微观决策。有了这个基础后，从宏观上或总体上理解农产品的供给与需求也就很容易了。总体上的农产品市场需求曲线就是把个别需求曲线相加，总体上的供给曲线也是把个别供给曲线相加。需求曲线反映的是消费者的意愿，供给曲线则表示出生产者的动机。如图1-2所示，市场价格是由供给曲线和需求曲线共同决定的，这个时候的农产品市场价格也叫均衡价格。均衡价格的市场含义是，所有愿意按这个价格购买该产品的人都可以买到其希望的数量，所有生产者也都能够按这个价格出售其所生产的全部产品，市场上既没有出现短缺，也不存在过剩，处于均衡状态。

但是，均衡状态只是为我们理解市场供求关系的变化提供的理论基础。实际状态是供求的数量时时刻刻都在变化，价格也在不断地变化。在这种变化中，消费者如何决策和生产者如何决策，我们都已经了解了。有了这个基础，我们就容易理解，当价格偏离均衡位置时，消费者和生产者必然同时按照自己的逻辑寻求新的均衡。市场的丰富多彩或扑朔迷离，都是供求双方寻求新的均衡的过程。

第二章

城乡融合发展与二元经济结构理论创新

党的十九大报告提出“实施乡村振兴战略”这个命题后，紧接着就勾画出实施这一战略的大思路，那就是“建立健全城乡融合发展体制机制和政策体系”。习近平在2017年12月28日召开的中央农村工作会议讲话中指出：“我们一定要认识到，城镇和乡村是互促互进、共生共存的。能否处理好城乡关系，关乎社会主义现代化建设全局。”他要求“重塑城乡关系，走城乡融合发展之路”。目标是“形成工农互促、城乡互补、全面融合、共同繁荣的新型工农城乡关系”。2018年10月23日下午，习近平考察粤北清远市时指出：要下功夫解决广东城乡二元结构问题，力度要更大一些，措施更精准一些，久久为功，把短板变成潜力板。

这一章的任务是，从经济发展理论层面，把乡村振兴、城乡融合发展、城乡二元结构这几个范畴融会贯通，阐释转变城乡二元结构的机理。多年来，“三农”领域学者们奔走呼号，为党的十六大以来党中央把解决“三农”问题摆到全党工作重中之重的位子做出了贡献，但至今没有把农业现代化成为“短板”的原因说清楚。希望本章的内容在这方面有所贡献，让农业的“潜力板”作用发挥出来。

第一节　城乡融合发展是中国共产党的初心

“不忘初心，牢记使命”是党的十九大报告的主题，习近平更是多次予以强调。中国共产党是以毛泽东为核心的第一代中央领导集体创立发展起来的。毛泽东说过，指导中国共产党的理论基础是马克思列宁主义。所以，中国共产党的初心来源于马克思列宁主义。习近平部署实施乡村振兴战略，指明城乡融合发展方向，正是不忘初心的具体体现。

一、马克思恩格斯揭露资本主义社会城乡对立的必然性

马克思获得博士学位后曾经担任《莱茵报》主编，就已经注意到了城乡对立问题。在讨论当时普鲁士（德国的前身）莱茵省贫苦农民盗伐林木案件时，马克思就深刻认识到，整个普鲁士国家的统治阶级只维护他们的私人利益，完全忽视了贫苦农民的基本生存权益。马克思的理论体系成熟之后，他从历史唯物主义的基本原则出发，深刻地剖析了城乡利益对立的原因。他说："一个民族内部的分工，首先引起工商业劳动同农业劳动的分离，从而也引起城乡的分离和城乡利益的对立。"

在封建时代，虽然经济发展水平很低，但不存在城乡差别很大的社会矛盾。在社会分工基础上发展出来资本主义制度，造成了资本家阶级和雇佣工人阶级的对立。早期的雇佣工人都是来自农村的农民。除了一部分是在圈地运动中被赶出土地的农民，他们中间的大部分是受生计所迫自愿离开农村的农民，由此可见农村的凋敝和农民生活困苦。所以，城乡对立是与资本家阶级和雇佣工人阶级的对立相伴而生的历史现象。

《共产党宣言》描绘了19世纪中叶欧洲的城乡关系和国际关系："资产阶级使农村屈服于城市的统治。它创立了巨大的城市，使城市人口比农村人口大大地增加起来，因而使很大一部分居民脱离了农村生活的愚昧状态。正像它使农村从属于城市一样，它使未开化和半开化的国家从属于文明的国家，使农民的民族从属于资产阶级的民族，使东方从属于西方。"①

① 《马克思恩格斯文集》第2卷，人民出版社2009年版，第36页。

二、马克思恩格斯指明城乡融合的发展方向

马克思和恩格斯运用历史唯物主义史观，论证了资本主义社会的基本矛盾是生产社会化与生产资料私人占有之间的矛盾，揭示了资本主义灭亡的历史必然性，形成了科学社会主义理论体系。

早在《共产党宣言》问世之前，恩格斯就在《共产主义原理》一文中指出："公民公社将从事工业生产和农业生产，将结合城市和乡村生活方式的优点而避免二者的缺点"。"通过消除旧的分工，进行生产教育、变换工种、共同享受大家创造出来的福利，以及城乡的融合，使社会全体成员的才能得到全面的发展——这一切都将是废除私有制的最主要的结果。"[①]

马克思和恩格斯在1848年发表了《共产党宣言》，对无产阶级取得革命胜利后如何建设新社会做出了初步设想。针对资本主义制度下的城乡对立，《共产党宣言》提出："当无产阶级上升为统治阶级，争得民主"之后，要"把农业和工业结合起来，使城乡对立逐步消灭"[②]。

从马克思和恩格斯的上述论断可以看出，他们在倾心解决雇佣工人与资本家的阶级矛盾的同时，也非常重视相伴而生的城乡矛盾，致力于城乡融合发展。这是与他们解放全人类的崇高理想完全吻合的。因为，仅仅解决了无产阶级与资产阶级的矛盾，而不解决由产业分工和地域划分造成的城乡差别，人与人之间权利地位不平等矛盾还是不能得到有效解决。

更为可贵的是，马克思和恩格斯对于如何做到城乡融合也给出了方向性指引。

---

① 《马克思恩格斯文集》第 1 卷，人民出版社 2009 年版，第 686~689 页。

② 《马克思恩格斯文集》第 2 卷，人民出版社 2009 年版，第 52~53 页。

一是要消灭旧分工造成的人的片面发展，推动人的自由全面发展。马克思认为，“一切发达的、以商品交换为中介的分工的基础，都是城乡的分离”。在马克思那个时代的资本主义社会中，工商业劳动和农业劳动相分离，农村成为满足城市居民各种需求的原料产地，沦为城市的附属物，农村土地大量荒芜，农村经济陷入困顿状态。在城乡对立的状态下，劳动被固化在某一活动区域，人的个性和能力的发展受到严重束缚。马克思认为，只有在消灭旧式分工、实现城乡融合，才能实现人的自由全面发展。

二是废除资本主义私有制，拔除城乡对立的根源。马克思认为，资本主义社会不仅不能消除城乡对立，反而会使城乡矛盾愈加突出，根源是生产资料私人占有制。私有制是生产力有了一定发展而又没有高度发展的结果，是阶级对立产生的经济基础，是造成少数人对多数人的剥削和压迫的不平等现象存在的制度根源。在生产力高度发展的基础上消灭私有制，才能逐步消除城市和乡村分离、对立的状态。马克思认为消灭了私有制之后，“从事农业和工业的将是同一些人，而不再是两个不同的阶级”。

三是在发展生产力基础上实现生产力合理布局。马克思认为，农村农业人口的分散化与大城市工业人口的集中化，都是生产力有所发展而又发展不充分的结果，是工农业发展水平还不够高的集中表现。要有计划地协调安排生产力。工业并不是只能分布于城市，农村并不必然只能从事农业活动。恩格斯在《反杜林论》中说：“大工业在全国的尽可能平衡的分布，是消灭城市和乡村的分离的条件，所以从这方面来说，消灭城市和乡村的分离，也不是什么空想。的确，文明在大城市中给我们留下了一种需要花费很多时间和努力才能消除的遗产。但是这种遗产必须被消除而且必将被消除，即使这是一个长期的过程”。

四是科学技术和基础设施对城乡融合的积极影响。马克思一贯重视科技革命和生产力水平提升的重要性。马克思敏锐地看到了以电的发明和应用为标志的第二次科技革命对城乡融合起到的推动作用。他指出，电的这一发现，“如果说在最初它只是对城市有利，那么到最后它必将成为消除城乡对立的最强有力的杠杆”。

三、工农联盟是城乡融合发展的政治保障

按照历史唯物主义的基本观点，生产力决定生产关系，生产关系对生产力有反作用；经济基础决定上层建筑，上层建筑对经济基础有反作用。城乡对立与城乡融合，主要是从经济角度观察城乡关系得出的结论。由城乡对立过渡到城乡融合，必须经过革命这个政治环节。为了无产阶级革命取得胜利，马克思和恩格斯在1850年萌发了工农联盟思想：“工人为了农村无产阶级的利益和自己本身的利益，……应当与农村无产阶级联合起来。”[①]

马克思和恩格斯的这些思想深深地影响了后来的共产党人。列宁在领导俄国革命过程中明确把工农联盟作为原则和制度提出来了。他这种认识首先是基于对农民阶级地位的科学分析：“劳动农民历来都受地主、资本家、商人、投机者和他们的国家（包括最民主的资产阶级共和国在内）的压迫。多少世纪以来，劳动农民养成了一种敌视和仇恨这些压迫者和剥削者的心理，实际生活所赋予的这种教养就迫使农民设法同工人结成联盟来反对资本家，反对投机者，反对商人。”[②]列宁明确写道：“我们帮助农民，因为这是为保持我们的政权所绝对必需的。专政的最高原则就是维护无产阶级同农民的联盟，使无产阶级能

① 《中央委员会告共产主义者同盟书》，载《马克思恩格斯文集》第 2 卷，人民出版社 2009 年版，第 196~197 页。

② 列宁《无产阶级专政时代的经济和政治》，载《列宁选集》第 4 卷，人民出版社 1972 年版，第 90 页。

够保持领导作用和国家权力。”①

列宁创立的工农联盟是指，在共产党领导下，工人阶级在进行无产阶级革命和社会主义建设中同劳动农民结成的革命联合。

毛泽东在领导中国革命和建设的历史进程中，进一步发展了工农联盟思想。毛泽东认为，“中国无产阶级和广大农民有一种天然的联系，便利于他们和农民结成亲密的联盟”。“在中国社会的各阶级中，农民是工人阶级的坚固的同盟军，城市小资产阶级也是可靠的同盟军，民族资产阶级则是一定时期中和一定程度上的同盟军，这是现代中国革命的历史所已经证明了的根本规律之一。”②

中华人民共和国成立前夕，毛泽东正是基于工农联盟，对国家的性质和目标做出了规定：“无产阶级领导的以工农联盟为基础的人民民主专政，要求我们党去认真地团结全体工人阶级、全体农民阶级和广大的革命知识分子，这些是这个专政的领导力量和基础力量。没有这种团结，这个专政就不能巩固。……在革命胜利以后，迅速地恢复和发展生产，对付国外的帝国主义，使中国稳步地由农业国转变为工业国，把中国建设成一个伟大的社会主义国家。”

正是基于毛泽东的这一认识，《中华人民共和国宪法》规定，中华人民共和国是工人阶级领导的以工农联盟为基础的人民民主专政的社会主义国家。社会主义制度的建立，为消灭城乡对立的经济基础、实现城乡融合发展提供了政治保障。当然，如何实现城乡融合发展，并不是像做出政治规定那样容易。把城乡融合发展作为一个经济发展过程来看待，必须遵循它固有的经济规律。

---

① 列宁：《共产国际第三次代表大会》，载《列宁全集》第32卷，人民出版社1958年第1版，第477页。

② 毛泽东：《中国革命和中国共产党》，载《毛泽东选集》第2卷，人民出版社1966年版第607~608页。

第二节　二元经济结构理论的贡献与缺陷

一、西方发达国家与社会主义国家城乡关系对比及其结论

不论是马克思主义经典作家的著作，还是反映第一次世界大战之前欧洲农村实际情况的史料，都让我们看到，发达国家在资本主义早期阶段都存在严重的城乡对立矛盾。但是，经过多次经济危机的洗礼，尤其是经历两次世界大战之后，发达国家农业农村衰败贫穷的现象成为历史，农业现代化了，农民的收入水平赶上甚至超过了城镇居民，农村越来越像中国人想象中的桃花源，相对一百年以前，城乡对立的局面已经有根本性改观，城乡融合发展似乎已经实现。

与西方发达国家形成鲜明对照的是，第一次世界大战之后苏联诞生，第二次世界大战之后社会主义国家成批涌现，但这些社会主义国家并没有像马克思主义经典作家设想的那样，在无产阶级成为统治阶级以后消灭城乡对立。这并不是说苏联及其他社会主义国家没有努力解决城乡对立问题，事实上，几乎所有的社会主义国家都把消灭三大差别——工业与农业的差别、城市与乡村的差别、脑力劳动与体力劳动的差别——当作既定的社会主义革命和建设的目标，苏联甚至宣布在很短的时间内进入共产主义社会，中国也在1958年表达过类似的雄心壮志。然而，第二次世界大战结束30年之后就已经看得很清楚，社会主义国家农业农村发展滞后问题普遍没有得到解决。土地资源非常辽阔的苏联不能做到粮食自给；中国到1978年农村改革之前还有几亿人口温饱问题没有解决。

对比发达资本主义国家与社会主义国家解决城乡对立问题的实际效果，毋庸讳言，发达资本主义国家是成功的，社会主义国家没有实

现预期目标。于是，历史给出了与当年马克思主义经典作家不同的新结论：一是资本占统治地位的社会能够实现城乡融合发展目标；二是以计划经济取代市场经济即取消资本在国民经济运行中的主导作用，不利于经济发展，从而也不利于消灭城乡对立。所以，在20世纪最后20年里，苏联、中国等大部分社会主义国家普遍对计划经济体制进行了彻底改革，苏联、东欧甚至彻底放弃了社会主义制度，资本重新回归本位。即使高举中国特色社会主义旗帜的中国，资本制企业也在改革开放中成为社会主义市场经济体系中的主体力量，甚至计划经济时期建立起来的国有企业也在市场中以“国有资本”的身份参与竞争，成为资本制企业。所以，消灭城乡对立，不是要消灭资本，而是要利用资本。这是中国改革开放40年，绝大多数人都能够接受的结论。

在承认市场经济体制下资本主导国民经济运行合法性的前提下，对于如何从城乡对立过渡到城乡融合，中国学术界尤其是农业经济学界，从国家工业化发展阶段的角度进行了解释。大多数学者的观点是，发达国家能够采取一系列有利于农业农村经济发展的政策，是因为已经走过了工业化初级阶段，即完成了工业剥夺农业、城市剥夺农村的历史进程，进入了工业反哺农业、城市支持农村的历史时期，而中国还没有走完这样的历史过程。这一观点蕴含的逻辑当然是大力发展城市经济和非农产业以进行资本积累，即使农业农村农民的利益暂时受到损害，国家也只能采取这样的政策。

中国是否应该采取剥夺农业农村农民的政策，以及何时结束这样的政策，学术界是有争论的。但是，进入21世纪以来，中国要发展经济，必须搞市场经济，让资本成为国民经济运行的主体力量，则是争议不大的。个体私人经济是中国特色社会主义市场经济的组成部分，已经成为中国官方与学界的共识。讨论由城乡对立过渡到城乡融合，资本积累已经是无法绕开或者说是必须直接面对的历史性课题。

二、刘易斯的发展中国家资本积累理论

中国作为发展中国家，在改革开放中如何进行资本积累？这是个重大发展战略问题。中国改革开放40年取得的经济发展成就已经给出了答案，那就是发挥劳动力资源丰富的优势，从发展劳动密集型产业起步推进工业化和城镇化进程。2010年之前的中国大体上是这样的。解释这一历史现象最有说服力的经济学理论，非刘易斯创立的二元经济结构理论莫属。

刘易斯是英国经济学家，更是第一个把发展中国家的经济发展问题作为研究对象的经济学家。因为他为发展中国家的经济发展构建了二元经济结构理论框架，获得了1979年度诺贝尔经济学奖。自20世纪80年代初以来，中国经济学文献中出现“二元经济”“二元经济结构”“二元经济结构模型”等概念，都是在运用或涉及刘易斯的理论。

“城乡二元结构”这个概念从理论源头上看，也是直接来源于刘易斯的理论，但其外延涉及经济、政治、社会、文化诸多领域，要比“二元经济”概念的外延宽泛得多。如果从概念的内涵上看，基本内容都是指传统与现代并存的基本格局。

需要说明的是，最先使用二元经济结构这个概念的经济学家并不是刘易斯，而是美国的费景汉与拉尼斯两位教授①。但这两位教授阐述的二元经济理论精髓是由刘易斯发现的。所以，二元经济结构理论的“知识产权”属于刘易斯。费景汉与拉尼斯为刘易斯的理论精细化和系统化做出了重要贡献，但并没有实质性创新。

还需要从概念层面说明一下。有人把工业与农业的产业特点不同

① 参见费景汉、古斯塔夫·拉尼斯:《劳力剩余经济的发展》，华夏出版社 1989 年版。

说成是二元结构，还有人把20世纪50年代后期出现的城乡居民权利不平等的户口制度说成是二元结构。这两种看法在学理上极不严谨。发达国家也有工业与农业的产业之别，但并不存在二元结构问题；中国的二元结构自鸦片战争就萌芽了，洋务运动之后彻底形成，大大早于城乡分割的户口制度。

下面介绍二元经济结构理论，主要内容出自刘易斯的经典论文《劳动力无限供给条件下的经济发展》[①]，同时也参考了费景汉和拉尼斯合著的《劳力剩余经济的发展》。关于二元经济结构理论（或称模型），可归纳出以下几个要点：

其一，二元经济结构模型遵循古典经济学传统，即承袭斯密和马克思研究资本主义经济得到的基本结论（或称假定）：企业（资本家）支付维持生活的最低工资就可以获得无限供给的劳动力。以此为基础研究发展中国家的资本积累。刘易斯特别警告亚洲的经济学家们，不能盲从新古典经济学的假设和偏见，[②]必须回到古典经济学家的劳动力无限供给这个基本假定上来。

其二，发展中国家存在两类性质不同的经济部门，即资本主义部门和维持生计部门。资本主义部门以工业部门为主，按照利润最大化规则运行，随着资本积累不断扩大再生产；维持生计部门以农业部门为主，按照伦理行为准则运行，从事简单再生产。在我国经济学界，通常称资本主义部门为现代经济部门，称维持生计部门为传统经济部门。所谓二元经济结构，就是指一个国家的国民经济既包含传统经济部门也包含现代经济部门，呈现两类经济部门并存的基本格局。

① 刘易斯：《二元经济论》，华夏出版社 1989 年版，第 1~46 页。

② 刘易斯的意思是说，新古典经济学是建立在劳动力、土地等资源处于稀缺状态为假设前提的，只适合西欧国家，而不适合劳动力处于过剩状态的亚洲国家。

其三，发展中国家的传统经济部门中存在大量边际效益为零的劳动力，通俗地说就是存在大量剩余劳动力，导致传统经济部门劳动者的收入停留在仅能维持生存的水平上，刘易斯称之为“生计工资”①，后来费景汉与拉尼斯两位教授改称“制度工资”②。这样，现代经济部门就可以依靠雇佣工资低廉的劳动力而获得利润，实现资本积累。

其四，在传统经济部门的剩余劳动力转移完毕之前，现代经济部门在“生计工资”水平上可以获得无限的劳动力供给。当现代经济部门将传统经济部门的剩余劳动力吸收完毕之后，造成传统经济部门（农业）总产出减少，生活费用（农产品价格）升高，形成对于现代经济部门不利的贸易条件，导致工资水平提高。对此，费景汉和拉尼斯称为“转折点”或“商业化点”③，亦称“刘易斯转折点”。作为发展中国家，二元经济结构转换成一元结构或者说实现现代化的基本标志就是到达刘易斯转折点。

图2-1为二元经济结构模型示意图。

图2-1（a）中，O_1L_3是传统经济部门（农业）的劳动力总量（如中国1980年的农村劳动力有5亿人），在工业化（如把改革开放算作中国工业化起点，当然实际进程要早得多）开始之前，全部参与经济活动（农业生产）；连接横轴与纵轴的斜线是劳动力投入的边际生产率曲线，它表示，传统部门的劳动力从第1个开始投入，边际产出顺次下降，当劳动力投入到L_2（比如，投入了3亿个劳动力）时，边际产出为

① 参见刘易斯：《二元经济论》，华夏出版社，1989 年版，第 7~13 页。刘易斯的说法是“维持生活的最低收入”“维持生计部门的收入”等，“生计工资”这个概念是我国学者根据刘易斯的思想概括出来，方便了叙述。

② 费景汉、古斯塔夫 · 拉尼斯：《劳力剩余经济的发展》，华夏出版社 1989 年版，第 17~18 页。

③ 费景汉、古斯塔夫 · 拉尼斯：《劳力剩余经济的发展》，华夏出版社 1989 年版，第 9~14 页。

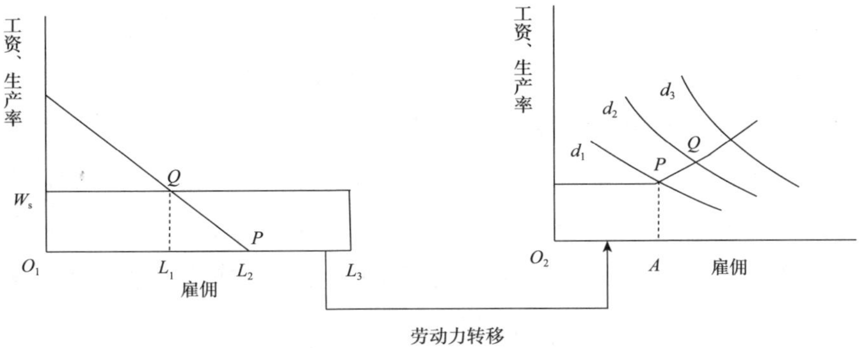

（a）传统部门（农业）　　（b）现代部门（工业）

图2-1　二元经济结构模型示意图[①]

零，它意味着把剩余的劳动力（2亿人）再投入进去，也不能增加产出。所以，L_2L_3是隐蔽在传统部门中的剩余劳动力总量。但是，在实际经济活动中，所有劳动力（5亿人）都参加了生产活动，要共同分享所有产出（农产品），工资收入W_S（W代表工资Wages，缩小的s代表生存subsistence）由习惯上的最低生活水平决定。W_S也就是刘易斯所谓的"生计工资"或费景汉和拉尼斯所谓的"制度工资"。这表明传统经济部门不是按照利润最大化原则配置资源的，而是按照共同生活的原则运作的。用老百姓的通俗语言讲就是，大家都有活干，但都干不满，大家都有饭吃，但都吃不饱。当然，这里舍掉了传统部门存在的贫富差距现象。

图2-1（b）表示现代经济部门（工业）导入发展中国家。现代经济部门追求利润最大化，本着"劳动力的边际生产率=工资"的原则从

① 参见大野健一、樱井宏二郎：《东亚发展经济学》，民族出版社 1999 年版，第 24 页。笔者认为，在众多学者介绍二元经济结构模型的图示中，该书的图示最为简洁、直观，反映了二元经济结构模型的全部内涵，尤其是标注在横轴下面的"劳动力转移"箭头，启发笔者画出了本书的图 2-2。

传统经济部门（农业）雇佣劳动力。以d_1表示现代经济部门（工业）的边际生产率，也代表了该部门的劳动力需求曲线。只要传统经济部门（农业）中还存在剩余劳动力，现代经济部门就能够以最低工资W_S雇佣到劳动力。在这个工资水平上，能雇佣到数量为O_2A的劳动，等于图2-1（a）中的L_2L_3（从农业部门流出的劳动力数量在图中从右向左计算）。换言之，在传统经济部门剩余劳动力转移完毕之前，现代经济部门能够以W_S表示的生计工资雇佣工人。

随后，如果现代经济部门（工业）把廉价劳动力带来的利润再投资扩大经营规模，那么劳动力需求就向d_2、d_3移动，即向右上方移动，传统经济部门的劳动力也就继续向现代经济部门转移流动。一旦转移的劳动力数量超过了O_2A，表现在图2-1（a）中即是超过了L_2L_3，也就是超过传统经济部门劳动力边际生产率为零的P点，那么，全国传统经济部门（农业）的总产出就将减少。假设人口数量不发生变动，人均食物数量就会下降，出现食物供给不足，食品价格上升，从而要求工资水平上升。经济学家们称P点称为“刘易斯第一转折点”。

现代经济部门继续扩张，从传统经济部门吸收的劳动力增加了d_3d_2，即到达Q点。在这一点上，传统经济部门（农业）的劳动边际生产率等于W_S，也等于现代经济部门的劳动边际生产率，我们称Q点为“刘易斯第二转折点”。这意味着发展中国家传统经济部门的剩余劳动力彻底转移完毕，所有部门都开始按照利润最大化原则雇佣劳动力，也就是劳动力的供求关系开始决定工资水平，“生计工资”或“制度工资”这种靠习惯形成的制度彻底失效，发展中国家实现了工业化，二元经济结构转换为一元结构。图2-1（b）中的d_1、d_2、d_3则代表了与劳动力转移过程相应的持续性的资本积累即经济发展。

经济学界公认，刘易斯建立的二元经济结构理论把发展经济学带进了结构主义阶段，或者说形成了发展经济学的结构主义学派。[①]

刘易斯的二元经济结构理论不仅为发展中国家积累资本指明了方向，也对发展中国家分析现代化进程提供了方法论指导，那就是由要素分析方法提升到结构分析方法。这是非常重要的。中华人民共和国成立之前，我们党就确立了发展现代经济的目标。但研究现代经济的方法却属于落后的要素分析方法，也就是在各方面与发达国家进行对照，哪一方面落后，就在哪个方面赶超。比如，发达国家的农业普遍实现了机械化，我们国家就在20世纪70年代初期提出，到1980年基本实现全国农业机械化。从资源配置效率的角度看，当时提出这样的目标是不合适的。因为农业普遍实现机械化作业，是需要大量钢铁和石油支撑的。但那个时期，一方面，大量农业剩余劳动力无处转移，推行农业机械化会造成更多的隐蔽性失业，对增加农业总产量作用不大；另一方面，城市经济也处于钢铁与石油资源严重短缺状态，增加钢铁和石油资源供给，对国民经济整体发展更为有利。刘易斯的二元经济结构理论告诉我们，只要抓住资本积累这条主线，发挥传统经济部门的资源优势，整个国民经济就能够发展起来。

改革开放初期，二元经济结构理论就介绍到我国，对于制定正确的经济发展战略产生了巨大的影响，那就是利用丰富的农村剩余劳动力资源发展劳动密集型产业，不仅创造了几亿个就业岗位，还积累了巨额资本，尤其是创造了全球第一的外汇储备。中国能够在21世纪初叶成为仅次于美国的第二大经济体，主要是劳动力资源丰富的优势得到了比较充分的发挥。刘易斯获得诺贝尔经济学奖，是实至名归，当之无愧的。

---

① 参见谭崇台主编：《发展经济学的新发展》，武汉大学出版社 1999 年版。

三、刘易斯二元经济结构理论的缺陷

我们高度评价刘易斯创立的二元经济结构理论。但是，并不是说这个理论完美无缺。

二元经济结构模理论问世不久，即遭到了新古典经济学派和制度经济学派的批判。新古典经济学认为，结构主义学派的错误主要集中在两个方面：一是支持政府干预市场经济运行，降低了资源配置效率；二是对传统农业部门和传统农民的看法消极，既不符合正统的经济学即新古典经济学原理，也经不起发展中国家的实证性检验。[①]新制度经济学的重要代表人物张五常则否定农业中存在所谓隐蔽性失业劳动力，[②]从而也就彻底否定了二元经济结构模型的基本假设。

西方经济学家之间的学术争鸣当然是很有价值的，但本书不对他们的争鸣进行评论。我们的着眼点是解决中国经济发展尤其是农村经济发展面临的实际问题。既然二元经济结构理论为中国经济发展起到了指导作用，我们就应该予以充分肯定。但中国改革开放40年，主要矛盾已经转化为人民日益增长的美好生活需要和不平衡不充分的发展之间的矛盾。这一矛盾的主要表现，正是农业农村发展滞后，农民分享的发展成果相对于城镇居民而言太少。而且，环顾世界上所有发展中国家，这类现象并非中国独有。因此，我们有理由追问，这一现象与二元经济结构理论指导下的国家政策是否存在关联。

刘易斯指出发展中国家存在二元经济结构是正确的，指出发展中国家应当利用传统经济部门的剩余劳动力积累资本也是正确的。但是，刘易斯认为在剩余劳动力转移完毕之前现代经济部门的工资水平

---

① 参见拉尔：《“发展经济学”的贫困》，云南人民出版社 1992 年版，第 125 页。

② 参见张五常：《佃农理论》，商务印书馆 2000 年版，第 227~233 页。

不能提高，即雇佣工人只能获得“生计工资”是错误的。费景汉与拉尼斯把“生计工资”改头换面为“制度工资”，在学术上并没有实质性创新价值。

从图2-1可知，所谓“刘易斯转折点”，就是图2-1（b）中与横轴平行的“生计工资”线段延长到P点。这样，在几何学意义上，只要证明图2-1（a）中的W_S在传统部门的剩余劳动力向现代经济部门转移之后就会提升，那么图2-1（b）中PQ曲线必然从农业剩余劳动力转移过来的起点处向右上方倾斜，也就否定了图2-1（b）中“刘易斯转折点”的存在。在经济学的理论逻辑上，也就是证明如下假说：传统经济部门劳动者的收入水平随着剩余劳动力向现代经济部门的转移而提高。我们权且称之为“劳动力转移红利假说”。

证明“劳动力转移红利假说”成立，也就是要遵循古典经济学传统，推论二元经济结构形成后劳动者收入随之提高的逻辑必然性。要达到这样的目的，指出刘易斯提出“生计工资”概念违反古典经济学原理是必需的[①]。

首先，我们考察一下“生计工资”成立的假设前提对斯密理论的偏离。斯密在《国民财富的性质和原因的研究》第一章充分论述了分工与交换带来经济发展及其后果。斯密指出：“在一个政治修明的社会里，造成普及到最下层人民的那种普遍富裕情况的，是各行各业的产量由于分工而大增”。并且，通过普遍的交换，“社会各阶级普遍富裕。”[②]

运用斯密的理论解释发展中国家传统经济部门的剩余劳动力向现代经济部门转移的现象，不难得出结论：由于资本主义工业部门的出

① 杨小凯已经指出过，刘易斯等人的“发展经济学”违背斯密的古典经济学原理。参见杨小凯：《发展经济学超边际与边际分析》，社会科学文献出版社 2003 年版，第 8~9 页、第 16 页。但杨小凯也是彻底否定二元经济结构模型的，笔者不能赞同。

② 亚当·斯密：《国民财富的性质和原因的研究》上卷，商务印书馆 1972 年版，第 11 页。

现，发展中国家的社会分工进入了历史新阶段，传统的就业均衡状态必然被打破；假设发展中国家“政治修明”，那么，新的社会分工就会增加新的社会财富，带来“普遍富裕”。这就是说，按照斯密的分工理论，不应当像刘易斯主张的那样，只有资本家阶级富裕，而雇佣工人只能继续靠不变的“生计工资”勉强度日。如果分工带来的财富像刘易斯所说的那样全部由资本家占有，斯密地下有知，会斥责为“政治昏暗”。具体到资本、工资、利润的三者关系，斯密的基本观点是：“资本的增加，提高了工资，因而倾向于减低利润。”[①]单纯就工资而言，斯密认为：“劳动工资，是勤勉的奖励”。“使劳动工资增加的，不是庞大的现有国民财富，而是不断增加的国民财富。”[②]显然，剩余劳动力从农业部门转移到工业部门，属于“勤勉”的表现，必然带来财富的增加，劳动工资就应该增加。也就是说，从斯密的理论中，得不出“支付维持生活的最低工资就可以获得无限的劳动力供给”的结论，因为在劳动力转移的过程中，资本和财富都增加了，工资就应该增加。所以，我们有理由说，刘易斯误解了斯密的理论。刘易斯把生计部门（农业）“实际工资上升”看成是资本主义部门在资本积累过程中遇到了“魔鬼”[③]，更反映了他对斯密的分工交换理论缺乏基本的理解。如果没有农民收入水平的实际提高，农民的购买力就只能停留在“生计工资”决定的水平上，农村的市场规模就不可能扩大，就不可能为资本主义部门提供农村市场。缺乏市场需求才是断送资本主义部门性命的“魔鬼”。

其次，我们再考察一下“生计工资”成立的假设前提对马克思理论的错用。刘易斯把马克思作为同斯密并列的古典经济学家看待。确

① 亚当·斯密：《国民财富的性质和原因的研究》上卷，商务印书馆 1972 年版，第 80 页。
② 亚当·斯密：《国民财富的性质和原因的研究》上卷，商务印书馆 1972 年版，第 63 页。
③ 刘易斯：《二元经济论》，华夏出版社 1989 年版，第 31 页。

实，在马克思的经济学理论中存在“支付维持生活的最低工资就可以获得无限的劳动力供给”的思想。马克思的资本积累理论认为，在资本主义生产关系下面，一边是财富的积累，另一边是贫困的积累。所谓贫困的积累，就是在资本积累的过程中形成产业后备军，资本家随时都可以支付最低工资雇佣到工人。但是，作为一个严谨的经济学家必须明白，按照马克思的资本积累理论，产业后备军——不管他们来自传统经济部门还是来自现代经济部门——是不可能吸收干净的。这样，农民及雇佣工人的实际工资也就永远定格在“生计工资”上了，“刘易斯转折点”就永远也不可能到达了。大概是刘易斯意识到了二元经济结构模型的这个明显漏洞，便轻飘飘地遮掩了一下：他将马克思的资本有机构提高——机器排挤工人——理论称为“奇怪的模型”[①]。更为重要的是，对于资本积累带来的贫困积累，马克思是持彻底批判态度的。在马克思看来，这样的社会是会爆炸的，是不可能发展的。所以，刘易斯虽然可以从马克思的资本积累理论中找到“生计工资”概念的假设条件，却违背马克思经济学的理论逻辑。

费景汉与拉尼斯把二元经济结构转换过程的时间估计为三四十年。[②]按照已知的刘-费-拉模型，传统农业部门的产量在这几十年的结构转换期里都不会提高，这显然是不符合常识的。虽然费景汉和拉尼斯试图用“制度”——传统农民之间“一系列非经济的习俗和关系”[③]来论证自己的观点，但这种制度只存在于村社内部乡邻之间很小的空间范围内，丝毫不会改变他们与外部进行市场交易时追求利益最大化

① 刘易斯：《二元经济论》，华夏出版社 1989 年版，第 33 页。

② 费景汉、古斯塔夫·拉尼斯：《劳力剩余经济的发展》，华夏出版社 1989 年版，中译版序第 2 页。

③ 费景汉、古斯塔夫·拉尼斯：《劳力剩余经济的发展》，华夏出版社 1989 年版，第 17 页。

的行为模式。中国二元经济结构史前时期存在了几千年的农村市场早就说明了这一点。[①]现代工业部门生产的现代农业生产资料能够给传统农业部门带来增产效果，农民乐于增加这些资本性投入。

总之，刘易斯在建立二元经济结构模型过程中，违背古典经济学关于社会分工及商品交换的基本原理是最大的败笔。我们指出了这一点，那么在保留下来的二元经济结构模型中，“生计工资”就只能让位于“劳动力转移红利”，所谓的“刘易斯转折点”也就成了无本之木。

下面，我们再对剩余劳动力减少与劳动力转移红利增加的关系进行数量分析。基本结论是，在总产量不变且不考虑人口增长因素的前提下，传统农业部门因剩余劳动力减少而导致存量劳动力人均产量增长。证明过程如下：

假设二元经济结构史前时期农业部门的总产量为常数Y_0[②]，劳动力总数为L，人均收入为W_{S0}——我们称之为“史前生计工资”，则有

$$W_{S0} = Y_0 / L \tag{2-1}$$

再假设现代经济部门出现后从传统农业部门吸收的劳动力数量为L_n（>0），传统农业部门存量劳动力的人均产量为W，则有

$$W = Y_0 / L - L_n \tag{2-2}$$

L_n越大，W也就越大，两者正向相关。所以

$$W > W_{S0} \tag{2-3}$$

以上内容反映到图2-1上，就能画出图2-2。

在图2-2（a）所示的传统农业部门中，横轴自右向左的虚线箭头表示了由于劳动力转移导致的劳动力总量减少，从而，形成了一个顶托

① 参见美国著名人类学教授施坚雅对中国自古演进过来的农村市场的研究成果。施坚雅：《中国农村的市场和社会结构》，社会科学出版社 1998 年版。

② 这个常数意味着传统经济时代由于缺乏创新，国民经济长期处于停滞状态。

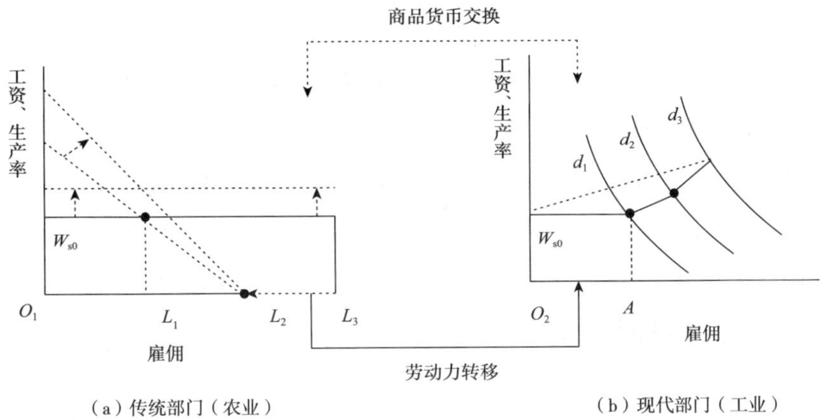

图2-2　生计工资概念即刘易斯转折点证伪图示

"史前生计工资"线W_{S0}向上的虚线箭头；图2-2（a）上方向下的虚线箭头表示了现代工业部门提供的农业生产资料，使得劳动力边际生产率曲线发生向右上方向的偏移（以虚线表示），从而提升了劳动力的平均产量，形成了另一个顶托"史前生计工资"线W_{S0}向上的箭头。这两个向上的箭头都是由于剩余劳动力转移形成的，我们称之为"劳动力转移红利"。它的形成符合斯密的分工与交换理论，即随着劳动力转移数量的增加以及由此造成的两部门之间交换关系的扩大，劳动力转移红利越来越大。这样，两部门劳动者收入水平提高不需要等到传统经济部门剩余劳动力转移完毕那一时刻，而是起始于剩余劳动力向现代工业部门的转移。如果不是这样，要么是遇到了经济危机，要么是遇到了政治昏暗。

"刘易斯转折点"这个概念的科学性也经不起实证检验。费景汉与拉尼斯明确判断20世纪后期的中国是"一个近乎标准'劳力剩余性二元经济形态'的国家"①。我国全盘接受刘易斯二元经济结构理论的学者

① 费景汉、古斯塔夫·拉尼斯：《劳力剩余经济的发展》，华夏出版社 1989 年版，中译版序第 3 页。

认为，中国在2005年之前，不会到达“刘易斯转折点”。按照他们的理论，在2005年之前中国农村居民的收入水平就不能有实质性提升，但《中国统计年鉴》提供的数据并不支持这个结论。

图2-3证明，在传统农业部门存在大量剩余劳动力的前提下，“农民人均纯收入”水平在不断提高。该指标的基本构成即是农业生产经营性收入和劳动力转移到非农产业的收入[①]。该图既证明了劳动力转移红利的存在，也彻底否定了制度工资的科学性。

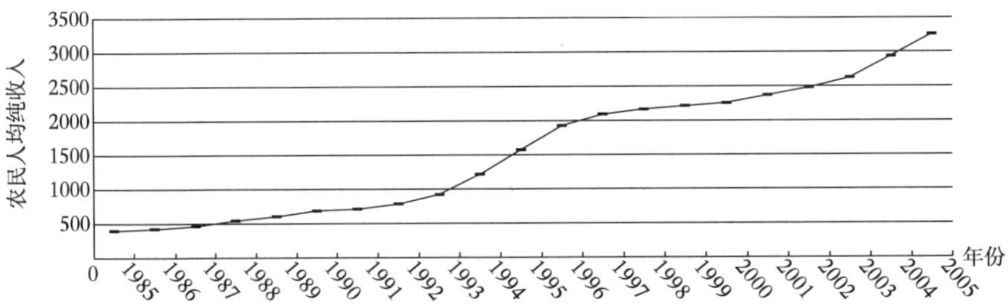

图2-3 中国农民人均纯收入变动情况（1985~2005年）
资料来源：根据历年《中国统计年鉴》整理。

众所周知，恩格尔系数与贫穷程度成正比，与富裕程度成反比。表2-1证明，中国农村居民从20世纪最后十几年开始了由贫穷转向富裕的过程。

中国农村居民的恩格尔系数 表2-1

年份	1985	1990	1995	2000	2005
恩格尔系数	57.8	58.8	56.3	49.1	45.5

资料来源：根据历年《中国统计年鉴》整理。

① 关于农民人均纯收入指标的准确释义，可参见历年《中国统计年鉴》的“指标解释”部分。

表2-2的数据告诉我们，1985~2005年期间，中国的粮食作物播种面积变动幅度很小，2005年甚至比以前有所下降；农业劳动力人数变动幅度同样不大，2005年也比以前有所下降；明显增加的农业生产要素是现代农业生产资料的投入，即农村用电量、农业机械总动力、化学肥料的投放量至少有几倍的增长。与此相应的是，2005年与1985年相比，粮食总产量增长了27.67%，农林牧副渔总产值增长了990%。这表明，中国在农业用地和农业劳动力没有显著变动的情况下，农业部门的实物形态产出和价值形态产出都有明显增长，主要是靠购买了非农产业部门提供的现代农业生产要素，其中也包括良种及种植养殖技术等等。这些数据明白无误地表明，市场交换对于农业部门与工业部门双方都是有利的，生计工资或制度工资概念得不到任何实际数据的验证。

中国农业综合要素投入与粮食生产水平变动趋势　　表2-2

年份	1985年	1990年	1995年	2000年	2005年
粮食作物播种面积（千公顷）	108845	113466	110060	108463	104278
农业劳动力总量（万人）	30351.5	33336.4	32334.5	32797.5	29975.5
农村用电量（亿千瓦时）	508.9	844.5	1655.7	2421.3	4375.7
农业机械总动力（万千瓦）	20912.5	28707.7	36118.1	52573.6	68397.8
化肥施用量（万吨）	1775.8	2590.3	3593.7	4339.4	4766.2
粮食总产量（万吨）	37910.8	44624.0	46661.8	46217.5	48402.2
农林牧渔业总产值（亿元）	3619.5	7662.1	20340.9	24915.8	39450.9

资料来源：根据历年《中国统计年鉴》整理。

总之，至少在中国改革开放后的1/4世纪的发展历程中，找不到任何证明生计工资和刘易斯转折点具有科学性的资料。

二元经济结构理论的科学性掩盖了它的缺陷。它在正确指导中国利用丰富的农村剩余劳动力资源发展经济的同时，也暗示政府，在“劳动力转移红利”的分配政策取向上有利于资本而不利于劳动。刘易斯的二元经济结构理论让中国的学者和官员形成了一个观念，那就是中国经济发展最稀缺的要素是资本，劳动力要素则处于过剩状态。制定经济发展政策要围绕如何保护资本进行设计，而对于保护劳动者权益则表现得格外冷漠。具体表现是，在很多地方政府的招商引资政策中，从土地、税收、基础设施建设、工商管理甚至环境保护方面为企业主开绿灯；而对于劳动者，连最基本的工资权益也采取漠不关心的态度。所以，虽然本书从逻辑分析和实证分析两个方面论证了劳动力转移红利的存在，事实上中国农民的人均纯收入水平也有了大幅度提高，但是，与他们创造的财富及应得的份额相比，还是远远不够的。所以，自20世纪80年代中期以来近1/4世纪，中国的城乡居民收入差距在不断扩大，如图2-4所示。本书称这种现象为“刘易斯转折点陷阱”。

认同“刘易斯转折点”的经济学家把形成“刘易斯转折点陷阱”看成是必然现象，并且常常同所谓中国处在“人均GDP从几百美元到几千美元发展阶段”联系起来。这一方面是由于没有认识到二元经济结

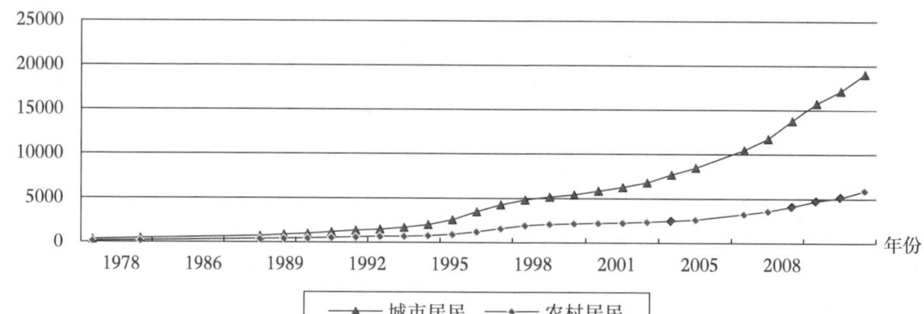

图2-4　城乡居民收入差距构成刘易斯拐点陷阱
资料来源：根据历年《中国统计年鉴》整理。

构模型的内在缺陷，另一方面也是由于对于中国以及外国经济发展史或有意或无意的忽视。笔者提醒中国的经济学家们注意两个事实：一个发生在中国，1978—1985年，中国农村剩余劳动力的相对量和绝对量都大于此后20年的平均数，但那个时期城乡居民收入差距由2.6∶1缩小到1.8∶1；另一个发生在作为中国近邻的日本和韩国，他们都曾经是二元经济结构国家，二战以后顺次在人均GDP几百美元到几千美元的发展阶段上实现了农业农村现代化，同时实现了城乡居民收入均等。不论是中国的短期历史现象，还是日本与韩国已经定型的历史现象，都昭示了在二元经济结构转型的历史进程中实现斯密期望的“社会各阶级普遍富裕”的可能性。

中国政府制定了到2020年全面建成高水平小康社会的发展目标。为此，必须填平“刘易斯转折点陷阱”，那么，最好的填充材料就是“劳动力转移红利”——通过政策与体制创新，让普通劳动者更多地分享发展成果，实现共同富裕。

第三节　参照农村包围城市革命道路的理念重建二元经济结构理论

2004年以来，我国统筹城乡经济社会发展，对农村采取“多予少取放活”的方针政策，加强了对农民工合法权益的保护，2010年以后连续多年农民人均纯收入增长幅度已经超过城镇居民人均可支配收入增长幅度，农村基础设施建设也有了很大改观，显示出良好发展势头。但是，这种有利于农业农村发展的政策导向是“三农”问题严重倒逼出来的，并没有从经济学理论上对于如何转化二元经济结构取得新的认识。而且，我们还必须认识到，实行“多予”政策以来，各级政府财政拿出来的涉农资金不断增多，2018年超过20000万亿元，使用效果却不能尽如人意，不仅养了一些懒汉和贪官，“谁来种地”也成为最高决策层关心的大问题。面对转换城乡二元结构这样的历史性课题，创新二元结构理论迫在眉睫。

上述内容证明了“生计工资”和“刘易斯转折点”概念的虚假，找到了中国存在“不平衡不充分的发展”问题的理论根源。但如何解决这个问题，还需要在去伪存真基础上实现二元经济结构理论的创新。

虽然刘易斯的二元经济结构理论存在重大缺陷，但环顾刘易斯之外的其他西方经济学家，没有哪一位的理论能够为解决中国农业农村发展滞后问题提供可与刘易斯匹敌的理论指导，包括有“穷人的经济学家”之称的舒尔兹和阿玛蒂亚森，这两位虽然也都获得了诺贝尔经济学奖，证明过几个在学术上有价值的观点，但解决实际问题并不那么管用。所以，解决城乡二元结构问题，推进城乡融合发展，还只能眼睛向内，在中国共产党特有的理论宝库中寻求法宝。

一、中国共产党和毛泽东最先认识中国二元结构国情

刘易斯的二元经济结构理论传入我国还不到40年，我们党自觉借鉴该理论分析判断经济发展问题已经到了2003年召开的党的十六届三中全会。但是，这并不意味着中国的知识精英和政治精英掌握二元结构理论源自刘易斯。事实上，是中国共产党最早认识到中国的基本国情具有二元结构性质，对此认识最深刻的当推毛泽东。当然，字面上毛泽东并没有直接使用“二元结构”概念。如前所述，最先使用“二元经济结构”这个概念的经济学家是费景汉和拉尼斯，但其“知识产权”还是归属于刘易斯。同理，在中国乃至世界范围内率先认识到中

国具有二元结构基本国情的是毛泽东。

熟悉中国新民主主义革命史的读者都知道，20世纪20年代末到30年代初的几年里，中国知识界发生过关于中国社会性质的大论战。背景是1927年第一次大革命失败后，中国革命和中国社会的发展道路问题亟待重新认识、正确解决，为此，就要科学认识中国社会性质问题。争论首先在中国共产党内展开，后来又波及到社会上，事实上国民党也参与进来讨论了。简单地概括论战的不同观点，大致上分为两派。一派认为中国的社会性质是资本主义，很多人称为“商业资本主义”，其代表人物有中国共产党第一任总书记陈独秀和国民党的理论家；另一派认为中国的社会性质是“半封建半殖民地社会”，代表人物是中国共产党内的一些理论家。中国共产党第六代表大会认为，中国的社会性质是半封建半殖民地。

1939年12月，毛泽东在《中国革命和中国共产党》一文中明确指出：“中国现时的社会，是一个殖民地、半殖民地、半封建性质的社会。只有认清中国社会的性质，才能认清中国革命的对象、中国革命的任务、中国革命的动力、中国革命的性质、中国革命的前途和转变。所以，认清中国社会的性质，就是说，认清中国的国情，乃是认清一切革命问题的基本的根据。”这是为持续多年的关于中国社会性质的论战做出的科学结论。

其实，半封建半殖民地社会就是二元结构社会。因为，所谓半封建，就是指帝国主义进入中国之后，中国还存在传承了上千年的封建社会制度，相应的经济形态是自给或半自给的自然经济，也就是小农经济。所谓半殖民地，是相对于殖民地而言的（当时上海的租界、香港、澳门都属于殖民地），就是形式上是拥有政府的独立国家，但实际上政治、经济等方面都受到外国帝国主义的控制和奴役。这样的社会也称作“两半社会”。从二元结构社会的基本定义即“传统与现代并存”来看，“两半社会”就是二元结构社会。特别是单纯从国民经济的角度看，帝国主义国家给中国带来的是资本主义工商业经济，主要存在于沿海沿江大城市，广大农村仍然是传统的小农经济，二者并存于中国，就是标准的二元经济结构。

以蒋介石为首的国民党，不能正确地认识中国国情，断送由孙中山领导的旧民主主义革命成果，最终走向失败就是必然的。

虽然中国共产党正确地认识了中国的“两半社会”性质，但更深刻认识这一性质并用来指导中国革命的领袖和理论家还是毛泽东。

众所周知，1927年10月，作为城市武装暴动的秋收起义失败后，毛泽东带领起义队伍上了井冈山，开创了农村包围城市革命道路。关于为什么走这样的革命道路，毛泽东在创立革命根据地早期的著作如《星星之火 可以燎原》中已有初步论述，但完整阐述这条革命道路科学性的著作是《中国革命战争的战略问题》，发表于长征胜利后的1936年，标志着农村包围城市理论的彻底成熟。在这篇著作中，毛泽东阐述了中国革命战争的四个特点：一是中国政治经济发展不平衡，二是敌人的强大，三是红军的弱小，四是党的领导和土地革命。这四个特点决定了中国革命只能走农村包围城市的道路。毛泽东强调，在这四个特点中，最重要和最基本的特点是“中国政治经济发展不平衡”，因为这个特点是对中国基本国情的判断，是其他三个特点存在的前提和基础。

毛泽东对当时中国的“政治经济发展不平衡”做了如下阐释：“微弱的资本主义经济和严重的半封建经济同时存在，近代式的若干工商业都市和停滞着的广大农村同时存在，几百万产业工人和几万万旧制度统治下的农民和手工业工人同时存在，管理中央政府的大军阀和管理各省的小军阀同时存在，反动军队中隶属于蒋介石的所谓中央军和隶属各省军阀的所谓杂牌军这样两部分军队同时存在，若干的铁路航路汽车路和普遍的独轮车路、只能用脚走的路和用脚还不好走的路同时存在。”①

在这段话中，忽略有关军事的内容，单纯看毛泽东用几个“同时存在”对当时中国经济状况的描述，就不难发现，“经济发展不平衡”作为概念所指的客观事物同“二元经济结构”完全一致，只是政治家与经济学家的表述不同而已。毛泽东这样概括基本国情，既把鸦片战争前后的中国区别开来，也把中国同西方发达国家区别开来，把中国的基本国情说透了。正是这一理论，让马克思主义在中国找到了发芽、生根、开花、结果的沃土，奠定了毛泽东思想作为我们党和国家指导思想的崇高地位。

无独有偶。刘易斯在他的经典论文《劳动力无限供给条件下的经济发展》中描述发展中国二元经济结构的具体状态时写道：“我们发现，像矿业或电力业这种少数高度资本主义化的工业与最原始的技术并列；少数高级商店处于大量老式商贩包围之中；少数高度资本主义化的种植园处于农民的汪洋大海包围之中。但是，我们还在他们的经济生活之外看到了同样对照。有一两个拥有雄伟建筑物、自来水和交通之类的现代化城市，人们从那些几乎属于另一个星球的其他城镇和乡村涌向这些城市。而在人与人之间也有同样的对照，一方面是少数完全西方化的、衣冠楚楚的当地人，他们在西方大学受过教育，讲西方语言，以贝多芬、穆勒、马克思和爱因斯坦为光荣；另一方面是大量生活在完全另一个世界的乡下人。”②

---

① 《毛泽东选集》第 1 卷，人民出版社 1991 年版，第 188 页。

② 刘易斯：《二元经济论》，华夏出版社 1989 年版，第 8 页。

两相对照，真可谓异曲同工！毛泽东比刘易斯更早地认识到中国具有二元结构的基本国情是确定无疑的。虽然，毛泽东研究的是革命问题，刘易斯研究的是经济发展问题，但归根到底在“利益”上是相通的。因为，深刻的革命都是在一个国家一个社会大多数人的利益无法得到保障和满足时发生的。革命与建设能否取得预期效果，最终都取决于利益问题处理是否得当。

二、毛泽东思想超越刘易斯理论：党领导农民组织起来获得自己的根本利益

毛泽东从经济方面概括出来的中国基本国情，能够得到诺贝尔经济学奖获得者刘易斯的二元经济结构理论印证，足见毛泽东之伟大；刘易斯创立二元经济结构理论，能够与毛泽东对世界上最大发展中国家基本国情的概括相吻合，足见刘易斯之卓越。他们两位进行理论创新的目标，也都是指导发展中国家摆脱落后状态，实现现代化。

特别值得注意的是，毛泽东也同样倾心于对农村“剩余劳动力”的关注。毛泽东在《中国革命与中国共产党》一文中分析到：“因为自然经济的破坏，给资本主义造成了商品的市场，而大量农民和手工业者的破产，又给资本主义造成了劳动力的市场”。[①]农民进入资本主义劳动力市场，又因为他们是“没有土地或土地不足”的“贫农”[②]，从经济学角度分析，贫农阶层便是农业剩余劳动力的主要群体。在毛泽东看来，贫农“是中国革命的最广大的动力”[③]。

理论的价值首先要能够科学地说明世界，终极价值在于改造世

① 《毛泽东选集》第二卷，人民出版社 1991 年版，第 626~627 页。
② 《毛泽东选集》第二卷，人民出版社 1991 年版，第 643 页。
③ 《毛泽东选集》第二卷，人民出版社 1991 年版，第 643 页。

界。从指导实践效果的角度对比毛泽东的农村包围城市思想和刘易斯的二元经济结构理论，显然后者相形见绌。毛泽东从形成思想萌芽（1927年底）到夺取全国政权（1949年10月），仅用了短短的20年。相比之下，刘易斯完整地提出二元经济结构理论已超过60年，很多发展中国家也确实以该理论为指导发展国民经济，但至今还没有哪个发展中国家是按照他的理论顺利完成现代化进程的[①]，反倒是很多发展中国家掉进了“刘易斯转折点陷阱”。如此巨大的实践效果反差提醒我们，有必要深入探讨农村包围城市革命道路取得成功的机理。

毛泽东将上井冈山之后的革命道路命名为农村包围城市，已经表明，中国革命的核心问题就是处理城乡关系。在毛泽东确定的这对关系中，革命的对象是帝国主义、封建主义和官僚资本主义，毛泽东形象地称它们为压在中国人民头上的“三座大山”。在毛泽东看来，“三座大山”的山峰在城市，根基在农村。中国共产党领导这场革命，表明革命的领导力量也来自于城市，因为中国共产党产生于帝国主义进入中国后形成的城市无产阶级，但革命的重心要放在农村，要先把中国落后挨打的根基挖掉，亦即扫除在中国延续了上千年的封建制度，然后才能彻底推翻帝、官、封在城市的统治。

刘易斯的二元经济结构理论把发展中国家的国民经济区分为传统经济部门和现代经济部门，其实也是在讲城乡关系。在刘易斯理论框架中，发展中国家经济发展的领导力量也是在城市，也就是代表现代经济的城市资本，但其根基还在农村。也就是说，资本要不断扩张，必须从农村雇佣更多的劳动力。现代经济部门即城市资本实力越来越雄厚，把传统经济部门的剩余劳动力全部吸收，才能让传统经济部门

① 林毅夫：《新结构经济学》，载《经济学季刊》，2011 年第 1 期。

彻底消亡，发展中国家就实现了现代化。

讨论城乡关系问题的核心是双方的利益关系。在这个问题上，毛泽东与刘易斯又是不同的。这是对现阶段讨论中国城乡关系最具有启发意义的历史经验。简而言之，毛泽东的思路是让农村中的贫农——剩余劳动力的主要成分——获得最大化的利益激励；相反，在刘易斯理论框架内，看不到对农业剩余劳动力的利益激励。

毛泽东指出，“弱小”的中国共产党拥有战胜“强大”的统治城市的反动派的力量，是“因为在共产党领导下的红军人员是从土地革命中产生，为着自己的利益而战斗的，而且指挥员和战斗员之间在政治上是一致的”[①]。毛泽东所说的“自己的利益”主要是指土地。对于所有农民来说，拥有土地是他们的最大利益，对于无地或少地的农民来说尤其如此。曾经积极参与国共合作的毛泽东（担任过国民党的代理宣传部长）之所以称蒋介石集团为“反动派”，正是因为蒋介石背叛了孙中山先生早就规定了的“平均地权”的民主革命纲领。历史的结论是：给不给贫农土地，成为决定国共两党战争胜负的终极原因。

但是，在刘易斯理论框架内，贫农没有在农村包围城市道路中那么幸运。说得通俗一点，刘易斯的逻辑是，只要贫农即剩余劳动力还存在，不仅农村的贫农还要继续贫穷，连贫农出身的城市工人也要继续贫穷下去。

在对待贫农亦即农业剩余劳动力的利益问题上，毛泽东与刘易斯观点不同，源于他们各自对马克思主义的认知存在立场层面上的差异。毛泽东思想理所当然地来源于马克思主义。如前所述，刘易斯的理论也直接源于“从斯密到马克思的古典经济学家”。但是，在如何看

① 《毛泽东选集》第二卷，人民出版社 1991 年版，第 190 页。

待资本家对雇佣工人仅“支付维持生活的最低工资”这一事实及其后果问题上，毛泽东秉持了马克思的立场，对资本家及所有剥削阶级持否定态度；但是，面对劳动者的利益，刘易斯与马克思分道扬镳了，他是跟着斯密走的。马克思主义政治经济学有利于劳动而不利于资本，刘易斯的理论则把发展中国家的经济发展希望寄托于资产阶级的资本积累。按照刘易斯的理论制定经济发展政策，发展中国家工业化城镇化早期占人口大多数、劳而又苦的农民和雇佣工人不能分享经济发展成果。

在更深层面对比毛泽东思想与刘易斯理论，还会让人思考，为什么毛泽东能够用土地激励农民，而刘易斯却不能用工资提高激励农民呢？除前面谈到的立场不同之外，恐怕还有一个能否把利益激励变成现实的制度安排问题。

刘易斯作为一位经济学家，只是单纯从经济学理论层面研究问题，探讨既定制度框架内的经济规律，即使发展中国家存在“三座大山”这样压迫人民的制度性弊端，也只能承认其存在的合理性。毛泽东作为革命家与经济学家不一样，他不会有意违背经济规律，但对于“三座大山”这样的制度是彻底否定的，对于以“三座大山”为制度框架的经济规律也是不能认同的，因为，在这样的经济规律支配下，不能实现资源的高效率配置，更不能让社会财富由创造者共同分享。

所以，理解二元结构基本国情下毛泽东开创的农村包围城市道路，还要特别注意毛泽东的制度创新。谈到农村包围城市的革命道路，人们首先想到的是“打土豪、分田地”即平均地权。这固然是贫农的根本利益所在，也是新民主主义革命的根本动力来源。但是，单纯讲平均地权，不是中国共产党的独创，中国共产党把它作为民主革命纲领，是从孙中山那里承接过来的。在中国改朝换代的历史更迭中，通过平均地权化解农民无地或者少地造成的社会危机，更是早已有之。全面考察毛泽东开创农村包围城市革命道路以实现平均地权的民主革命过程，就会发现，不仅对于土地制度改革，而且对于整个中国社会的深刻变革都实现了最重要的制度创新，那就是中国共产党的领导。

中国共产党的领导对于全中国社会变革的意义超出了本书的范围，存而不论。我们把土地制度作为影响农村经济发展的重要变量，来评价中国共产党的领导，至少在如下两个方面表现出强大的制度优势。

一是强制性制度变迁，提高土地和劳动力资源配置效率。

按照制度经济学的理论，制度是影响社会经济运行成本与效率的基本要素。以好制度取代坏制度，必然产生巨大的社会经济利益。在中国封建制度下，富人尤其是地主不劳动或很少劳动，却获得了大量财富，农民拼命劳作却温饱不得，严重缺乏社会公正，民生凋敝，证实了封建地主土地所有制在经济方面效率极其低下。帝国主义进入中国后，农村的状况不仅没有改善，反倒日趋恶化。中国共产党从土地革命入手，改造半封建半殖民地社会，产生了立竿见影的巨大制度变迁收益。革命根据地的贫农分得土地后，生产热情高涨；中华人民共和国成立最初三年，经过土地改革农业总产值年均递增率达到15.3%[①]，证明土地革命产生了促进农业生产力发展的巨大经济效益。

二是积极看待传统经济部门的农民，激发出农业农村发展的内生动力。

在农村包围城市革命道路开创之前，面对“三座大山”，包括毛泽东

① 胡绳：《中国共产党七十年》，中共党史出版社 1991 年版，第 285 页。

在内的中国共产党人尝试过城市武装暴动的革命道路。如果城市武装暴动能够取得胜利，中国共产党也必然在农村进行土地制度改革，这等于中国共产党把土地这个农村的最大利益恩赐给农民。但城市武装暴动没有也不可能成功。

毛泽东开创农村革命根据地之后，彻底改变了这样的革命思路，转而发动农民群众自己起来革命，尤其是教育那些参加到革命队伍中的青年农民，明白“为谁扛枪，为谁打仗”的道理，让他们认识到，自己的利益要靠自己奋斗才能获得。但这种奋斗不是个人的单打独斗，而是在中国共产党领导下组织起来进行革命。

参照农村包围城市革命道路精髓探讨转换二元经济结构的历史性命题，启发我们产生了新的观点，那就是如何看待二元经济结构中处于“传统”即落后地位上的农民。不仅刘易斯把贫苦农民看成是“剩余”的消极劳动力资源，就是那些受来自苏联的革命理论束缚的毛泽东的党内同志如王明等人也认为，中国的传统农民是落后、保守、自私的，共产党到农村建立革命根据地，充其量是“中国历史上的农民革命方式”，反映出“党的政策带有农民意识”。与此相反，毛泽东认为，“革命最后目的，是夺取作为敌人主要根据地的城市”。为了达到这个目的，“那就必须把落后的农村造成先进的巩固的根据地，造成军事上、政治上、经济上、文化上的伟大的革命阵地”。这就是说，毛泽东并不是没有看到农村农民落后的一面，而是他认为，在“落后的农村”中引入“共产党的领导”这个制度变量，就可以使之变为“先进”。毛泽东让农民先进起来的制度安排，就是把农民（人民群众）组织起来，带领他们为了自己的利益而奋斗。这样，消极的力量就变成了积极的力量。现代物理学告诉我们，原子在具备特定条件的装置内发生裂变，产生出巨大的能量。中国历史上的农民一直处于原子状态，一旦接受了中国共产党的领导，就会像可控核聚变那样，在特定的时空范围内爆发出惊人的威力，推翻“三座大山”“横扫千军如卷席”。

三、乡村在现代化经济体系中成为“短板”的原因：缺乏资本积累制度安排

党的十八大以来，习近平多次谈到，相对于工业化、城镇化、信息化，农业现代化是“短板”或“短腿”。与城镇相比，农村土地资源丰富，人力资源充足，农业又是所有人必需的产业，为什么在现代化进程中变成短板呢？这是城乡融合发展，实施乡村振兴战略必须搞清楚的重大理论问题。

（一）理解由传统到现代的基本理论：路径依赖

毛泽东思想和刘易斯的二元经济结构理论为探讨城乡融合发展提供了理论指南。但为了更为科学全面地认识从“传统”过渡到“现代”，引入当今经济学界流行的制度经济学理论也是必要的。因为，制度经济学把制度作为影响经济发展的重要变量看待，讨论的核心问题是制度变迁，也就是改革问题。

制度经济学有一个重要的理论，叫路径依赖。该理论从制度的角度解释，为什么所有的国家并没有走同样的发展道路，为什么有的国家长期陷入不发达，总是走不出经济落后制度低效的怪圈等问题。创建了这一理论的道格拉斯·诺斯告诉人们，经济制度一旦建立，就如同物理学中的惯性一样，具有自我强化机制。制度变迁一旦走上了某条路径，既定方向会在以后的发展中得到自我强化。

因此，经济和政治制度在变革中定型以后，如果是好的制度，就能够将国家和社会的演进带入良性循环；如果是坏的制度，也可能让国家和社会在痛苦的深渊中越陷越深。制度变迁导致的国家和社会状

态一旦进入“锁定”状态，再想改变方向，是十分困难的。要想改变无效率的状态，需要依靠政府或其他强大的外力推动。所以，在既定的改革目标下，要正确选择改革的路径并不断调整路径方向，使之沿着不断增强和优化的轨迹演进，避免陷入效率低下的制度锁定状态。

我国要实现城乡二元结构转换，弄清楚由“传统”过渡到“现代”的制度变迁路径是十分必要的。毛泽东思想告诉我们，在制度变迁中，必须通过科学分析认清制度的性质，这是推动制度变迁方向正确的前提。

（二）现代经济视角下小农经济的性质

中国自秦汉以来，就成为制度稳定的小农经济国家。历代王朝基本上都奉行强本抑末——支持农业发展而抑制工商业发展——的国家治理理念与相应的政策。在这样的制度安排下，实体经济发展起来了，更准确地说，实物经济发展起来了，这是中国曾经领先世界上千年的根本原因。但交换经济受到官方打压，不可能发展起来。货币虽然存在，但发挥的作用十分有限。

到了15世纪中叶以后，中国明代的商品经济已经有了一定的发展，农村出现了使用雇佣劳动、从事商品性生产的经营地主和富农经济。到清代，这些带有资本主义因素的经济成分持续增长。但当时的封建王朝却继续采取重农抑商和稳定封建经济的政策，如清政府一方面为稳定封建租佃关系，在部分地区规定地租定额和给佃农租种地主土地的永佃权等；另一方面又严厉实行海禁，不但阻碍对外贸易的发展，而且禁止与海外的科学文化交流。在这种情况下，农村中的商品经济因素受到严重压抑，新的科学技术也无法传入推广。

与中国不同，西欧在16世纪已开始进入资本主义时期，17—18世纪时资本主义的统治地位已趋巩固，而中国则直到18世纪中叶清代的“康乾盛世”，封建经济基本上原封未动。在清康熙、雍正、乾隆时期，农业生产比以前有显著恢复和发展。康熙下令停止圈地，雍正实行“地丁合一”“摊丁入亩”，乾隆鼓励垦地屯田，并规定所垦土地由官府“给以印信，永准为业”。

1840年鸦片战争以后，中国沦为半封建半殖民地社会。帝国主义侵略和日益苛重的封建剥削使农村经济江河日下。耕地很少增加，农具鲜有改进，许多地方水利失修。同时，帝国主义的洋枪大炮又使海禁洞开，从而促进了蚕桑、茶叶、棉花、烟草以及花生、大豆等经济作物的商品性生产；农村中带资本主义因素的经济成分如经营地主和富农经济等也有进一步的增长。但由于帝国主义国家为使中国成为其半殖民地和殖民地而继续维护中国的封建统治，农村中的资本主义经济还是不能得到发展。

帝国主义国家入侵，让中国一步步地陷入半封建半殖民地社会，又加上官僚资本主义的沉重枷锁，中华人民共和国成立之前，全国90%以上人口生活在农村，整个国民经济以传统农业为主。旧中国农村经济有以下几个特点。

一是全国土地所有权的70%~80%，集中在占农村人口不到10%的封建地主富农手里。占农村人口90%的雇农、贫农和中农以及其他劳动人民只占有20%~30%的土地。

二是在农业生产上，以户为单位经营规模很小的小佃农经营占据主要地位。地主占有大量土地却极少从事农业生产经营，只是把土地分散出租给贫穷的佃农，坐收地租。富农虽然从事农业生产经营，但一般也都规模不大，并同时出租部分土地，进行租佃剥削。在这种经营方式下，农业生产力长期处于十分低下的停滞状态。

三是地租的剥削率很高。由于广大农民没有土地或只有极少的土地，而又没有其他谋生的出路，只得争相租种地主、富农的土地。这就使地租额一般都达到土地产量的50%以上，高者甚至达到70%~80%。除正租外，农民逢年过节和遇到红白喜事，还必须给地主送礼、“进贡”和服无偿劳役。此外，农民还必须负担各级官府的种种苛捐杂税。

四是高利贷和封建性的商业剥削十分严重。据1933年国民党政府农林部中央农业实验所农情报告的材料，全国农民平均有56%的农户负钱债，48%的农户负粮债，货币借贷年息30%以上，实物借贷年息70%以上。商业剥削主要是地主、富农同官僚买办资本相互勾结，操纵物价，对农民实行低价收购和高价出售。

五是帝国主义大量向中国城乡倾销工业品，使农民赖以为生的农村副业和手工业遭受沉重打击。

以上这些制度使得旧中国农业生产长期停滞甚至倒退，农民生活极端悲惨。

从现代经济学的理论评价从秦汉到民国的中国小农经济，很显然，它是一个货币短缺经济经济系统。在小农经济制度框架内，高利贷和高额地租同时存在，成为寄生在实体经济主体即农业生产者和手工业者身上的吸血鬼。实体经济大量失血，就不可能形成以扩大再生产为指向的资本积累机制，从而也就不可能发生实质性的技术创新和管理创新。

在中国古代，高利贷不仅在民间通行，有时候连政府也放高利贷。了解中国历史的人都知道，宋朝在宋神宗时期进行过王安石变法。变法最主要的内容是推行青苗法，具体内容是，在每年二月、五月青黄不接时，由官府给农民贷款、贷粮，每半年取利二分或三分，分别随夏秋两税归还本息。显然，王安石制定出这样的经济政策，是很缺乏常识的。因为。农民能够半年支付二分利，意味着贷款创造的经济增长率至少在20%。这显然很荒谬。不要说在技术与管理没有实质性创新的宋朝做不到，就是在技术与管理日新月异的当今也做不到。所以，王安石的政治对手司马光指责他“与民争利”是完全正确的。王安石想到官府运用金融手段管理国家经济事务的思考方向是正确的，但选择了放高利贷的政策却是完全错误的，最终以失败告终也是必然的。据亚当·斯密在《国富论》中的记述，英国在当时（距今已经250年）已有规定，借贷利息超过6%属于高利贷，是违法的。所以，同在那个时期，英国飞速发展起来而清朝停滞不前，都是有理由的。

当今我们讨论破解城乡二元结构，实现城乡融合发展，首先要把历史上沿袭过来的传统经济部门即小农经济的性质搞清楚。这是最大的结构性问题，也农业农村现代化滞后于工业化、城镇化、信息化最深层次的原因。

（三）社会主义工业化背景下的城乡关系

如前所述，毛泽东早就洞悉了中国二元结构的基本国情，对传统农业农村的落后有着全面的认识。所以，毛泽东在1945年4月24日召开的中国共产党第七次代表大会上做报告，就为新中国确立了实现农业现代化的发展目标。在1949年3月5日召开的七届二中全会报告中，毛泽东再次立足于中国“政治经济发展不平衡”即二元结构的基本国情，提出了新中国的建设方案。

我们有必要重复一下毛泽东在新中国诞生前夕的看法。他说:

第一，中国已经有大约10%左右的现代性的工业经济，这是进步的，这是和古代不同的。由于这一点，中国已经有了新的阶级和新的政党——无产阶级和资产阶级，无产阶级政党和资产阶级政党。无产阶级及其政党，由于受到几重敌人的压迫，得到了锻炼，具有了领导中国人民革命的资格。谁要是忽视或轻视了这一点，谁就要犯右倾机会主义的错误。

第二，中国还有大约90%左右的分散的个体的农业经济和手工业经济，这是落后的，这是和古代没有多大区别的，我们还有90%左右的经济生活停留在古代。古代有封建的土地所有制，现在被我们废除了，或者即将被废除，在这点上，我们已经或者即将区别于古代，取得了或者即将取得使我们的农业和手工业逐步地向着现代化发展的可能性。但是，在今天，在今后一个相当长的时期内，我们的农业和手工业，就其基本形态说来，还是和还将是分散的和个体的，即是说，同古代近似的。谁要是忽视或轻视了这一点，谁就要犯“左”倾机会主义的错误。

第三，中国的现代性工业的产值虽然还只占国民经济总产值的10%左右，但是它却极为集中，最大的和最主要的资本是集中在帝国主义者及其走狗中国官僚资产阶级的手里。没收这些资本归无产阶级领导的人民共和国所有，就使人民共和国掌握了国家的经济命脉，使国有经济成为整个国民经济的领导成分。这一部分经济，是社会主义性质的经济，不是资本主义性质的经济。谁要是忽视或轻视了这一点，谁就要犯右倾机会主义的错误。

第四，中国的私人资本主义工业，占了现代性工业中的第二位，它是一个不可忽视的力量。中国的民族资产阶级及其代表人物，由于受了帝国主义、封建主义和官僚资本主义的压迫或限制，在人民民主革命斗争中常常采取参加或者保持中立的立场。由于这些，并由于中国经济现在还处在落后状态，在革命胜利以后一个相当长的时期内，还需要尽可能地利用城乡私人资本主义的积极性，以利于国民经济的向前发展。在这个时期内，一切不是于国民经济有害而是于国民经济有利的城乡资本主义成分，都应当容许其存在和发展。这不但是不可避免的，而且是经济上必要的。但是中国资本主义的存在和发展，不是如同资本主义国家那样不受限制任其泛滥的。它将从几个方面被限制——在活动范围方面，在税收政策方面，在市场价格方面，在劳动条件方面。我们要从各方面，按照各地、各业和各个时期的具体情况，对于资本主义采取恰如其分的有伸缩性的限制政策。孙中山的节制资本的口号，我们依然必须用且用得着。但是为了整个国民经济的利益，为了工人阶级和劳动人民现在和将来的利益，决不可以对私人资本主义经济限制得太大太死，必须容许它们在人民共和国的经济政策和经济计划的轨道内有存在和发展的余地。对于私人资本主义采取限制政策，是必然要受到资产阶级在各种程度和各种方式上的反抗的，特别是私人企业中的大企业主，即大资本家。限制和反限制，将是新民主主义国家内部阶级斗争的主要形式。如果认为我们现在不要限制资本主义，认为可以抛弃“节制资本”的口号，这是完全错误的，这就是右倾机会主义的观点。但是反过来，如果认为应当对私人资本限制得太大太死，或者认为简直可以很快地消灭私人资本，这也是完全错误的，这就是“左”倾机会主义或冒险主义的观点。

第五，占国民经济总产值90%的分散的个体的农业经济和手工业经济，是可能和必须谨慎地、逐步地而又积极地引导它们向着现代化和集体化的方向发展的，任其自流的观点是错误的。必须组织生产的、消费的和信用的合作社，和中央、省、市、县、区的合作社的领导机关。这种合作社是以私有制为基础的在无产阶级领导的国家政权管理之下的劳动人民群众的集体经济组织。中国人民的文化落后和没有合作社传统，可能使得我们遇到困难；但是可以组织，必须组织，必须推广和发展。单有国有经济而没有合作社经济，我们就不可能领导劳动人民的个体经济逐步地走向集体化，就不可能由新民主主义社会发展到将来的社会主义社会，就不可能巩固无产阶级在国家政权中的领导权。谁要是忽视或轻视了这一点，就要犯大的错误。国有经济是社会主义性质的，合作社经济是半社会主义性质的，加上私人资本主义，加上个体经济，加上国家和私人合作的国家资本主义经济，这些就是人民共和国的几种主要的经济成分，这些就构成新民主主义的经济形态。

第六，人民共和国的国民经济的恢复和发展，没有对外贸易的统制政策是不可能的。从中国境内肃清了帝国主义、封建主义、官僚资本主义和国民党的统治（这是帝国主义、封建主义和官僚资本主义三者的集中表现），还没有解决建立独立的完整的工业体系问题，只有待经济上获得了广大的发展，由落后的农业国变成了先进的工业国，才算最后解决了这个问题。而欲达此目的，没有对外贸易的统制是不可能的。中国革命在全国胜利，并且解决了土地问题以后，中国还存在着两种基本的矛盾。第一种是国内的，即工人阶级和资产阶级的矛盾。第二种是国外的，即中国和帝国主义国家的矛盾。因为这样，工人阶级领导的人民共和国的国家政权，在人民民主革命胜利以后，不是可以削弱，而是必须强化。对内的节制资本和对外的统制贸易，是这个国家在经济斗争中的两个基本政策。谁要是忽视或轻视了这一点，谁就将要犯绝大的错误。

第七，中国的经济是落后的，但是中国人民是勇敢而勤劳的，中国人民革命的胜利和中华人民共和国的建立，是中国共产党的领导，加上世界各国工人阶级的援助，其中主要是苏联的援助，中国经济建设的速度将不是很慢而可能是相当快的，中国的兴盛是可以计日程功的。对于中国经济复兴的悲观论点，没有任何的根据。

综上可知，毛泽东不仅开创农村包围城市革命道路是基于二元结构的基本国情，绘制建设新中国的蓝图仍然是基于同样的国情。七届二中全会的召开，预告了中国共产党走农村包围城市革命道路取得了彻底胜利，中国人民从“三座大山”压迫下站立起来成为不可逆转的定局，从此，中国共产党的“工作重心由乡村移到了城市”。

中国共产党夺取政权后把工作重心放在城市是必然的。因为，中国要彻底摆脱帝国主义的剥削压迫，必须实现现代化。而现代化的思想、制度都发源于城市，不可能由乡村产生出来。在工业革命后的西方文明制度框架内，城市领导乡村，乡村服务服从于城市，是不以人的意志为转移的客观规律。不论是作为中国共产党指导思想的马克思主义，还是中国共产党本身，都产生于城市的经济、政治、文化、社会的氛围之中。对此，毛泽东是了然于胸的。毛泽东比政治对手蒋介石乃至于其他党内同志高明之处在于，他更理解必然被城市领导但又人口数量众多的农村。所以，毛泽东在进城的前一刻即七届二中全会上提醒全党：党的首脑机关进城以后，“城乡必须兼顾，必须使城市工作和乡村工作，使工人和农民，使工业和农业，紧密地联系起来。决不可以丢掉乡村，仅顾城市，如果这样想，那是完全错误的”。

明白了这个道理，也就很容易接受以下的推论：新民主主义革命胜利前，中国共产党能否取得城市革命的胜利，取决于农村革命能否胜利，而新民主主义革命胜利后，党能否领导农村实现现代化，取决于城市能否顺利推进现代化。

由七届二中全会报告可知，毛泽东为农村现代化规划的路线图很清晰：在党的领导下，办合作社，把农民组织起来，形成全国性（“中央、省、市、县、区的合作社的领导机关”）的农民“集体经济组织”体系。当然，以毛泽东对中国农民的认识，他深知“文化落后和没有合作社传统，可能使得我们遇到困难”。

七届二中全会闭幕几个月之后，为了纪念中国共产党成立28周年，毛泽东发表了《论人民民主专政》一文。他特别提醒全党：在共产党领导下建设新中国，“严重的问题是教育农民”。毛泽东写得很明白，没收帝国主义国家在中国的企业和财产，将外国资本家赶出中国；中国内部的地主阶级和官僚资产阶级予以消灭，给这两个阶级中的个人以出路，将他们改造成自食其力的劳动者；对民族资产阶级允许其存在和发展，将来进入社会主义对私营企业实行国有化，对这个阶级中的个人进行教育改造，使其成为自食其力的劳动者。也就是说，新中国清除旧中国遗留下来的国内外剥削阶级并不困难，真正的困难还在于解决农民问题。因为农民的经济是分散的小农经济，而农民阶级又是劳动阶级，不能用革命手段进行消灭。现代化农业也是社会化农业，“需要很长的时间和细心的工作，才能做到农业社会化”。

对于社会主义制度下农业与工业的关系，毛泽东认为，“没有农业社会化，就没有全部的巩固的社会主义。农业社会化的步骤，必须和以国有企业为主体的强大的工业的发展相适应。”很明显，在毛泽东的心目中，建设新中国，第一位的任务是实现工业化。因为，没有工业的发展，没有以工业化为支撑的强大国民经济，新中国就不可能彻底摆脱帝国主义压迫，中国人民也就不可能稳固地站立起来。相对于工业化而言，农业现代化处于从属的地位。

所以，讨论新中国农业农村现代化问题，前提是把立足于城市发展的工业化问题搞清楚。如何实现工业化，决定了如何实现农业现代化或称农业社会化。

那么，新中国是如何利用占国民经济10%左右的现代工业推进整个国家工业化的呢？由于本书的性质，没有必要详述这个历史过程，了解以下几个基本史实也就够了。

一是党的七届二中全会形成了过渡时期总路线。具体内容是，从中华人民共和国成立，到社会主义改造基本完成，这是一个过渡时期。党在这个过渡时期的总路线和总任务，是要在一个相当长的时期内，逐步实现国家的社会主义工业化，并逐步实现国家对农业、对手工业和对资本主义工商业的社会主义改造。简称“一化三改”。所谓的“相当长的时期”，当时估计是15年左右。在过渡时期内，经济成分有五种，即社会主义性质的国有经济、半社会主义性质的合作社经济、私人资本主义经济、个体经济、国家和私人合作的国家资本主义经济。所谓“社会主义工业化”，实际上是苏联模式的工业化，当时社会主义的标杆就是苏联。亦即靠计划经济体制推动的工业化。

二是1954年制定的第一部《中华人民共和国宪法》规定，中华人民共和国的国体是“工人阶级领导的、以工农联盟为基础的人民民主国家”。

三是五种经济成分并存的过渡时期持续很短，到1956年，对农业、手工业和资本主义工商业的社会主义改造就完成了。农村从农业合作化到集体化，1958~1962年建立了“三级所有，队为基础”“政社合一”的人民公社制度。

四是毛泽东在1956年发表了《论十大关系》，总结了自1953年执行第一个五年计划以来经济建设的经验教训，中国共产党开始对苏联的社会主义模式进行反思。

毛泽东讨论的十大关系如下：重工业和轻工业、农业的关系；沿海工业和内地工业的关系；经济建设和国防建设的关系；国家、生产单位和生产者个人的关系；中央和地方的关系；汉族和少数民族的关系；党和非党的关系；革命和反革命的关系；是非关系；中国和外国的关系。毛泽东认为，这十大关系在社会主义建设中带有全局性。

在十大关系中，“重工业和轻工业、农业的关系”被排在了第一位。毛泽东认为，重工业是国家建设的重点，必须优先发展生产资料的生产，这是已经定了的。但决不可以因此忽视生活资料尤其是粮食的生产。真想把重工业发展起来，就要适当地调整重工业和农业、轻工业的投资比例，更多地发展农业、轻工业。

毫无疑问，《论十大关系》是毛泽东关于社会主义建设尤其是经济建设最重要的著作。但是，从1956年到农村改革前的历史已经很清楚了，重工业、轻工业、农业的关系在实际工作中并没有处理好。这不能说农业没有受到重视，各级干部在观念上都是重视农业的，但结果仍然是几亿农民连温饱问题都没有得到解决，成为党的十一届三中全会之后农村改革的导火索。

前面已经反复说过了，毛泽东是深刻洞悉中国二元结构基本国情，并据此领导新民主主义革命取得胜利的思想家、政治家，为什么在农村搞了20多年的社会主义建设，连农民的温饱问题也解决不了?

现在的答案也很清楚了。尽管《论十大关系》对苏联社会主义建设的经验教训进行了反思，为后来中国摆脱苏联模式的束缚打开了一个理论缺口，但中国的社会主义建设模式总体上还是照搬模式，搞的是计划经济体制。从工农关系和城乡关系的角度评价苏联的计划经济模式，主要是采用斯大林发明的工农业产品价格剪刀差政策，即由国家做出硬性规定，让工业品卖高价，让农产品卖低价，从而达到为发展工业尤其是发展重工业积累资金的目的。这一政策对农民利益的伤害让笔者记忆犹新——

1975年秋季，笔者已经在辽宁省锦西县（现葫芦岛市连山区）四新公社（现连山区寺儿堡镇）做了一年多的机关干部。当时公社要求干部群众反对“资本主义自发势力”，不能搞“瞒产私分”——生产队少报粮食产量，为少向国家交售粮食制造理由，留下粮食分配给社员。农村干部群众之所以合谋搞“瞒产私分”，原因有两个。一是农民想从集体多分配些粮食，宁可冒政治风险也要先解决自身的温饱问题；二是国家收购农民的粮食太便宜，玉米收购价每市斤8分7厘，比集贸市场低了2角钱。

计划经济伤害了农民的利益，把农村经济搞死了，阐述这一史实和观点的研究文献已经汗牛充栋，不需要本书再费笔墨。这里，基于对农村计划经济基本制度框架的分析，笔者从已有文献不曾涉及的角度给出一个新的判断：计划经济虽然存在以货币为媒介的商品交换，但通货紧缩是固有的制度安排，流通领域货币供给严重短缺；剪刀差政策则是让农村经济处于货币供给极度紧缩状态，乃至于农民作为农产品的生产者，连农产品消费者愿意支付的购买价格——表现单位商品价值的货币数量——也不能如数得到。

这样，一个巨大的历史谜团就出现在研究者的面前。同样是毛泽东，同样是基于二元结构基本国情做出了战略性决策，为什么夺取政权的革命战争时期能够给农民以最大的利益，而取得政权之后的社会主义建设时期却让农民遭遇重大利益损失呢?

回望历史也许有助于我们寻求答案。

认识到中国二元结构的基本国情固然重要，但仅仅停留在这个层面上，还不足以深刻地认识转换二元结构的正确途径和动力来源。最先确认中国“半封建半殖民地”社会性质的并不是毛泽东，而是1928年6月在苏联召开的中共第六次代表大会。为了反抗蒋介石集团屠杀共产党人，大会做出了开展武装暴动的决定，但并不是到农村去建立武装割据政权，重点还是在城市搞武装暴动。就连毛泽东带领秋收起义失败的队伍上井冈山，直接原因也不是基于对二元结构基本国情的深刻洞悉，而是到农村去保存城市武装暴动点燃的革命火种的应急选择。毛泽东是上了井冈山之后，痛定思痛，才认准了农村包围城市的革命道路。毛泽东的伟大不在于一开始就把革命道路规划好了，而是在于同样付出了血的代价后，比别人更早、更深刻、更清晰地认清了中国革命道路应该怎么走，也就是后来概括出来的把马列主义普遍真理同中国革命具体实践相结合。

中国共产党一成立，马上面临着中国革命道路如何走的问题。同样，新中国一成立，马上面临着社会主义建设如何搞的问题。虽然毛泽东通过开创农村包围城市的革命道路，实现了第一次马克思主义中国化，但如何在城市领导农村的社会主义建设中再次实现马克思主义中国化，则需要中国共产党进行全新的探索。

令人扼腕叹息的是，毛泽东在革命战争中突破了苏联传来的城市武装暴动教条束缚，在社会主义建设中却最终没能跳出苏联传来的计划经济教条束缚。1956年苏共二十大后，中国共产党同赫鲁晓夫闹翻了，但毛泽东是要证明中共才是真正坚持斯大林创立的社会主义理论和制度的，而苏共则是背叛了社会主义。中苏两党两国争论了20多年，苏联的社会主义没有搞好，连粮食自给问题也没有解决。中国的社会主义也没有搞好，重工业和轻工业、农业的关系越来越不和谐，农民不仅吃不饱吃不好，还要在城镇居民面前低人一等，工农联盟的国体也受到了损伤。邓小平在那篇堪称中国改革开放进军号角的著名文章《解放思想，实事求是，团结一致向前看》中一针见血地指出：如果现在不实行改革，我们的现代化事业和社会主义事业就会被葬送。后来，苏联作为世界上第一个社会主义国家果然葬送掉了。

苏联的垮台，中国改革开放前遭受重大挫折，证明了一个道理，靠计划经济搞不好工农关系和城乡关系。如同中国靠议会斗争无法推翻“三座大山”一样。

1978年，十一届三中全会召开之后，中国共产党在邓小平的领导下，开始重新思考什么是社会主义，怎样建设社会主义的历史性课题，开启了彻底打破苏联创制的社会主义建设教条的改革开放历史进程。而改革又是从农村开始的，建立了农村基本经营制度，发展乡镇企业，开放农村市场等，一系列改革举措出台，短短几年取得了解决农民温饱问题的历史性成就，2018年农民人均纯收入相当于1978年的100倍。40年的农村改革用一句话来概括，就是实现农业农村现代化，不能搞计划经济，要搞市场经济。城乡关系和工农关系要建立在等价交换的基础上。

当然，我们全盘否定农村改革前的计划经济，并不是说那个时期农业农村经济社会发展没有取得任何成就。比如说，农田水利建设、科学种田、农村教育、农村医疗卫生等方面就取得了很大成绩，这些都是有目共睹的。但这些成绩不能归功于计划经济，而是在党的领导下，把农民组织起来集中力量办大事的社会主义制度优越性的体现。

既然如此，形成融合的工农关系和城乡关系，只能依托市场经济。但建立市场经济体制是城乡融合发展的充分必要条件吗？显然不能这样说。马克思那个年代就是市场经济，城乡关系处于对立状态。中国改革开放40年，农村率先打破了计划经济束缚，小农经济色彩也越来越淡化，市场机制发挥着越来越大的作用，农业农村经济也取得了很大发展成就。但另一个公认的事实是，城市和非农产业发展得更快，农业现代化仍然是中国全方位现代化进程中的短板，城乡二元结构仍然存在。所以，市场经济只是改变城乡二元结构的必要条件，而不是充分条件。也就是说，不搞市场经济改变不了城乡二元结构，但这不等于搞了市场经济城乡二元结构就改变了，城乡融合发展就自然而然地实现了。

综上，探讨城乡融合发展问题，在具备了市场经济这个必要条件之后，还要找到改变城乡二元结构、实现城乡融合发展的充分条件。那么，这个充分条件是什么呢？把马克思、刘易斯、毛泽东、邓小平的理论与实践综合起来，就能找到答案：资本！让传统农民掌握资本，在传统农业农村经济系统中形成属于农民的资本积累体制机制！

四、二元经济结构理论创新的逻辑与要点：乡村资本

这里我们把“让传统农民掌握资本”的观点稍微展开一下，详细的展开留待第三章和第四章，尤其是第四章，将具体阐述如何在传统农业农村经济系统中形成属于农民的资本积累体制机制。

马克思的经济思想是刘易斯的二元经济结构理论的主要来源。马克思在人类思想史上的最大贡献是对资本进行了全面透彻的研究，既充分肯定了资本主义取代封建主义、发展社会生产力的历史贡献，又揭示了资本主义制度的固有矛盾和必然灭亡的客观规律。伴随资本主义制度的生成与灭亡，城乡关系由对立走向融合。

刘易斯研究了发展中国家的经济发展问题。他的理论逻辑是，发展中国家有性质不同的两类部门，即现代经济部门和传统经济部门。发展中国家要发展起来，现代部门要利用传统部门的剩余劳动力不断地进行资本积累。直到传统部门的剩余劳动力被吸收完毕，发展中国家的国民经济就全部现代化了，在此之前，城乡之间关系处于马克思所讲的对立状态。

马克思认为，资本主义制度起源于资本原始积累，即英国、法国等西欧国家在资本主义早期由政府或资本化了的庄园主把农民赶出土

地——俗称“羊吃人”，使之变成除了劳动力之外一无所有的无产者，为了活命无产者只能把劳动力出卖给资本家。从学说史的角度评价刘易斯的理论，其实就是发展中国家如何进行资本原始积累。因为，马克思讲的资本原始积累和刘易斯讲的发展中国家资本积累，都以存在脱离农业农村且只能出卖劳动力的雇佣劳动大军为条件。在资本原始积累阶段，雇佣工人的命运是比较悲惨的，体现在刘易斯的理论框架内，就是只能获得“生计工资”，只是没有“羊吃人”这个环节。

毛泽东是马克思主义者，他的使命同马克思一样，解放劳苦大众，否定剥削制度。他立足于二元结构基本国情领导革命，不是制造没有土地的无产者，而是把贫苦农民组织起来夺取地主的土地，让农民成为土地的主人。中华人民共和国成立后，他也看到了利用资本家发展国民经济的必要性，安排了十五年的过渡期。但私有制造成贫富差距等基本矛盾加上苏联的榜样，让他提前结束过渡期，把马克思否定的私有制取缔了，也就是把资本取缔了，建立了以计划经济为特征的社会主义经济制度。但并不成功，整个国民经济长期解决不了短缺问题，到了几亿农民吃不饱饭的程度。城乡关系仍然处于对立状态。

邓小平认识到，搞计划经济不行，要搞市场经济。搞市场经济就要允许个体私人经济发展，就要引进外资，连计划经济时期建立起来的国有企业也要变成国有资本。也可以说，在中国共产党领导下发展社会主义市场经济，就是把资本再请回来。中国40年经济发展速度世界上首屈一指，成为世界上第二大经济体，就是这么干过来的。足见把资本请回来的战略决策是正确的。但城乡发展不平衡问题没有解决。

搞社会主义市场经济离不开资本，但城乡融合发展又是社会主义制度的本质。二者之间如何统一起来?

显然，实现这种统一，认识停留在马克思、刘易斯、毛泽东、邓小平已有的理论框架内是不行的，必须进行理论创新。

现在，我们已知的条件是：

其一，没有现代资本就没有现代经济发展。小农经济时代没有现代资本，农业农村上千年没有实质性发展，一直处于“传统”状态；计划经济时期消灭了资本，已有的现代部门也无法发展，甚至倒退。所以，资本是否形成，才是传统部门与现代部门的分水岭。

其二，即使是社会主义请回的资本，如果它的现代性只表现在刘易斯的“吸收农业剩余劳动力”方面，那么，传统经济部门所在的乡村与资本所在的城市之间的关系不可能呈现融合发展的状态。

依据这两个已知条件，就可以得出以下结论：城市与乡村之间在现代化历史进程中的关系是由资本决定的。乡村的落后既然是由缺乏资本造成的，那就让乡村同城市一样，形成资本积累的体制机制。

需要说明的是，这个结论并不是为“资本下乡”提供理论依据，“下乡”的资本属于城市，就是刘易斯所谓的资本，是来乡下吸收劳动力的，甚至还要吸收土地。

本书主张在乡村形成资本积累的体制机制，是由乡村内生的，就像红军内生于乡村一样。乡村资本在发展自己的同时，也就形成了对城市下乡资本的挤出效应，让资本生出的利润留在乡村，由乡村的经营者尤其是农产品生产者分享。

靠乡村资本形成城乡融合发展的体制机制，在方法论层面与毛泽东开创农村包围城市革命道路是一致的。毛泽东的伟大在于，把革命战争的重心放在农村，让原本落后、保守、散漫的农民组织起来，成为革命的主力军。同理，共产党领导下的农民也同样能够在市场经济中组织起来，成为资本的所有者与经营者。

第三章

乡村振兴要求经济人、货币、资本为人民服务

提到乡村振兴，人们的脑海里会浮现出一群兴高采烈的农民、一片欣欣向荣的村庄、一块果实累累的农田。提到当年毛泽东建立农村革命根据地也是这样，人们会想到一队斗志昂扬的红军、一群衣衫褴褛的农民、一个肥头大耳的地主。如前所述，毛泽东开创农村包围城市革命道路，在具象的打土豪分田地背后，是有着早于且高于诺贝尔经济学奖得主学术成就的理论支撑的。乡村能否振兴，直接关系到中华民族伟大复兴的中国梦能否顺利变成现实，也必然需要科学的理论指导。

在第二章，我们综合了马克思、刘易斯、毛泽东、邓小平的理论，围绕转变二元经济结构这个主题，提出要形成乡村资本积累的体制机制，实现城乡融合发展。这个思路同毛泽东的农村包围城市、刘易斯的利用农村剩余劳动力积累资本一样，解决的是实现目标的道路问题。道路是物体运动的载体，需要用建筑材料进行铺设。要把乡村资本这个概念理解透彻，还需要准确掌握相关的经济学知识，这样，理解第四章关于乡村资本积累制度安排的内容才比较容易。

第一节　经济人的基本行为准则：先人后己

一、乡村振兴亟须经济人理论正本清源

第二章的内容已经告诉我们，市场经济是城乡融合发展的必要条件。市场是由市场主体以及他们之间的相互关系构成的。市场主体各式各样，有生产农产品的，有卖农产品的，有买农产品的，还有消费了农产品之后去造汽车造飞机的，有的是一个人干，有的是一家人干，有的是很多人组成一个企业干，等等，总之都在从事经济活动。

于是，经济学家就赋予这些人一个统一的名称，叫作“经济人”。

对于乡村振兴来说，讲清楚经济人这个概念尤其重要。因为，农村改革40年，取得了巨大成就不容抹杀，但问题很多也毋庸置疑。成就不说跑不了，问题不说不得了。卖假冒伪劣农资会让农民颗粒无收，有毒有害农产品会让消费者生病丧命。

从经济学理论上看，发展成就要归功于经济人的辛勤付出，那么，发展中的问题，尤其是那些市场中发生的坑蒙拐骗甚至伤天害理行为也要归咎于经济人吗？对此，有的经济学家会做出肯定性的回答，至少会说“难以避免”。

本书不同意这类经济学家的看法。而且还要声明，一些本来勤劳朴实的中国农民参与市场竞争之后，就做出一些既不符合传统乡村道德，也不符合现代国家法律的事情，除了他们自身道德水平不高，遵纪守法意识不强外，那些曲解经济人本义的经济学家们也要负误导的责任。在经济人这个基本理论问题上，经济学界应当正本清源。

二、一些经济学家对斯密经济人思想的误解

有市场经济，就有市场文化。市场主体对自身行为的普遍性认知，就构成市场文化。市场经济理论揭示市场运行规律，是市场文化的基本内容。我国通过经济改革发展取得巨大成就，直接得益于市场经济理论的阐扬，同样，市场运行中出现了种种乱象，也与市场理论中出现的偏差有直接关系。

经济学家们公认，关于经济人的经济学思想，来源于堪称市场经济理论鼻祖的亚当 · 斯密，并且成为构建市场经济理论体系的基石，或称基本假设。但是，作为经济学范畴的“经济人”，亚当 · 斯密本人并没有使用过这个名词，是后人根据他的思想概括出来的。所以，究

竟如何理解经济人概念才更符合斯密的思想，或者说更科学，经济学家之间一直存在不同看法。

这里讨论经济人问题，主要是针对我国一些经济学家阐扬斯密经济人思想方面的片面性。这种片面的经济学基础理论已经广为传播，严重地误导了我国各类市场主体的行为，使唯利是图的“小人”行径堂而皇之，为害甚大。不要说普通农民，就是历来在乡村受人尊重、地位崇高的教师与医生，近些年来他们中间的一些人为了金钱也常常不择手段，受到社会的广泛诟病。

我国经济学家片面理解斯密经济人思想，突出表现是把经济人的本性或本质界定为“利己”，精确化的表述则是“追求自己利益极大化”①，甚至个别学者还赤裸裸地界定为“自私”②。

众所周知，在汉语的语境中，“利己”尤其是“自私”是明显带有贬义的词语，其扩展性说法是唯利是图，通俗地说就是损人利己。在中国老百姓的观念中，一个人在实现自身利益的过程中没有损害他人利益，是不会被评价为“自私”的，如果既实现了自身利益又给他人带来了利益，还会受到爱戴和称赞。所以，经济学家向学生或公众传授经济学常识时，把经济人即市场主体的本性界定为“利己”或“自私”，就给予各种市场主体尤其是普通民众以强烈的负面心理暗示：在市场竞争中损人利己，至少是尽可能地把利益捞到自己手里，是必然的、合理的。

笔者反复研读斯密的《国民财富的性质和原因的研究》（商务印书馆1974年版）一书，并没有发现经济人的本质就是“利己”甚至是“自私”的表述。通常，经济学家们认为，经济人思想源于该书中如下一段

① 王福重：《写给中国人的经济学》，机械工业出版社 2010 年版，第 29 页。

② 姜达洋：《读懂亚当 · 斯密》，经济日报出版社 2010 年版，第 32 页。

话："人类几乎随时随地需要同胞的协助，要想仅仅依赖他人的恩惠，那是一定不行的。他如果能够刺激他们的利己心，使有利于他，并告诉他们，给他做事，是对他们自己有利的，他要达到目的就容易得多了。不论是谁，如果他要与旁人做买卖，他首先就要这样提议：请给我以我所要的东西吧，同时你也可以获得你所要的东西。这就是交易的通义。"斯密还举例说："我们每天所需的食料和饮料，不是出自屠户、酿酒家或烙面师的恩惠，而是出于他们自利的打算。"斯密接着总结道："他追求自己的利益，往往使他能比在真正出于本意的情况下更有效地促进社会的利益。"[①]

斯密非常具象地表述出来的经济人思想，并没有让人们感到经济人是赤裸裸的"利己"甚至"自私"，从而令人讨厌。在斯密的经济学框架内，经济人参与经济活动的目的确实是出于"自利的打算"。但是，经济人要把"打算"变成现实，又必须为他人生产并送去"每天需要的食料和饮料"等各种财富，也就是说，市场主体在产生了"利己"的主观动机之后，必须见之于"利他"的客观行动。显然，我国的一些经济学家只用属于主观因素的"利己心"来概括经济人的本质，忽视了具有客观属性的利他行为，带有明显的片面性。

顺便补充一点，笔者在阅读当今西方大师级经济学家的著述时，也没有发现把经济人的本质界定为"利己"或"自私"的观点。他们也都是依照斯密的原意告诉学生或读者什么是经济人。比如，在美国著名经济学家曼昆编撰的经济学教科书《经济学原理》中，经济人就是"受利己所驱动，……去促进一般社会福利"的"经济参与者"[②]。

---

① 亚当·斯密：《国民财富的性质和原因的研究》上卷，商务印书馆 1972 年版，第 13~14 页。

② 参见曼昆：《经济学原理》，机械工业出版社 2005 年版，第 9 页。

当然，有些经济学家用“利己”或“自私”解释经济人本质，旨在彻底否定计划经济时期沦为“假大空”宣传口号的“大公无私”。但是，这样一来就矫枉过正了，治学态度和治学方法有失严谨。改革开放前要求所有人都要大公无私固然不可取，但以为搞市场经济人人都要唯利是图亦是大谬不然。这两种观点虽然针锋相对，但方法论特点都是极端片面。真理向前迈进一步就是谬误。

中国人学习借鉴任何来自西方或其他外国的理论，尤其是社会科学理论，都要中国化时代化大众化。斯密的理论也不例外。根据这样的治学原则，把经济人或市场主体的本质特征概括为“主观为自己，客观利他人”，既反映斯密本意，又符合中国人的语言习惯与思维方式。这就是说，经济人的质的规定性，不仅包括利己心的主观属性，还必须具备利他行为的客观属性。换言之，没有利己心的人不是经济人，没有利他行为的人同样不是经济人。即使是概括经济人的主观属性，采用不带褒贬色彩的“自利”一词，也比贬义明显的“利己”尤其是“自私”更准确，是更贴近斯密本意的中国化表述，能够达到更好的教化目的。

三、经济人必然用利他行为达到自利目的

自利不仅仅是经济人的主观愿望，更是实实在在的客观结果。那么，经济人或市场主体如何达到自利的目的呢？斯密的回答是，遵循“看不见的手（亦称‘无形之手’）的指导”。经济学家们公认，斯密关于“看不见的手”的思想集中体现在如下这段话中：“确实，他通常既不打算促进公共的利益，也不知道自己是在什么程度上促进那种利益。……他所盘算的也只是他自己的利益。在这场合，像在其他许多场合一样，他受着一只看不见的手的指导，去尽力达到一个并非他本

意想要达到的目的。也并不因为事非出于本意，就对社会有害。他追求自己的利益，往往使他能比真正出于本意的情况下更有效地促进社会的利益。”[①]显然，斯密这段话的意思同前面有关经济人的思想内容大同小异，但有一个引人注目的思想亮点，即“看不见的手的指导”。其实，所谓市场机制，就是看不见的手；所谓市场机制的调节作用，就是看不见的手的指导。

关于看不见的手，我国的经济学家们在接受斯密经济人思想的基础上倾注了更多的心血和笔墨。那些把经济人的本质片面地理解成“利己”或“自私”的学者，往往把看不见的手的指导解释成市场主体“追求自己利益极大化”，即市场主体本着低价买、高价卖的原则参与市场交易，甚至对集贸市场上的“同行是冤家”“漫天要价，就地还钱”[②]津津乐道。总之，在这些学者的理论阐释中，看不见的手指导下的市场主体，一副为自己的利益斤斤计较、尔虞我诈的冷酷面孔，丝毫没有殚精竭虑谋求社会福祉的人间温情。

关于看不见的手的指导，简单地解释为价格机制指导下市场主体追求自己利益极大化，同样是片面的。只要稍微细心一点就不难发现，上面引述的斯密的经典论断中，既没有出现价格的概念，更没有所谓“自己利益极大化”的意思。这是因为，在斯密的理论体系中，价格固然是十分重要的范畴，从机理上全面、深入地解释看不见的手的指导，离不开对于价格机制的阐释，市场主体进入交易过程后贱买贵卖也是惯例；但是，看不见的手的理论内核或精髓不在于价格，仍然是在经济人思想中已经阐明了的利己与利他的辩证统一。

在斯密看来，看不见的手或市场机制的精妙之处在于，市场主体

① 亚当·斯密：《国民财富的性质和原因的研究》下卷，商务印书馆1972年版，第27页。
② 王福重：《写给中国人的经济学》，机械工业出版社2010年版，第38页。

创造具体财富（如面包）的目的不是为了自己享用，而是由其他社会成员享用，并且他们还都会“尽力”而为；只有这样，经济人才会实现“自己的利益”。在市场主体“主观为自己，客观利他人”的经济活动中，价格只是以货币为媒介完成“利他”行为并获得“利己”手段的结果。比如，农民把生产的1吨粮食运到市场上销售，这就是利他行为；卖出后获得了2000元人民币收入，这就是利他行为得到社会承认并获得了利己手段；农民再用这2000元购买了1台电视机，就达到了利己目的。这2000元人民币，既是1吨粮食的价格，也是1台电视机的价格。所以，价格的底蕴是“他”与“己”互惠双赢关系，表现出来的是以货币为媒介的不同财富之间的交换比例。

完整地理解斯密的经济人以及看不见的手的思想，不难发现，经济人从自利的主观愿望出发到达自利的客观目的，中间环节是利他行为——垫付各种成本，提供他人需要的产品或服务。所以，如果我们舍掉形成自利主观愿望这个环节，只考察经济人的客观经济活动，那么，利他行为肯定是发生在利己结果之前。也就是说，经济人或市场主体的行为准则是先利他后利己。联系人们日常的经济活动，所谓利他就是生产，即为他人提供产品或服务；所谓利己就是消费，即通过市场交换获得他人提供的产品或服务。经济人要获得自我消费的权利，必须先履行为他人消费进行生产活动的责任。

我国有经济学家认为，“追求自己利益极大化”是市场经济理论的基石，否定了经济人的这一本性，市场经济理论的根基就塌掉了。但我们细读斯密的著作，看不到这样的极端观点。

斯密讲过市场主体追求资本“最有利的用途”以及“生产物能具有最大价值”，但这同“自己利益极大化”的含义完全不同。所谓“自己利益极大化”，反映在严格的数学表达式上面，就是经济人在市场交易中获取的利益接近极限。但这样的数学表达式是不成立的。在斯密的理论框架内，任何一个理性经济人都不会这样想，更不会这样做。

斯密创立市场经济理论体系的伟大之处在于，他比任何人都更早地发现了社会分工对于财富增长的基础性作用。斯密告诉我们，任何商品都不是一个人、一个家庭、一个企业能够生产出来的，而是很多社会成员参与社会分工、发挥专长、进行交换的结果。所谓利益，严格地说，是生产周期开始与结束两个时点上的财富价值的差额。分配财富价值差额的基本机制是等价交换。这里的等价交换，严格的数学意义是，为财富增加做出贡献的社会成员对利益的加权平均分配。所以，任何社会成员即市场主体都不能单方面地将利益近乎全部地归自己占有，只能获得与自己的贡献相匹配的份额。当然，这个份额在现实市场交易中是有弹性的，但这个弹性不是无限的，而是有限的，从长期看是接近于零的。也就是说，某个人从事完全相同的前后两次交易，前一次得到的利益可能多一些，后一次得到的利益可能少一些。

真正领会了交易精髓的市场主体会自觉地维护这个份额，以表示对交易伙伴利益的尊重。任正非、曹德旺是当今我国著名的大企业家，他们都多次说过，做企业要把客户、国家、公众利益放在第一位。他们不但这样说，更是这样做。香港著名企业家李嘉诚先生传授给子女的市场竞争制胜法宝，也许更能表达真正的企业家对利益的看法：面对商业利益，“七分合理，八分也可以，那我只拿六分”[①]。在这里，没有“追求自己利益极大化”的主观动机，唯有对市场竞争精

① 于台：《利润只拿六分》，载《领导文萃》，2010 年第 17 期。

髓的禅悟。这样的经商法宝不仅充满了人情味，更闪烁着经济人理性的光芒：这次交易你从客户那里拿到了八分利，下次交易客户就离你而去，你拿六分利，客户心知肚明，下次还来找你，你的利益就变成十二分了。

市场竞争过程是市场主体之间相互自主选择的过程。“追求自己利益极大化”的市场主体或许得逞于一时，却必然失去长久的合作伙伴，也就不可能获得更多的利益，正所谓“聪明反被聪明误”。斯密憧憬的市场经济是参与社会分工的交易双方双赢的制度安排，目标是“社会各阶层普遍富裕”[①]。所以，经典意义上的市场主体，不是“走自己的路，让别人无路可走”的小人，而是“让别人生活得更好，自己过上更好生活”的君子。中国传统文化主张“君子爱财，取之有道”，这个“道”就是先利他后利己。

有不少的学者认为，斯密的《国富论》教人做逐利小人，斯密的《道德情操论》教人做道德君子，亦即存在所谓的“斯密悖论”。其实，斯密的全部理论中没有这个悖论，它产生于一些学者读书不求甚解造成的对自私自利的盲目钟情。

面对乡村的公序良俗遭到破坏，人与人之间的温情越来越稀薄，很多人把它归咎于市场经济。以为搞市场经济就只能是人与人之间斤斤计较、冷酷无情。这是人们从直观感受出发形成的误解。一些经济学家把误解当正解，不仅无益于市场经济的发展，也败坏了经济学的名声。官员或学者把农民增加收入的希望寄托于他们在市场上的斤斤计较，那么，可以断言，这类官员或学者对市场经济的认知水平还不如从事农业生产的朴实农民。

---

① 亚当·斯密：《国民财富的性质和原因的研究》上卷，商务印书馆1972年版，第11页。

市场经济要求人与人之间进行分工合作，以便创造更多的社会财富，实现共同富裕。这不仅是我们共产党人的初心，也是亚当·斯密的初心。在市场经济体制下，以农民为主体，实施乡村振兴战略，各级领导干部和专家学者有责任有义务向农民讲清楚，以先利他后利己的行为准则参与市场竞争，不仅是党的要求和社会主义制度的要求，也是搞市场经济的本质要求。各级党委政府要构建适当的体制机制，保障这一本质要求得以体现出来，在干部群众中逐渐形成文化自觉。

第二节　货币推动经济发展的基本原理

经济人即市场主体先利他后利己，是通过市场交换行为完成的。买卖双方以货币为媒介完成交换过程。所以，深刻地理解经济人，深刻地理解市场经济，必须理解货币。

一、货币的定义、功能及其本质

货币，中国老百姓俗称为钱，用来买东西的东西。

货币不是从来就有的。它是在漫长的商品经济发展过程中逐渐形成的。人类在茹毛饮血的时代靠采集渔猎为生，基本上就没有交换。人类学会种植养殖后，获取的生活资料多了起来，就产生了交换的可能。最开始时是实物交换，比如，用肉食交换粮食。实物交换的局限性很大：一是有交换意愿的双方经常会碰不到一起，多余的东西换不出去，需要的东西换不进来；二是东西长时间交换不出去就坏掉了。为了解决这个难题，交换双方就希望能有个第三方参与到交换中来。

第三方手中有一种东西，同交易双方进行交换，然后，交易双方再拿着从第三方手中换来的东西同别人进行交换。所有的交易双方都换取第三方手中的这个东西，实物交换的时代就结束了，这个第三方在交换双方之间发挥中介作用，叫作中间商，中间商手中的东西叫作“一般等价物”，当然，这是后来经济学家们为了表述方便给出的一个概念。早期，充当一般等价物的东西五花八门，如贝壳、布、帛等等。后来，为了交易的方便，一般等价物就逐渐固定在计数简单、不易损耗、携带方便的金银铜等金属材料上了。所以，马克思有句名言：金银天然不是货币，但货币天然是金银。金银能够充当货币材料，是因为作为金属材料，也是由人类劳动开采出来的，也包含人类劳动凝结而成的价值。

所以，货币的定义就是市场交换中的一般等价物。

针对金银充当货币材料，马克思概括出了货币的五种职能，分别是价值尺度、流通手段、支付手段、储藏手段、世界货币。

所谓货币的价值尺度职能，就是用货币来表现其他一切商品的价值。让使用价值（用途）不同的商品在价值量上可以进行比较。市场上有肉、粮、菜等不同商品、它们各自的所有者都会用货币把单位商品的价值标示出来，比如，1公斤肉20元钱，1公斤粮5元钱，1公斤菜3元钱。这就是货币发挥价值尺度的职能，也是货币最基本的功能。

所谓货币的流通手段职能，就是货币在商品流通中充当交换媒介的作用。货币发挥价值尺度的职能，说得通俗一点就是给商品标上价格。但这只是商品流通的前提，商品所有者还要到市场上把商品卖掉，也就是商品换成货币，然后再用货币买进自己需要的商品。这就是货币发挥流通手段的职能，也是货币的基本功能。

所谓货币的支付手段职能，就是用货币来清偿债务或支付税赋、租金、工资等的职能。货币的这个职能起源于赊账的商品交易，买者凭契约或其他信用方式赊购商品，从而成为债务人，卖者成为债权人，到约定的日期，买者以货币清偿他对卖者的债务。也就是说，这种赊购交易，暂时没有货币作为流通手段参与交易，货币只是发挥价值尺度职能，然后通过契约，商品交易就完成了。

所谓货币的贮藏职能，就是货币退出流通领域，被货币持有者当作独立的价值形态和社会财富的一般代表保存起来。农村一些老人把钱里三层外三层地包起来，藏到一个隐蔽的地方，就是货币发挥贮藏职能的典型形式。

所谓货币的世界货币职能，是指金银作为货币流通到外国，在世界市场上发挥一般等价物职能。

金银作为货币有几千年的历史了。后来为了交易更方便，又出现了纸币。在马克思看来，人类为制造纸币付出的劳动可以忽略不计，因而它本身不包含价值，只是价值符号。世界上最早的纸币出现在我国的宋朝。现在世界上金银已经退出货币材料行列，各国都用采用了纸币作为货币。

为什么没有价值的纸币能够执行货币职能呢？这就涉及了对货币本质的认识。前面说货币是市场交换的一般等价物，还只是说货币的职能，还没有回答它为什么会有这样的职能。纸币的出现，让人们思考，同样是纸张，为什么作为货币的那张纸可以购物，而其他纸张却不能？为什么有人私自制作纸币要被绳之以法，关进监狱？

其实，称作货币的那张纸，代表了社会财富当然首先是商品所有者之间交换权的契约，是所有者之间的信用关系，而且这种信用关系是得到国家认可的。其实，在金银作为货币材料的时代也是这个道理。中国古代长期用铜作为货币材料，与金银同样发挥货币作用，都是由官府规定的。

所以，纸币本身虽然没有某种具体商品（比如粮食）包含的价值和使用价值，但它代表了国家信用，这是它的本质。某个人持有一张100元面值的纸币，有两个含义。一是代表这个人得到了一张收条，即国家认可他已经为社会创造（供给）了具有100元价值的财富；也代表了这个人得到了一张国家给他的欠条，即国家承认社会从他手里借到了具有100元价值的财富，他随时可以从社会取回（购买）需要的价值量相等的财富。

作为纸币持有者还要明白，你只拥有纸币代表的那张收条和那张欠条规定的权利，却不是这张纸（不是币）的所有者，这张纸很特殊，它的所有权属于国家，把这张特殊的纸搞丢了不犯法，但把它故意损坏了是犯法的。因为你把欠条兑现（购买商品）了之后，别人还要用到它。

作为纸币持有者最应该明白的是，拥有货币，要以向社会贡献财富为前提。那些贪官、小偷、骗子、强盗的行为之所以被称为犯罪，国家对他们绳之以法，就是因为他们没有向社会贡献财富，就以违法手段拿到了国家的欠条，获得了向社会索取财富的权利。

经济活动是人类社会其他活动的基础。对于经济发展来说，货币是人类最伟大的发明。现在的人们无法想象，如果没有货币作为商品交换的媒介，国民经济将会糟糕到什么程度。

为了充分发挥货币的作用，与经济活动关系密切的人们，比如政府经济事务的管理者、商品生产者、经济理论研究者，做了很多制度性建设。建立了商品交易制度、国家财政制度、银行制度。特别是19世纪初叶以来，世界各国逐渐建立起中央银行制度，由它专门代表国家管理货币。中国现在的中央银行是中国人民银行，人民币都是由中国人民银行印制发行的，而且中国人民银行已经准备发行数字货币，也就是说，将来纸币很可能被废止。

中央银行最重要的职责，是管理货币发行的数量。中央银行发行的货币数量与社会财富的数量要对应。当然，二者如何对应很复杂，不是本书应该涉及的内容。基本道理是，相对于财富数量而言，货币不能发行太多，多了就会造成物价上涨，就是所谓的通货膨胀；货币也不能发行太少，少了就会造成物价下降，就是所谓的通货紧缩。

以现代经济学的眼光看，小农经济为什么糟糕呢，就是糟糕在通货紧缩上，上一章已经讲到这一点了。当今我国农村存在凋敝现象，不是没有必要和没有能力解决存在的问题，而是货币即国家信用的阳光没有普照到位。或者说，农民为农业农村现代化做出了贡献，创造了社会需要的财富，没有得到以货币形式由国家认可的“收条”。

所以，在市场经济体制下实施乡村振兴战略，第一位要做好的工作，是国家要通盘考虑，使货币代表的国家信用的阳光普照到乡村的每一个角落。

二、货币资本是经济发展的第一推动力

我国社会主义市场经济风雨兼程40年，不断发展壮大的第一推动力是货币资本。这个观点的原创性不属于笔者，而是马克思。马克思在《资本论》第二卷第三篇论述了社会总资本的再生产和流通问题，在阐述货币资本的作用时，他写道：货币资本“是每个单个资本登上舞台，作为资本开始它的过程的形式。它表现为发动整个过程的第一推动力”。这里的“整个过程”就是社会总资本的再生产和流通过程，也就是经济发展过程。

改革开放以来对外招商引资，就是让境外企业家把资金带进国内

来办企业。比外资更重要更主要的是，打破计划经济体制束缚，建立现代市场交易体系、现代银行体系、现代财政体制、资本市场和债券市场，人民币就成为千千万万市场经营主体发展产业的货币资本。

按照马克思主义经济学的基本理论，资本是带来剩余价值的价值。剩余价值表现在市场运行中就是利润。举例说，年初投入1亿元，年终能够变成1.1亿元，这增加的0.1亿元就是由剩余价值转化而来的利润，年初投入的1亿元就是资本。当然，搞清楚剩余价值与利润之间的关系，必须认真研读马克思的伟大著作《资本论》，归根到底一句话，价值是由劳动创造的，应当归付出劳动的劳动者享有。但这里就不能详述了。总之，资本的本性就是不断地扩大再生产，也就是不断地扩大经济总量，同时也会为了追求更多的利润而不断地调整产业结构。要发展国民经济，必须利用资本。搞市场经济必然是这样。

资本主义（市场）经济与社会主义市场经济的本质区别，主要体现在两个方面。一是社会主义市场经济应当比资本主义经济发展得速度更快质量更好；二是社会主义市场经济创造的巨额社会财富要由创造财富的劳动者共同分享，也就是共同富裕。中国改革开放40年的光辉历程证明，第一个方面已经做到了，第二个方面虽然存在一些问题，但完全可以在中国特色社会主义发展道路上，通过深化改革得到解决。实施乡村振兴战略，正是要通过建立城乡融合发展的体制机制和政策体系，实现共同富裕。

马克思经过缜密的科学分析告诉人们，在市场体系中运行的产业资本分为三种形态，一是货币资本，二是生产资本，三是商品资本。

货币资本执行的职能是，处在经营活动（资本循环）的第一阶段，即购买阶段，购买生产最终产品所需的各种资源，如生产资料、劳动力等，为商品生产准备条件。在这个阶段，经营者手中的货币执行购买和支付手段的职能。其中最重要的是获得劳动力资源。

生产资本的职能是，处在经营活动（资本循环）的第二阶段，即生产阶段，把生产资料和劳动力结合起来，在进行生产性消费的同时创造新的财富（使用价值）和新的价值。对于资本运营而言，这一阶段是具有决定性意义的。

商品资本的职能是，处在经营活动（资本循环）的第三阶段，即商品生产出来以后进行销售，把商品包含的价值转化为货币，也就是销售收入。这其中既包含了预付资本即成本，也包含新增加的价值即利润。

马克思指出，产业资本这三种职能，在空间上是并在的，在时间上是继起的。比如，一个企业有1亿元资本，有3000万元在执行货币资本职能，有3500万元在执行生产资本职能，有3500万元在执行商品资本职能；而且这三种职能的资本不间断地依次变换着角色，进行资本循环。企业家不能把全部资本都固定在某种职能上，否则，整个再生产过程就会中断。即使是农业生产经营，总体上也是遵循这个规律，只是表现形式与工业企业有所不同罢了。

市场经营主体要参与市场竞争，首先要有货币资本，通过货币把生产资料和劳动力等生产要素组合起来。如果没有货币资本，生产过程和销售过程就不可能存在。当然，这不是说身无分文但具有经营能力的“经济人”，除了被他人雇佣就再无其他发展途径了。恰恰相反，现代商业银行、资本市场等制度安排能够为真正具有企业家精神的“经济人”提供必要的甚至足够的货币资本。这正是现代市场经济相对于小农经济和计划经济而言的制度优势

资本周而复始地循环叫作资本周转。特别需要强调的是，货币在执行货币资本职能的阶段还有一个重要的职能不能忽视，那就是，即

使紧密衔接的两个资本循环过程的货币资本数量完全相同，企业家也可能通过购买新的生产要素，在生产资本阶段，为提高生产资料和劳动力利用效率创造条件。这也是不断扩大再生产的资本本性所要求的。

三、用人民币为人民服务

前面已经阐释了经济人、货币和资本这些市场经济的基本常识。目的是为农民作为经济人进入市场如何获得货币收入做知识准备。这些知识适用于所有市场经济国家。但中国是社会主义国家，实施乡村振兴战略，是新时代建设中国特色社会主义的重要组成部分，理解这些常识，也要有中国特色。因此，有必要在这些常识的基础上，讨论一下新中国的货币即人民币与中国共产党奉为宗旨的为人民服务之间的关系。

在已有货币常识的基础上，我们首先要介绍一下人民币。

从历史的角度看，人民币比新中国要年长一些，1948年12月1日就正式在中国共产党领导的解放区流通了。史料记载，人民币这名称是由党的一大代表、担任过国家主席的董必武拍板决策的。当时董必武就说，我们中国共产党，要用人民币为人民服务。人民币的基因就是这样的。人民币的前身是革命根据地的苏维埃政权发行的货币，统称苏区货币，毛泽东的弟弟毛泽民是中华苏维埃国家银行第一任行长。我们党领导下的陕甘宁边区银行也发行过货币。创建革命根据地，走农村包围城市的革命道路，打土豪分田地固然是最重要的，但货币在凝聚革命力量方面发挥的作用也不可忽视。在这个意义上说，中国共产党第一次实现马克思主义中国化，货币也起到了不可替代的作用。

新中国诞生之际，拿枪的敌人基本被消灭了，中国共产党执政之初遇到的第一个难题就是货币问题：国民党政府统治时期，长期滥发纸币，造成物价飞涨，民不聊生。中国共产党和新生的人民政府能否制止恶性通货膨胀和物价上涨，稳定经济形势，迅速地把生产恢复起来，让人民群众生活得到改善，在经济上从而在政治上站住脚跟，这在当时是比剿灭国民党反动派残余势力更加困难的严峻考验。

败退到台湾的蒋介石集团曾经把东山再起的希望寄托于中共对稳定经济形势的无能为力。但他们的希望落空了。中国共产党在新中国诞生之前就做好了用人民币取代旧法币的准备。1949年5月，我们党接管中国最发达的城市也是金融中心的上海，面对极其困难的财政金融状况，精心领导了稳定物价和统一财经的重大斗争，其中最重要的政策措施就是，针对当时猖獗的银圆投机，规定人民币为唯一合法的流通货币，明令严禁金条、银圆、外币在市场上自由流通，一律由人民银行挂牌收兑。这一断然举措，让某些人“解放军进得了上海，人民币进不了上海”的断言成为痴人说梦。人民币不但进了上海，还流通到全国，而且是唯一的流通手段。

概言之，中国共产党在夺取政权和建立人民政权的伟大斗争中，表现出了比蒋介石集团高明得多的运用货币的领导能力。

当然，中国共产党对货币的认识也不是一蹴而就的。由于资本主义国家被称为“金钱社会”，旧中国的种种弊端都与“有钱能使鬼推磨”直接相关，新中国成立之前，毛泽东就提醒全党：一些共产党人，在拿枪的敌人面前不愧英雄的称号，但是经不起人们用糖衣裹着的炮弹的攻击，他们在糖弹面前要打败仗。

毛泽东所说的糖弹就是物质利益，主要是金钱。很不幸，一语成谶，刘青山、张子善因为在武装斗争中立下汗马功劳而高官得做，但新中国成立刚刚两年，就被查出巨额贪污的罪证，被毛泽东亲自签批处决了。之后，毛泽东对金钱就一直保持着高度的警惕。模仿苏联建立计划经济体制，也与对人民币的认识直接相关，晚年的毛泽东甚至说，我国还存在货币交换，同旧社会差不多。这就等于给人民币带上了紧箍咒，动辄得咎。1975年前后，笔者在农村看到，大爷大妈们用自产青菜水果换几张人民币，再来购买针头线脑，都要受到“社会主义大集”的限制。计划经济搞了20多年，结果是国库里的人民币少得可怜，人民群众腰包里的人民币也少得可怜，商店货架上的商品更是少得可怜。

新中国在第一个30年里，没有受到列强的欺侮，还教训了妄图欺侮中国的头号强国，曾经被称为东亚病夫的中国人民真正站起来了。然而，中国却没有富裕起来。党的十一届三中全会开启了我国改革开放的历史进程。邓小平振聋发聩地说：贫穷不是社会主义；社会主义可以有市场，允许一部分人一部分地区先富起来。对邓小平的这些话，老百姓理解的就是，可以多挣钱了。于是，老百姓种种挣钱的努力不再被视为投机倒把，不再成为官方打击的对象。由此，不仅农村市场活跃起来，更让国人乃至全世界瞩目的是，邓小平支持在深圳等地开办经济特区，特区的建设者们喊出了“时间就是金钱，效率就是生命”的口号，带动全国工业经济和城市经济蓬蓬勃勃地发展起来。

“时间就是金钱”这句话非常直白，却抓住了马克思主义政治经济学的精髓。马克思就认为，商品的价值是由劳动创造，是劳动者付出的劳动时间（社会必要劳动时间）凝结。所以，马克思与劳动者的心是相通的；人民币是可以激励建设者们争分夺秒、撸起袖子加油干的。它既能催生供给，又能满足需求。

毋庸讳言，40年改革开放也出现了很多问题，如环境污染、官员腐败、贫富差距拉大、社会风气败坏、假冒伪劣商品泛滥，等等。有人说，都是钱闹的。这是只看表面而忽视实质的说法。确实是一些人为了挣钱不择手段，确实有人像马克思描绘的那样，为获得300%的利润，践踏人世间的一切。但这绝对不是钱的错，不是人民币的错，恰恰是这些人违背了货币的本质要求，更是国家没能维护好货币承载的国家信用。解决问题的基本思路，不是限制货币发挥作用，也就是不能限制市场经济的发展，而是要按照货币尤其是要按照人民币的本质要求，完善社会主义市场经济体制，完善社会主义法治，各级党组织更要从严治党。

社会主义市场经济是中国共产党尊重中国人民的首创精神构建出来的前无古人的经济制度。从毛泽东到习近平，历届中央领导核心都强调共产党员要牢记为人民服务的宗旨。

那么，在市场经济中能够讲为人民服务吗？回答是肯定的。在中国特色社会主义市场经济中，只有真正为人民服务的人才有权利获得人民币。如前所述，经济人的行为准则是先人后己，资本循环的过程也是要先投入成本，再经过生产过程，商品生产出来后卖出去，货币回收之后，工人才能获得工资，企业家才能获得利润。工资增加了，利润增加了，说明这个企业提供了比以前更多的财富，而且得到了人民（消费者）的认可，人民把确认社会贡献的“收条”即人民币给了企业。

人民公社时期，农民劳动贡献大小用记工分的办法记录，很不准确，形成了多劳不多得，少劳不少得的“大锅饭”分配机制，导致了集体统一经营体制在全国绝大多数农村解体。用人民币记录农民生产农产品实际贡献的大小，不但比记工分简单，更比记工分准确。农民用工分向集体兑现个人消费品，更是麻烦，兑现到手的大部分是粮食等实物，现金很少，农民的消费受到了极大的限制。

人民币是持有人的债权凭证，随时都可以兑现到各种商品和服务。所以，遵纪守法的市场参与者，得到人民币，就是得到为人民服务的数量凭据，是为人民服务；用人民币去消费，则是被人民服务。一张人民币，是市场参与者为人民服务与被人民服务的统一体。

共产党为人民服务，是为了让人民过上幸福生活。于是，有人把为人民服务理解成到在单位里或社会上去做好事，这种理解不能说错误，但过于浮浅和表面。毛泽东确立的为人民服务的宗旨，不是说让人民准确地说是他人坐享其成，而是让一切有劳动能力的人去劳动，去创造，让创造了财富的劳动者充分分享他们创造的财富。正如国际歌唱的那样："从来就没有什么救世主，也不靠神仙皇帝，要创造人类的幸福，全靠我们自己"。毛泽东在《为人民服务》一文讲的为人民服务，是要求我们的每一位干部战士（群众）为了人民的利益去奋斗，甚至去牺牲。毛泽东作为党的领袖、军队统帅，为张思德一个普通战士致悼词，就是因为张思德"是为人民利益而死的，他的死比泰山还要重"。

在脱贫攻坚过程中，习近平总书记指出：一些农民存在"靠着墙根晒太阳，等着别人送小康"的现象。这是我们的一些同志还没有深刻领会为人民服务的精髓，用养懒汉的办法解决贫困问题造成的。为此，习近平总书记要求开展扶贫工作，要扶到点上，扶到根上，要形成农业农村发展的内生动力。

第三节　在能够形成有效供给的部门扩大有效需求

前面两节的内容要表达的主要意思是，农民作为经济人参与到市场经济之中，既要用货币来评价他们对社会的贡献，也要用货币资本推动他们为社会做出更多的贡献。从现代经济学所谓的宏观经济和微观经济上区分，还属于在微观经济层面讨论问题。但是，把眼光局限在这个层面，还不可能彻底解决问题。货币运动是有它自身规律的。小农经济时代和计划经济时代都有货币，但农民创造了社会财富却得不到社会评价，他们能够创造更多的财富却得不到货币资本的推动。前面内容已经提示过这一点，却没有给出解决问题的思路。这个问题属于宏观经济层面的问题，要在这一节中进行讨论。

那么，如何让充足的货币参与到农业农村现代化进程之中呢？笔者在20年前就系统思考过这个问题，把思考的结果写成论文，入选由北京大学林毅夫教授主导的2002年度中国经济学年会。

写这篇论文的目的是“实现工农业之间、城乡之间的均衡发展”，与第二章的内容完全契合。论文的基本观点是，“在能够增加有效供给的部门扩大有效需求”；具体含义是，“政府通过财政政策和货币政策干预经济”，把货币投放到能够增加有效供给的部门，既扩大了有效需求，又不会出现滞胀现象，实现国民经济稳定健康发展。

现在看，这篇论文的观点不但没有过时，还为习近平总书记提出的供给侧结构性改革提供了理论支撑，尤其对于彻底解决困扰我国农村现代化多年的资金不足问题，既提供了理论，又提供了案例。文章的具体内容对于理解本书后面的内容也做了铺垫。因此，大体上原文照搬过来，只做了个别文字改动。

一、值得深思的案例：中国学者应如何看待日本政府投资于农业与农村

回望19世纪中叶的中日两国农业，如果单纯考察水田地区的稻谷和蚕桑生产以及手工业，基本上看不出差别。这两个国家都处在东亚季风气候带内，雨热同季，特别适合农作物生长。长期的精耕细作传

统，既创造了人类发展史中上千年处于领先地位的农耕文明，又铸成了人多地少的基本国情。然而，当西方列强沿着太平洋西海岸打破了东亚各国的闭关锁国之后，在20世纪的100年里，中日两国的差距，已经拉大到开放海禁前任何一位东亚先贤都无法想象的地步：日本早已跻身于发达国家行列，中国却还在与发展中国家群体里的弱者为伍。2000年，日本的人均GTP大约是中国的40倍；如果说东京与北京的差距可能只有10~20年，而日本农村与中国农村的差距则至少有50年。造成如此之大的发展差距，原因是多方面的，但经济方面的原因总归是基本的。

19世纪，西欧强大，东亚贫弱。从实业的角度看，差距在于工业，而不在于农业。所以，东亚国家要赶上西欧国家，必须实现工业化，也就是实现从农业国向工业国的转变：大量的农业人口转入非农产业，大批的农村变为城市。考察中日两国的工业化进程，会给研究者留下一个非常清晰的印象，即日本政府是千方百计地投资于传统农村和农业，促进其实现工业化；而中国政府是想办法从农业和农村中积累资金，用于提高城市的工业化水平，特别是苏联模式的计划经济体制导入中国后，对农村的经济剥夺采用了行政性的强制手段。两种工业化模式的结果前面已经阐述过了。

令人遗憾的是，至今仍然有许多的中国经济学家认为：日本政府能够大规模向农村投资，是由于日本政府财力雄厚，如果中国也像日本那样向农村投资，就等于让少数城里人养活多数农村人，养活不起。把这个意思用时下中国官员和学者常讲的一句话来说，中日两国农村发展政策的重大差别，“是由于国情不同”。但是，根据对20世纪日本农村和中国农村发展历程的研究，笔者认为，中日两国的国情如幅员大小和政体等方面确实有所差别，但相对于两国农村不同的发展结果而言，重要的不在于浮在表面的国情，而是隐藏在农村发展政策背后的经济思想。

20世纪中国的经济学家以及决策层的主流观点认为，工业化起步阶段，即传统农业向现代农业转变的阶段，政府往农村投资效益很差，因而是不可能的。对于这个认识，中国政治上的重大变故所发生的影响是很小的。

日本同中国恰好相反。在19世纪末工业化进程开始时，日本学者就明确认识到了发展农业和农村经济的重要性。

更应该令中国学者深思的是，日本人的这种认识，是基于对中国古代千年一贯制的经济思想——强本抑末理念的积极扬弃。1899年，日本近代大学者新渡户稻造出版了《农业本论》一书，这本书奠定了他成为战后日本五千元纸币票面人物的农本主义思想家地位。

1936年，被熊彼特誉为“杰出经济学家”的东畑精一又出版了《日本农业的展开过程》一书，使日本的小农理论①臻于完善。该书以熊彼特的创新理论为依据，论证了小农体制下的日本传统农业要发展到现代农业，政府必须承担起“企业者”的主要责任（农产品加工商人和流通商人也是推动农业现代化的“企业者”，但与政府相比处于次要地位）的科学性，从而为政府向农业和农村大规模投资（发放农业补助金和政策性融资）提供了科学依据。读者结合日本20世纪的历史脉络，分析“1900—1977年日本农业补助金一览表”（表3-1），就能够体会到日本农业政策的特点：政府向农业和农村投资的大幅度增加，基本

① 日本的小农理论最早是由东（畑）精一的老师、被日本学术界称为农本主义急先锋的原东京大学教授横井时敬于1925年完整提出的，其核心理念是：日本在发展商品经济的过程中，必须继续坚持自耕农体制（即小农户经营体制），发展农村的合作经济组织，政府要对农业与农村经济发展给予政策支持。东（火田）精一将现代经济理论（首先是熊彼特的经济理论）运用于对横井时敬小农理论的科学阐述，成为日本小农理论的集大成者。

上是与对付危机或起动经济联系在一起的。比如，第一次世界大战以后，人祸（1918年的米骚动）天灾（1923年毁灭东京的关东大地震），更有外贸出口严重缩减的打击，使日本的国民经济在20世纪20年代中后期走到崩溃边缘，甚至出现了兵变的苗头。在这样的历史时刻，是农本主义指导政府大规模向农村投资，1933年与1931年相比，农业补助金从22498千日元猛增到59303千日元；又比如，1939—1941年，正是日本在中国发动侵略战争的激战阶段，农业补助金从92270千日元猛增到200589千日元；再比如，1951—1953年，是日本战后进入经济起飞阶段的发动时期，农业补助金从74922百万日元猛增到158179百万日元。到1973年，日本农民的收入水平就赶上并略微超过了城市蓝领阶层，不仅农村实现了全面的现代化，整个日本也实现了赶超西方发达国家的梦想，成为仅次于美国的世界第二经济大国。

日本1900—1977年农业补助金一览表　　表3-1

年份	农业关系预算（A）（千日元）	农业补助金（B）（千日元）	B/A	按不变价计算（千日元）
1900	1221	191	15.6	391
1911	2490	947	38.0	1552
1915	2096	922	44.0	1475
1920	6738	2480	36.8	1478
1925	20301	8023	39.4	6148
1927	22788	14793	65.0	13460
1929	24499	14778	60.5	13747
1931	25764	16829	65.4	22498
1933	67556	56397	81.9	59303
1935	61357	46615	76.1	46896
1937	67710	44343	65.6	35249
1939	166422	135268	81.3	92270
1941	452051	352637	78.2	200589

续表

年份	农业关系预算（A）（千日元）	农业补助金（B）（千日元）	B/A	按不变价计算（千日元）
1949	33067	15747	47.7	75416
1951	58993	25661	43.6	74922
1953	124224	55616	44.7	158179
1955	88721	38976	43.9	113632
1957	103408	36401	35.2	89701
1959	92692	45280	48.9	130003
1961	188515	59022	31.3	165931
1962	211163	72644	34.4	207554
1964	299756	98048	32.7	274875
1966	488729	166002	34.0	451092
1968	607875	208246	34.3	550915
1970	885059	366878	41.4	917195
1972	1216707	701380	57.6	1753450
1974	2008776	825632	41.1	1356385
1976	2099214	956546	45.5	1446026
1977	2321284	1241949	53.5	—

资料来源：原东京大学教授今村奈良臣《补助金与农业·农村》（日文）第76页。该书由日本家之光协会1978年（昭和53年）12月20日出版发行。

对于日本的农村发展政策，笔者的解释是：政府对农村的大规模投资，不是因为财力雄厚，而是为了财力和综合国力的增强。正如日本著名的农业经济学家今村奈良臣所说，日本政府用很少的补助金就起到了开拓农村工业品市场，增加农民收入，扶持农民合作经济组织，改变农村落后面貌的巨大作用①。日本政府有能力在实现工业化过程中大规模向农村投资，除了农本主义的国家意识形态发挥了指导作用之外，如下两点经济原因也是不可忽视的。一是作为工业化具体表征的各种民用工业（包括大部分军事工业）的生产能力是很容易形成

① 今村奈良臣，《补助金与农业·农村》，家之光协会（日本），1978 年。

的，困难的是为这些工业找到市场；二是在社会分工基础上建立起来的国民经济部门之间是互为市场的，任何一个部门的发展滞后，都会影响到其他部门的市场规模。

这些道理说起来未必有人反对，但结合我国工业化过程中如何具体地处理城乡之间与工农之间的关系，经济学家们就未必都清楚了。目前，很多中国经济学家想当然地认为，日本国民经济对外贸的依赖程度会高于中国[①]，而实际情况却不是这样。事实是，20世纪50年代以来，日本的GTP对出口的依存度在绝大多数年份都低于15%，通常是13%左右。相反，中国作为一个大国，自20世纪80年代末期以来，同一指标却长期高达20%以上。足见与农村投资密切相关的农村市场对整个国民经济的影响力。20世纪90年代以来，中国的学术界与决策层已经越来越感到了农村市场规模太小对于经济发展的制约作用，只是时至今日，还没有看到大规模启动农村市场的有效政策措施。

二、凯恩斯学派与供给学派的契合：农本思想孕育出一个新的经济学命题

那么，如何从经济原理的层次上解释中日两国农村发展不同结果之原因呢？今村奈良臣教授认为，日本的农业补助金政策是没有凯恩斯理论的凯恩斯政策。确实，凯恩斯的《就业利息和货币通论》一书是1936年发表的。而日本的农业补助金政策体系在20世纪20年代后期就已经基本上形成了，作为这一政策体系长期理论支柱的《日本农业的展开过程》一书，与凯恩斯的《就业利息和货币通论》同年出版，二者之间也没有什么联系。有趣的是，如果把农本主义和东畑精一

① 我曾经就此问题询问过几位从事经济学教学但没有专门研究过日本经济的朋友，他们的回答差不多都是如此。

的理论存而不论，单纯从现象上考察日本政府主导下的农村现代化过程（也包括韩国和我国台湾的同一过程），就好像是在原原本本地实践着凯恩斯理论所主张的以“需求管理”为核心内容的宏观经济政策。因为不论是日本陷入经济危机，还是战争时期或是起动经济，第一次世界大战之后日本经济增长的瓶颈都是对民用工业的有效需求不足。政府向农村和农业的大规模投资，扩大了农村对非农产业的有效需求。

但是，值得经济学家们深深玩味的是，与凯恩斯理论相比，日本的农本主义治国理念是先行确立的，而且是以比一般的经济理论更具权威性的国家意识形态的面目出现。日本政府在20世纪20年代中后期开始大规模向农村投放农业补助金时，也是打着“救农”的旗号，其直接目的也不仅仅限于农村经济的发展，还有保持传统文化等非经济因素的考量。

日本的农本主义继承中国古代的农本思想。这一思想源于春秋战国时代，成为中国古代统治者的基本治国理念则始于商鞅变法。就其经济学含义而言，农本思想把农业看成主要的物质财富生产部门，鼓励勤勉生产，反对奢侈消费——欧洲的重农主义经济思想也是以中国的农本思想为直接来源的。中国从秦汉至明清，历朝历代追求的治国目标，都是老百姓丰衣足食，安居乐业，也就是农产品及手工业品的充足供给。从思想脉络上看，农本思想主张通过发展生产解决国计民生，因而更贴近供给学派的经济思想，同凯恩斯的“需求能够创造供给”的思想没有任何共同之处。然而，在日本从传统农业社会转变为现代工业化社会的过程中，强调生产的东亚古代经济思想却与凯恩斯的经济理论熔为一炉。对于日本农业的发展成就，1979年诺贝尔经济学奖得主舒尔茨称赞道：“谈到经济增长中的农业增长以及这部分增长如何能达到最优，尤其是在以亚洲为背景的条件下，我必须承认一个长期存在的观点，即在这一点上，日本成功的经验（还有韩国）能够给我们比我们能从美国经济史中学到的更多的东西。”①

那么，“日本（农业与农村发展）成功的经验”到底让我们学到了什么呢?

日本的农村发展理论认识到，在传统的农村，“单纯的业主”②即传统的小农户没有创新能力，对现代工业也就没有需求。政府必须以创新者（日本学者称其为企业家）的身份推动农户走上现代化的发展道路，推动的具体手段主要是向农村投资即发放补助金。政府投入到农村的资金，扩大的不是传统产业部门，而是在促成传统农业向现代农业转变的过程中形成对现代工业部门的需求。现代工业部门以其强大的供给能力满足农村的现代化需求，而传统农村则以现代工业为支撑，形成并逐步扩大与现代工业相适应的现代农业供给能力。到1930年代初的世界性经济危机结束时，日本农村的农田、水利、道路、山川，基本上整治了一遍，农业科学技术的应用取代了“笃农家”——老农的传统经验，与商品经济相适应的农业生产与流通体系建立起来，农村的产出能力大大地提高了。

以普适性更强的宏观经济理论考察日本政府主导下的农村发展经验，我认为，它揭示了政府干预经济的基本准则：在能够形成有效供给的部门扩大有效需求。也就是说，在东方古老的文化背景下，西方经济学中看上去根本对立的两大学派，即供给学派和凯恩斯学派找到了契合点。

① 舒尔茨：《经济增长与农业》，北京经济学院出版社1991年版，第286页。

② 东畑精一在《日本农业的展开过程》第一章中对日本农户性质的基本界定。

三、新命题的反证：不问“就业者工作之方向”的“需求管理”导致滞胀

“在能够形成有效供给的部门扩大有效需求”作为一个经济学命题能否成立？下面，让我们离开中日两国的农业发展情况，从原理层面进行论证。

“供给会自己创造自己的需求”，这就是著名的萨伊定律。凯恩斯指出，这个定律的缺陷，是把“总供给价格”与“总需求价格”相等的“特殊假定”经常化了。凯恩斯对于萨伊定律的批判是正确的，因为以商品过剩为基本特征的经济危机一次又一次地证明，萨伊的看法过于天真了。凯恩斯认为，在市场经济条件下，从长期来看，资本稀缺的理由并不存在，即供给方面不成问题。“财富之生长不仅不系乎富人之节约（像普通人所想象那样），反之，恐反遭此种节约之阻挠。”[①]正是基于资本主义经济的最大难题是有效需求不足，凯恩斯才为经济过剩顽症开出了“需求管理”的药方，即政府通过财政政策和货币政策扩大社会总需求，使之与充分就业水平上的社会总供给接近或相等。但第二次世界大战之后的世界经济发展史证明，凯恩斯的这个药方，有点像在中国的感冒药品市场上“火爆”了好几年的“康泰克”，高效却有害。凯恩斯药方中的有害因素表现为导致滞胀。大量失业人口与通货膨胀并存的现象，使凯恩斯的理论先后受到了供应学派、货币学派、理性预期学派的批判。出来为凯恩斯收拾局面的，是以萨缪尔森为代表的新古典综合派和新剑桥学派。这些理论虽然都在一定程度上弥补了凯恩斯理论的缺陷，但是，由于凯恩斯指定的“需求管理”这味主药还在继续使用，所以滞胀的弊病并没有消除。但是，那些批判凯恩斯理论的所谓新的经济学理论，也取代不了凯恩斯经济学的主流

① 凯恩斯：《就业利息和货币通论》，商务印书馆 1997 年版，第 322 页。

地位，这又是凯恩斯理论比“康泰克”幸运之处。

那么，按照凯恩斯理论进行宏观调控，为什么必然地发生滞胀现象呢？实际上，任何伟大理论的缺陷，都存在于这个理论本身，只是理论家本人和理论的学习者没有发现罢了。凯恩斯也是伟大的，但他忽视了供给——准确地说是忽视了供给的方向。凯恩斯认为，“现行制度之缺点，不在实际就业者工作之方向，而在实际就业之数量”[①]。在凯恩斯看来，在资本主义经济（市场经济）中，供给总是充足的。但他忽视了对于“供给什么”的价值判断。根据他药方中的“需求管理”而扩大的需求，并非都是“有效”需求，用“泥沙俱下”和“鱼龙混杂”来形容是再恰当不过了。比如，他对因富人的奢侈性消费而扩大的需求也持肯定性态度，不但是东亚各国长期秉持的农本思想所不能接受的，就是他为其谋求就业机会的资本主义各国失业者也不会乐见吧。

凯恩斯忽视供给的方向，在很大程度是由于他对自己的学问过于自负。他藐视马克思，称马克思是“不入流”的学者；他也瞧不上马歇尔，埋怨马歇尔“对于有效需求，竟只字未提”[②]。然而，正是马克思和马歇尔的理论，为我们从“需求管理”的药方中剔除致害因素提供了思维工具。

马克思对于经济学的伟大贡献之一，是他从扩大再生产中寻找资本主义经济产生危机的根源，这个动态的思考方法要比静态的思考方法更具有科学性。高鸿业教授在评价萨缪尔森的经济学时指出：他们“都是从简单商品流通出发来研究资本主义宏观经济运行的”。但是，“宏观经济的运行不可能是简单商品流通的过程（W－G－W），而必须是G－W－G′。而且，G到G′的变化不仅是个流通问题，它首先是在生

① 凯恩斯：《就业利息和货币通论》，商务印书馆 1997 年版，第 227 页。

② 凯恩斯：《就业利息和货币通论》，商务印书馆 1997 年版，第 31 页。

产过程中生产的”[①]。根据马克思的分析，资本主义经济危机是在W－G′这个环节上发生的。凯恩斯正是忽视了这个环节发生危机的可能性和现实性。凯恩斯曾经指出，萨伊的错误在于把总需求价格与总供给价格相等的“特殊假定”普遍化了，但他没有警惕和反思自己是否也会犯类似的思想方法上的错误。在凯恩斯的理论中，有效需求反映的是这样一种需求水平，即：总需求价格和总供给价格相等时的社会需求总量。在凯恩斯这样定义有效需求这个核心概念时，他也有一个“特殊假定”，即：只要当期实现了社会总产品的总需求价格和总供给价格相等，那么，继期的社会总产品就一定会全部为社会所需要，或者至少是通过“需求管理”能够使社会总产品全部为社会所需要，并再一次实现社会总产品的总需求价格和总供给价格相等，而不论就业者（在“工作之方向”上）提供了什么样的产品。但是，显然，这个“特殊假定”只是假定，并不是真实的宏观经济运行过程。当“需求管理”对“就业者工作之方向”采取不管不问的放任态度时，社会不必要的产品——过剩产品就会被生产出来，如果不是这样，凯恩斯就真的有充分理由把马克思抛进“不入流”的学者之列了。可惜，凯恩斯在他那个年代可以如此自负，那不过是由于他盲目加入药方中的致害因素还没有发作罢了。他的衣钵继承者萨缪尔森就没有了他那样的自负本钱，还得恭敬地称马克思为“改造了经济学”的“思想巨匠”。

本来，凯恩斯在马歇尔的经典经济学之后能够从总量上分析资本主义经济危机，并开出了政府通过财政政策和货币政策干预经济的“需求管理”药方，这至少在形式上比以往任何一位经济学家都更接近马

---

① 参见萨缪尔森：《经济学》，中国发展出版社 1992 年版，译者序第 16~17 页。其中，W 代表商品，G 代表货币，G′ 代表含有利润的货币，马克思在《资本论》中就是这样规定的。

克思对资本主义经济无政府状态的批判，但是，他却在“就业者工作之方向”上同马克思彻底地分道扬镳了。也许是凯恩斯存有这样的疑虑：如果政府在进行宏观调控时，连“就业者工作之方向”也纳入“需求管理”的范围，资本主义经济就会同斯大林领导下的僵死的苏联经济没有什么区别了。但真实情形到底怎样，大概要由经济学说史专家来回答了。不论凯恩斯是怎么想的，在他的理论指导下的宏观调控放弃了对供给——“就业者工作”之“方向”的管理，总归是事实，他的继承者和批判者们也都没有要求对这个“方向”进行“管理”。正因为如此，他没有料到却让后凯恩斯主义者大为苦恼的滞胀问题发生了：当期扩大有效需求造成的充分就业，使继期的供给必然地扩大了，但继期的有效需求并不能必然地同比例扩大。于是，社会总产品中的一部分产品过剩必然地发生了，生产过剩产品的那部分工人重新失业，经济增长停滞了；但是，因扩大有效需求而投入的货币却没有退出流通，继续以等价物的本性表现为社会需求，于是，通货膨胀便发生了。当不顾供给——“就业者工作之方向”的有效需求继续因政府干预经济而扩大时，滞胀便愈加严重起来。

关于上述道理，我们用从瓦尔拉均衡到非瓦尔拉均衡的一般形式进行一下讨论就更清楚了。[①]

假定市场分为两类，即商品市场（C）和劳工市场（L），并以d表示需求，以s表示供给。

瓦尔拉均衡比较完美地展现了萨伊定律的内容。其形式是

$$\text{I}\begin{cases}C^{d}=C^{s}\\L^{d}=L^{s}\end{cases}$$

---

① 参见厉以宁《宏观经济学的产生和发展》（湖南出版社 1997 年版）第八章第一节的内容。

但凯恩斯已经证明，瓦尔拉均衡只是个特殊的假定，并不反映一般的供求关系。真实的市场供求关系或者说常态是非瓦尔拉均衡，其形式是

$$\text{II}\begin{cases} C^{d} < C^{s} \\ L^{d} < L^{s} \end{cases} \qquad \text{或者} \qquad \begin{cases} C^{d} > C^{s} \\ L^{d} > L^{s} \end{cases}$$

根据凯恩斯的非均衡分析，靠市场机制的自发调节不可能解决失业问题，必须通过政府的宏观调控增加有效需求，才能使商品市场上供给与需求趋于相等，并使劳工市场上也出现同样的结果。这样

$$\text{III}\begin{cases} C^{d}\uparrow < C^{s} \rightarrow C^{d} = C^{s} \\ L^{d}\uparrow < L^{s} \rightarrow L^{d} = L^{s} \end{cases}$$

Ⅲ式中的“↑”表示政府以扩大有效需求为目标的宏观调控，“→”表示宏观调控的结果。显然，Ⅲ式中“→”右边的部分与Ⅰ式是完全一样的，都是反映了交易人在交易后形成的供求关系。也就是说，凯恩斯的非均衡分析在结果上又回到了瓦尔拉均衡。但大家知道，凯恩斯是在批判萨伊定律的基础上建立自己的理论体系的。所以，如果经济学家不能使凯恩斯的非均衡分析在结果上超出瓦尔拉均衡，萨伊时代的经济过剩危机，就只能在凯恩斯时代以滞胀的形式表现出来：“↑”给国民经济系统带去了大量货币，但均衡还是要回到“小于充分就业”状态下才能实现。因此我认为，凯恩斯主张在主观目的性明确的“需求管理”中对“就业者工作之方向”采取“放弃管理”的态度，就如同一个微观层次的企业对销售管理慎之又慎，却对生产管理粗枝大叶一样。

既然我们发现了凯恩斯“药方”中的致害因素，“药方”的重组就有了先决条件。接下来经济学的研究任务是如何重组“药方”。同任何发明创造都是对现有资源的巧妙利用一样，让凯恩斯的“需求管

理”“药方”中包含“供给管理”的功效，也离不开对现有经济学资源的充分利用。

马歇尔的边际效用学说是经济学分析工具的一场伟大革命。这个学说使人们对“经济”这个最一般的经济学范畴有了比以往更本质且更形象的理解：同样一定量的产品或货币收入，分配给不同的收入阶层或用在不同的用途上，效用是不一样的。正是这样一个思想，为政府提高宏观调控效率提供了新的思路——虽然马歇尔不同意政府干预经济，但这不要紧，正如一把刀，使用者是用它砍柴还是切肉，刀的制造者是无意干预的，只管用好了。

凯恩斯主张的“需求管理”，必然对财富的创造和分配产生双重的影响。那么，政府如何在“需求管理”的过程中，实现财富的创造和分配效用最大化呢？这大概是宏观经济学永远也做不完的课题，本书也无法给出永远适用的答案。这里只是进行以下方向性探索。

（1）不同经济部门（产业）的供求均衡。凯恩斯宏观经济政策最早发挥作用的领域是公有经济部门。所谓公有经济部门，在本来意义上不应是政府垄断的部门，而是私人经济因无法赚取利润而留下来的财富创造领域。政府的“需求管理”之所以首先干预这个部门，从供给的角度看，正是由于这个领域与竞争性很强的民用工业及服务业部门相比，长期处于供给短缺状态。凯恩斯的宏观经济政策之所以早期比较灵验，基本原因在于这个领域需要大批量增加供给，以改变工业革命以来几百年造成的结构性失衡。如果以“经验主义”的态度对待凯恩斯的经济思想和评价早期的“需求管理”，就很容易把扩大公共工程投资当作“需求管理”的唯一部门。20世纪70年代以来滞胀现象造成的困扰，与公有经济部门在几十年的建设中达到供给饱和有直接关系。比如，将人稀车少地区的二级公路改造成高速公路，就不是增加有效供给，而是在浪费资源。所以，对于握有管理“普天之下”权力的政府来说，“需求管理”不应该局限于公有经济部门之内，其本质要求在于调节不同部门的供求关系，使之逼近协调发展的均衡状态。虽然把政府的资金用于私人经济部门有公钱私用之嫌，但并非是通过“管理”无法解决的难题。比如，政府把高速公路的经营权出售给私人部门，就是解决问题的有效途径。

（2）经济社会的公平合理。凯恩斯看到：“我们生存其中的经济社会，其显著缺点，乃在不能提供充分就业，以及财富与所得之分配有欠公平合理。”[①]“公平合理”是个模糊概念，难以准确把握。但也并非不能把握。比如，简单劳动者的就业选择范围要比复杂劳动者窄得多，因此，政府为这部分人创造就业机会就是比较公平的；又比如，由于增加就业而增加的收入越是用于满足马斯洛需求层次论中的低层次需求，就说明这部分收入的边际效用越大。也就是说，政府的“需求管理”应尽可能为简单劳动者提供创造财富的就业机会和获得财富的机会。这样对于整个社会来说，即是资源的高效率配置，也是财富的公平分配。从资源配置（效率）的角度看，全社会的劳动力资源及其他资源得到了充分利用；从公平的角度看，低收入群体扩大了消费需求，也为高收入群体在更高水平上获得收入创造了市场。

（3）为社会可持续发展奠定基础。工业革命以来的环境污染、贫富差别，从一方面看是企业和个人盲目追求利润的结果，从另一方面看，也是各国政府放弃“管理”的结果。能够为社会可持续发展负责的只有政府。从世界各国的发展经验看，对于可持续发展而言，最重要的基础是人力资源的培养。中国历史上早有“十年树木，百年树人”

① 凯恩斯：《就业利息和货币通论》，商务印书馆 1997 年版，第 322 页。

的说法。所以，“需求管理”作为政府行为，必须为人力资源的培养负起责任。这不仅要求政府为教育投资，还体现在全方位地为人力资源的培养创造条件。比如，“需求管理”为低收入阶层就业状况的改善和收入水平的提高创造了条件，也就是为居民家庭形成教育需求创造条件。此外，教育结构的改善状况也基本上是由政府行为决定的。

四、案例与结论给中国经济学家提出的新课题

如果日本的案例是真实的，形成的结论是科学的，那么，面对中国农业与农村的长期且普遍的落后状况，下面的课题就亟待中国的经济学家进行研究。

（1）凯恩斯主张“需求管理”的前提是，从长期来看，资本稀缺的理由并不存在，即供给方面并不存在政府干预经济的资源有限障碍。既然如此，中国学术界和决策层长期以来以政府财力有限为由，拒绝向农村大规模投资，是否明智？换言之，凯恩斯主张“需求管理”的前提对于中国农村经济发展而言是否成立？

（2）从均衡概念出发，中国目前最短缺的经济部门是什么？把农村公共产品部门（即通常所说的农村基础设施建设）视为最短缺的经济部门能否成立？如果不能成立，理由是什么？如果能够成立，政府通过“需求管理”向这个部门配置资源形成的供给是否是效用最大的？

（3）库兹涅茨在研究发展中国家的经济增长时，利用经验数据证明了这些国家在实现工业化的过程中都有一个居民之间收入差距拉大的发展阶段，唯有韩国和我国的台湾是个“例外”。如果笔者的立论是正确的，舒尔茨对日本农业发展经验的评价是可信的，那么，以日本的农村发展经验为蓝本的韩国和我国台湾，能够在第二次世界大战之后迅速改变传统农村的落后面貌，成为世界瞩目的新兴工业化国家和

地区，中国的经济学家对此应如何评价？中国的经济学家是像库兹涅茨一样，将具有相同历史文化背景的韩国和本来就是中国的一部分的台湾的发展经验视为“例外”好呢，还是将其视为“范例”更合适？更进一步说，中国在2001—2030年的发展中，能否取得可与1951—1980年的韩国和我国台湾相提并论的发展成就，即把传统农村改造成现代农村，实现工农业之间、城乡之间的均衡发展？

显然，读者对于如何回答上述问题已经了然于心。这里提出这些问题，是希望经济学界同仁能够对一些已经成为定见的结论重新进行研究，为中国传统农业与农村的改造开辟出新的思想天地。

以上是提交给第二届中国经济学年会论文的基本内容。本书需要补充一点。2006年农村税费改革以来，由于党中央实行“多予、少取、放活”的方针，中央财政的涉农支出幅度增加，2017年超过18000亿元，加上地方财政涉农支出，全国的涉农财政支出估计不会少于25000亿元，但使用效果很差。金融渠道向农村尤其是农户经济部门供给的资金仍然是严重不足，而且同样面临着效果不佳问题。这两个问题是留待第四章进行讨论。

第四章

农民组织起来　积累乡村资本

实施乡村振兴战略，建立城乡融合发展的体制机制和政策体系，不仅是理论问题，更是实践问题，而且，关键是在实践上可行、有效。就像当年打土豪分田地那样，在党的领导下，农民组织起来自己干，干了就能够得到看得见摸得着的实惠，让农民兄弟感到，他们的根本利益诉求能够得到最大限度的满足。

基于这样的考虑，本书在第二章提出了乡村资本概念，把城乡融合发展的体制机制具体化了，第三章则是为形成乡村资本准备了“人”和“钱”。那么，在第一章阐释的农业经济学基本原理基础上，把土地、农民、资金等要素组合起来，形成乡村资本，就是这一章的内容。

第一节　整治村庄农田，推动自然资本增值，落实“两山”思想

2018年全国两会期间，习近平总书记到山东省人大代表团参加审议政府工作报告的讨论。他提出，实施乡村振兴战略，农村要有五个振兴，即产业振兴、人才振兴、文化振兴、生态振兴、组织振兴。这五个方面的振兴，与党的十九大报告提出的乡村振兴总体要求——产业兴旺、生态宜居、乡风文明、治理有效、生活富裕——是完全吻合的。

面对乡村振兴总体要求，尤其是产业兴旺这一条，一些地方的党委政府和职能部门就动员农民种这个、养那个，或者招商引资，这里搞个特色小镇，那里办个企业，以为这样就算产业振兴了。结果折腾一年甚至几年，政府投了不少钱，农民却没有挣到钱，辛辛苦苦的基层干部落下了埋怨，甚至留下一堆烂摊子。

这个现象一再重复，但不难理解。现阶段农村总体上落后于城镇是确定的，但早在20年前，就已经不像40年前那样，农产品供应短缺是农村的主要问题。农产品短缺现象已经成为历史，再简单地鼓励农民增加农产品生产，陷入谷贱伤农的窘境是大概率事件。运用第一章讲到的农业经济学常识，考察一下农产品市场，这个道理是很明白的。当然，这绝对不是说乡村振兴不要搞农产品生产，而是说，要避免农产品过剩给农民造成伤害，提高资源配置效率，让乡村产业振兴建立在扎扎实实的基础上，让农民得到实实在在的利益。

这就涉及了乡村产业振兴从哪里起步的现实问题。要得到科学的答案，必须认真学习领会习近平的“两山”思想及“自然资本”理念，并落到实处，让乡村产业振兴即经济发展建立在更高更坚固的平台上。

一、习近平的“两山”思想和自然资本增值理念及浙江实践

习近平非常重视从中华民族五千年文明史中汲取养料，用来丰富新时代中国特色社会主义思想。党的十九大报告阐释的一个重要思想是“坚持人与自然和谐共生”。这可谓是中国古代天人合一宇宙观的现代版。

人与自然和谐共生，并不是主张人在自然面前消极地无所作为，而是尊重自然规律，实现人类的更好发展。在党的十九大报告的基础上，习近平总书记在2017年12月28日召开的中央农村工作会议上发表重要讲话，对于如何在乡村振兴中坚持人与自然和谐共生，进行了更深刻更全面的阐述。他指出：“良好生态环境是农村最大优势和宝贵财富。要守住生态保护红线，推动乡村自然资本加快增值，让良好生态成为乡村振兴的支撑点。”习近平说：“农村生态环境好了，土地上就会长出金元宝来，生态就会变成摇钱树，田园风光、湖光山色、秀美

乡村就可以变成聚宝盆，生态农业、养生养老、森林康养、乡村旅游就会红火起来。”

自然资本（Nature Capital，NC）是指能从中导出有利于生计的资源流和服务的自然资源存量（如土地和水）和环境服务（如水循环）。自然资本不仅包括为人类所利用的资源，如水资源、矿物、木材等，还包括森林、草原、沼泽等生态系统及生物多样性。

习近平要求推动自然资本增值，大大拓展了中国特色社会主义理论的视野，对于实施乡村振兴战略尤其重要。这一理念能够让人们清楚地知道，乡村在现代化进程中的优势在哪里和短板在哪里。优势就是，乡村相对于城市而言，自然资源丰富种类多样，短板就是自然资源的“资本”潜力没有被认识更没有被充分利用。

习近平重视自然资本增值不是偶然的，而是经历了长期的理论与实践积累过程。习近平在浙江工作期间，2005年8月15日到安吉县余村考察时，首次阐发了“绿水青山就是金山银山”重要思想。绿水青山正是广义上的土地资源，金山银山是说土地资源可以带来巨大的经济收益，从而具备了资本的属性。

以“两山”思想指导乡村振兴，前提和基础是要有绿水青山，也就是强调保护生态环境就是保护生产力，改善生态环境就是发展生产力。习近平说过：“山水林田湖草是一个生命共同体，人的命脉在田，田的命脉在水，水的命脉在山，山的命脉在土，土的命脉在树。”“在人与自然发生关系的过程中，人类的行为方式必须符合自然规律。归根结底，人类本身是自然的一部分。”无论是农业社会，还是工业社会，良好的生态环境都是社会生产力发展的基本要素。“两山”思想没有孤立地、静止地、消极地看待人类与自然的关系，而是把生态环境与社会生产力理解为一个总体，将二者有机地统一起来，由过度开发转向适度发展，使马克思主义生产力基本原理的内涵得到丰富和提升。

"两山"思想的提出有很强的针对性。多年来，不论是在经济理论上，还是从国民经济核算上，都没有对自然资本价值给予足够的重视，导致包括政府在内的各类经济运行主体，有意或无意地加大了对自然资源的消耗强度，损害了自然资本的可持续发展能力。用通俗的话说，就是"吃祖宗的饭，造子孙的孽"。这一现象反映到农村的资源状况上就是，森林破坏了，水体污染了，土地板结了，农村的产出越来越依赖外部物质与能量的投入，农业与农村的生态环境整体恶化，本来拥有的生态环境优势不断丧失。

人类也是大自然的一个组成部分。落实"两山"思想，要求人类顺应自然规律和人类需求，积极推动自然资本增值。2003年，习近平到浙江担任省委书记不久，就针对农村生产生活环境脏乱差现象，亲自谋划部署了浙江全省范围内的"千村示范、万村整治"工程，具体内容是，花5年时间，从全省4万个村庄中选择1万个左右的行政村进行全面整治，把其中1000个左右的中心村建成全面小康示范村。

浙江省的"千村示范、万村整治"工程经历了三个阶段：2003—2007年"示范引领"，1万多个建制村率先推进农村道路硬化、垃圾收集、卫生改厕、河沟清淤、村庄绿化；2008—2012年"整体推进"，主抓生活污水、畜禽粪便、化肥农药等面源污染整治和农房改造建设；2013年以来"深化提升"，启动农村生活污水治理攻坚、农村生活垃圾分类处理试点、历史文化村落保护利用工作，美丽乡村创建全面铺开。

截至2017年底，浙江省累计有2.7万个建制村完成村庄整治建设，占全省建制村总数的97%；74%的农户厕所污水、厨房污水、洗涤污水得到有效治理；生活垃圾集中收集、有效处理的建制村全覆盖，41%的建制村实施生活垃圾分类处理。

浙江省实施“千村示范、万村整治”工程十几年，注重把环境整治和农民增收结合起来。高污染的小作坊通过转型升级，搬迁到工业园区。许多农村开辟了绿色农产品经营、手工艺品等绿色产业，并借助互联网电商平台销售。同时注重培育农家乐休闲旅游点，把农村的生态环境转化成旅游资源。2003年浙江省农民人均纯收入仅为5431元，2017年浙江农村常住居民人均可支配收入24956元，位居全国各省（区）第一，平均每年增速达到11.5%，也同样位居全国前列。正因为坚持不懈实施“千村示范万村整治”工程，浙江省农村面貌焕然一新。2018年9月26日，浙江省荣获了联合国“地球卫士奖”中的“激励与行动奖”。如今的吉安县乡村与欧洲的乡村相比毫不逊色。

“千村示范、万村整治”工程还只是治理农村环境初级阶段。在重视改变农村生活环境的基础上，习近平对乡村面貌有更高的要求。他在2017年中央农村工作会议讲话中勾勒的中国农村图景是“现代版的‘富春山居图’”。富春山居图是元代画家黄公望的传世名画，描绘了浙江富春江两岸初秋的秀丽景色，峰峦叠翠，松石挺秀，云山烟树，沙汀村舍，浩渺连绵，变幻无穷，美不胜收。中国的乡村曾经就是这样，让离乡的游子心头萦绕着乡愁。人气寓于山水之间，天人合一。这才是乡村建设的最高境界，是西方工业文明塑造的现代城市无法企及的。

二、农村土地综合整治：不会过剩的乡村供给

从学理上看，浙江省的“千村示范、万村整治”工程，可归类到“土地综合整治”范畴中去，因为是在农村进行的，可称作农村土地综合整治。

所谓土地综合整治，是低效土地整理、损毁土地复垦、未利用土

地开发、退化污染土地修复的统称。土地综合整治的目标是，解决耕地保护碎片化、建设用地无序化、生态系统退化等问题。通过土地综合整治，调整优化空间格局，提高资源利用效率，改善生态环境质量，提升国土空间品质。

从历史的角度看，农田、村庄、工业园区、城市，都是前人进行土地整治的结果。所以，土地整治一直都是存在的，比如农村改革前进行过全国范围内的大规模农田水利建设，都可以归纳到土地整治范畴之内。但是，以现代土地综合整治的理念评价过去的土地整治，总体上缺乏系统性和综合性，零打碎敲的比较多。2008年召开的党的十七届三中全会，首次把土地整治作为建设社会主义新农村的重要内容提出来了，不仅把土地综合整治提到了应有的位置，更突出了它的科学性。发达国家农村之所以令人赏心悦目，都是土地综合整治的结果。今后我国也应该借鉴他们的经验，在土地整治领域，要强调全地域、全要素、全过程、全方位的要求，突出综合性。

土地综合整治理念也贯穿在习近平的乡村振兴思想中。习近平在重视村庄建设的同时，也同样重视农田水利建设及农村全域整治。针对粮食生产尤其是玉米等主要粮食品种库存积压的现实，习近平在党的十八大以后提出了藏粮于地战略。他指出，“保障粮食安全，关键是要保粮食生产能力，确保需要时能产得出，供得上。这就要求我们守住耕地红线，把高标准农田建设好，把农田水利搞上去”。

我国大约有20.2亿亩农田，其中高产稳产农田不到1/3，而且，现有高产稳产农田的标准也不高；农村居民点270万个，村庄占地面积为2.87亿亩，农村人口人均居民点用地达到317平方米；全国林地总面积3亿多公顷，占国土面积的31.6%；草原总面积将近4亿公顷，占全国土地总面积的40%，为现有耕地面积的3倍。这些资源都要经过人类遵循自然规律进行适当的干预即整治，才能成为自然资本。但截至目前为止，按照现代化的发展目标经过很好整治比例还很小。

据西部某省级自然资源管理部门的领导向笔者介绍，辖区内乡村规划建设管理覆盖率很低，近80%的村庄没有村庄建设规划，农村居民点建设和布局处于自然无序发展状态，农村生活空间、生产空间 、生态空间杂乱无章，无法满足农民现代化生产、生活的实际需求。农村用地布局分散、粗放，超面积建房、建新不拆旧、一户多宅、空心村、沿路、临镇区、占耕地建房随意无序等现象大量存在，土地集约节约利用水平不高。村庄尚且如此，农村的山林、草地、河流、水面的管理就更是疏于整治与管理。

实施乡村振兴战略，根本目的是要解决农业农村发展滞后问题。所谓发展滞后，从市场配置资源的角度看，就是存在供给短缺的现象。那么，中国真正短缺的是什么，农业农村短缺的是什么？还是像40年前那样，缺少供应城乡市场的农产品吗？不是！

现阶段，中国特色社会主义进入新时代，真正短缺的，就是现代化的农业农村，或者说，农业农村向城市供应了经济发展必需的充足的农产品、劳动力等重要资源之后，自身的现代化水平仍然低下。按照马斯洛的需求层次理论，农产品的使用价值主要是满足人们最底层次也就是最基本的生理需求，起到了维持生命延续的作用，但满足不了以完善自我为目标的较高层次的发展需求和精神需求。习近平要求乡村能够让人“看得见山、望得见水、记得住乡愁”，成为现代的版富春山居图，就是要求农村具有满足人类全部需求的功能，不仅能够满足在乡农民的高层次需求，也能够让城镇居民在城市无法满足的需求得到弥补。

农村要成为现代版的富春山居图，具备自然资本不断增值的功能，满足城乡居民的高层次需求，就要进行农村土地综合整治。如同一个资本制企业，要正常运转起来，必须有现代的办公设施、生产设施、物流设施等等。

进行农村土地综合整治，首要的还是要把高产稳产农田建设好。我国黄河以南广大地区雨热同季，越往南水资源越丰富，能够种植两季甚至三季，最适合农业生产。如果能够在这类地区建设8亿亩旱涝保收高产稳产农田，以每亩年产量750公斤的保守算法测算，可生产6000亿公斤粮食，黄河以北地区再建设3亿~4亿亩种植一季的高产稳产农田，以年产量500公斤的保守算法测算，可生产1500亿~2000亿公斤粮食。这样，全国就具备了超过7000亿公斤的粮食生产能力，可确保在任何情况下，中国人的饭碗里装的都是中国农民生产的粮食。

习近平总书记多次指出，农业的主要矛盾已经由总量不足转变为结构性矛盾，突出表现为结构性供过于求和供给不足并存。基于这一基本判断，习近平要求，必须下决心对农业生产结构和生产力布局进行大的调整，尽快实现农业由总量扩张到质量提升的转变。他指出，走质量兴农之路，要突出农业绿色化、优质化、特色化、品牌化。要实现农村一二三产业融合发展。乡村不再是单一的从事农业的地方，还有重要的生态涵养功能，令人向往的休闲观光功能，独具魅力的文化体验功能。要落实这一要求，必须以村庄为中心，对山水林田湖草等全部土地资源进行综合整治。

进行村庄整治，关键是要搞出特色。习近平在2017年中央农村工作会议讲话中指出:“‘百里不同风，十里不同俗’。要注意地区特色，尊重文化差异，以多样化为美，把挖掘原生态村居风貌和引入现代元素结合起来。要引导规划、建筑、园林、景观、艺术设计、文化等方面的大师及其优秀团队下乡，发挥好能工巧匠的作用，把乡村规划建设水平提升上去。乡村振兴不要搞大拆大建，防止乡村景观城市化、西洋化，要多听农民呼声，多从农民角度思考。要突出村庄的生态涵养功能，保护好林草、溪流、山丘等生态细胞，打造各具特色的现代版'富春山居图'。"

显然，这样的乡村如同藏在博物馆里的真实富春山居图一样，永远不会过剩。不但在全局上不过剩，在微观层面也不会过剩，即相邻的两个村庄，一个村庄建设好了，不但不会排斥另一个村庄的建设，还会激发另一个村庄干部群众提升本村品质的愿望和干劲。让每一个村庄都成为花园，让每一所民宅都成为百年不落后的乡间别墅。有了这样的乡村，才能与城市相得益彰，融合发展。所以，农村土地综合整治本身就是高质量发展的实现形式。

农村土地综合整治，不仅有利于农业农村现代化，让农民分享更多发展成果，也是供给侧结构性改革的重要组成部分。

首先，"三去一降一补"（去产能、去库存、去杠杆、降成本、补短板）方针对农村仍然适用，即城市过剩的产能和库存如钢铁、水泥等建材产品是农村土地综合整治所必需的。大规模启动农村土地综合整治，可有效化解产能过剩和库存积压风险，直接降低了城市工业企业的经营成本，增加经营利润，有效地补齐农业农村发展滞后的短板。2018年中央经济工作会议部署了深化供给侧结构性改革，提出了"巩固、增强、提升、畅通"的八字方针，更增加了大规模启动农村土地综合整治的必要性和紧迫性。

其次，把农业农村发展滞后的短板变成潜力板，不仅可以有效对冲国民经济下行压力，还能够为确保新时代国民经济中高速增长提供强劲动力。上面已经给出数据，我国农村居民人均住宅占地高达317平方米，但居住生活环境却很差。经过重新规划整治后，保守估算，人均节约出不少于50平方米，恢复成耕地，用于城乡建设用地增减挂钩和农村扩大经营性建设用地，可以增加7000万亩的城乡建设用地，以每亩30万~50万元计价，总价值可达20万亿~35万亿元。建设高标准农田每亩投入1万元（我国目前每亩投入2000元左右就算高水平了，其实是太低。笔者了解到，2010年日本的农田整治项目每亩投入就超过了5万元人民币），每年扎扎实地建设1亿亩，增加超过100亿公斤的粮食生产能力，创造出1万亿元的增加值。全国有2.3亿农户，假设其中的1.5亿户进行住宅建造和内部装修，每户支出10万~20万元，总价值可达15万亿~30万亿元。仅这三项创造的增加值相加，最低限度可达到30万亿元。这些工程分10年完成，每年至少创造3万亿元增加值，将推动2018年的国民经济增长不低于3%。

最后，农村土地综合整治同城镇基础设施建设一样，是长期有效的经济增长推动力。土地综合整治即不是一蹴而就，也不是一劳永逸。随着经济增长和社会发展，人民群众会对美好生活不断提出新的需求，也就随之对土地综合整治提出新的要求。过去的经验数据和国外的经验表明，耕地每隔15年左右就要进行一轮整治，村庄的基础设施和面貌也要不断更新改造。

有人可能提出疑问，几十万亿元的农村建设资金从哪里来。这类疑问其实是小农经济时代和计划经济时期传统观念及狭隘经验的反映，是对货币、资本、市场缺乏深刻认识的结果。改革开放40年，城市经济飞速发展，房地产经济增长尤为迅猛，并不是因为有巨额资金摆在了开发商的面前，而是资本运作机制发生作用的结果。同样，当我们形成了乡村资本积累的体制机制以后，表现农民创造财富价值的货币就会源源不断地派生出来。后面我们将讨论这个问题。

三、农业农村现代化要传承农耕文明精髓

中国要实现现代化，是因为中国落后于西方发达国家。但中国追求现代化的根本目标是实现中国民族的伟大复兴，不是照抄照搬西方的现代化模式搞成西洋化。在中国农业农村现代化的历史进程更应当坚持这个原则。从历史大视野观察人类发展史，西方工业文明推动的农业农村现代化，不具有可持续发展能力，突出表现为土壤板结，地力下降，大量使用农用化学品，污染了生态环境，对人类的健康和可持续发展造成巨大威胁。

中国虽然自工业革命后开始落后于西方，但有两个史实却足以令中国人为中华文明感到骄傲和自豪，一是五千年中华文明从未中断，二是工业革命之前中华文明曾经领先世界一千多年。这两个史实也早就引起了其他国家有识之士的关注。但是，至今中国为什么能够做到这两点，中国学术界还没有给予系统的总结。

党的十八大以来，习近平在一系列讲话中多次提到，中国在改革开放中要继承和发扬中华民族优秀传统文化，他说："中国特色社会主义根植于中华文化沃土。"那么，中华文化的根基到底是什么样子，习近平也给出了具体答案。他在2017年中央农村工作会议讲话中指出："中华文明根植于农耕文明。"

对于文明和文化这两个基本概念，我们不能仅仅理解为诗词歌赋，道德风俗，历史地看，主要是指父传子承、代代沿袭的生产方式和生活方式。农耕文明正是一套独特的生产方式和生活方式。中华文明五千年绵延不绝，证明了农耕文明的强大生命力。农耕文明的载体就是农业农村。所以，中国的农业农村现代化，必须把农耕文明的优秀基因传承下来，使之造福于中华民族的子孙乃至全人类。

限于本书的性质和笔者的学识，不要说概括农耕文明的全部，就是说透一点也是不容易的。在习近平生态文明思想指导下，受现代版“富春山居图”愿景启发，着眼于消除“石油农业”弊端，讨论一下农耕文明创造的无垃圾社会传统的继承与创新问题。

由第一章的内容我们已经知道，农业是由人类与土壤、生物构成的物质和能量循环系统。人体活动的能量最终都来自于植物通过光合作用转化的太阳能。人体所需的营养，最终都来自于植物吸收转化土壤、水和空气中的物质。人类在野蛮时代与其他动物一样，以采集和渔猎的方式参与天然的物质能量循环，是真真切切的“命运天注定”。农业出现，标志着人类为了获取食物主动干预天然生态系统中的物质和能量循环，形成了一套人工生态系统。这套系统能够为人类提供多少食物，取决于人类在物质和能量循环的过程中截取了多少又还回了多少。

中华农耕文明与同时代的其他文明相比，伟大之处就在于，农业这套人工生态循环系统中的物质和能量循环不但不会减少，还会逐渐增多。表现在农业生产中，就是土地越耕作越肥沃，越来越适合植物生长。从现代生态文明的观点看，古代中华民族创造的农耕文明，是个无垃圾社会。这是新时代发展现代农业必须继承和发扬的精髓。

笔者1979年来北京求学之前有过20多年完整的农村生活体验。那时候拼命考大学离开家乡，就是因为落后贫穷。但几年前赴英国爱丁堡考察，其间一件趣事让笔者对家乡、对古老的中国有了全新的看法：在生态文明方面，她曾经先进到永远不落后的程度，居然千百年无垃圾。

趣事原委如下。陪同我们考察团的司机兼导游是一位当地老头儿，风趣健谈，常用出脑筋急转弯题目的方式介绍爱丁堡的掌故。其中有如下一道题目：几百年以前的爱丁堡，每天晚上七八点钟大街上一个人也没有，为什么？中央党校的教授们七嘴八舌，谁也给不出让自己信服的答案。大家一致请求老头儿教给我们一个新知识。老头儿边做泼水的姿势边说：在那两个小里时，住在楼上的人可以把厨房泔水和便溺物泼向大街，这时候有人走在街上被泼了满身脏水，只能认倒霉。老头儿总结到：别看爱丁堡现在是全世界最干净的地方，曾经可是最脏的地方。

这个故事像一把钥匙，打开了我重新认识东西方文明的一扇门。

回想传统农村的生产生活，完全没有现代城市生活所谓的垃圾概念。生产粮食主要作为人的口粮，秸秆是粮食生产的副产品，或作为燃料或作为饲料或作为建材加以利用；厨房的排放物变成家畜家禽饲料；现代人看来最脏的人畜粪便收集起来，成为种庄稼的上好肥料，离城市较近的农民还会到城里去收集粪便，城里也搞得干干净净；一件衣服穿破了，可以成为另一件衣服的补丁，实在不能穿的破衣服可以做成鞋帮鞋底，鞋子穿破了还可以变成安装加固各种农具的衬垫。总之，中国古人在物尽其用上可谓绞尽脑汁，登峰造极；以至于让当代中国人绞尽脑汁，也想不出来农耕文明时代有什么东西是完全没有用处的。上一个生产生活环节的排放物都可以在下一个生产生活环节中找到可以利用的价值，这既是中国农耕时代老百姓的日常生产生活方式，更表明古代中国达到了生态文明的最高境界，也就是无垃圾的全资源化社会。

读大学时，老师介绍世界农业常识时讲过，欧洲农业恢复土壤肥力靠三圃制，即一块农用土地，第一年种庄稼，第二年休耕，第三年种绿肥植物翻耕到土里，这样周而复始。这不仅说明古代欧洲的农业生产水平远远低于中国，还说明欧洲人不懂得把人畜粪便和枯枝烂叶变成肥料用于生产，生活环境必定是肮脏的。欧洲的文献明确地记载着这类事情。所以，在古代欧洲，单位土地养活的人口比中国少得多，瘟疫却比中国多得多。由此，马可波罗把当时的中国看成天堂一样的国度也就不足为奇了。

受爱丁堡故事的启发，笔者会同中央党校及校外热心环保的朋友做过一个微型试验：中国能否重新建设无垃圾社会。试验的结果是，完全可以做到。得出这个结论在逻辑上是必然的，即古代人能够做到的事情，现代人也一定能够做到。

我们从最简便易行的晾晒蔬菜叶茎和水果皮核做起。菜叶果皮这类东西最容易腐烂，占到当今城市生活垃圾总量的一半左右。在传统农村生活中，这些东西都是作为上好的青饲料，随手丢给家畜家禽食用的。现代城市生活隔绝了人与家畜家禽的亲密接触，但我们可以把菜叶果皮晾晒成干饲料，食草动物也是非常喜欢食用的。于是，我们各自在阳台或窗台上辟出适当位置，把各种蔬菜水果的叶、皮、核晾晒到干透的程度，收集起来备用。更为重要的是这些饲料要真正派上用场。我们了解到距离中央党校比较近的农村有老乡养羊，我们就把饲料送到养殖场，农民朋友高兴，那些羊更是高兴，把几袋子干饲料一抢而空。这就是物质和能量回归农业系统。如果城乡居民都能够这样做，垃圾就能够减少一半，垃圾填埋场的恶臭和渗沥液污染地下水问题就容易解决了。

此外，纸张是有现成收购渠道的，我们都收集起来出售。如果我们再假设，动物性食品中人类不能食用的皮脂、骨头、蛋壳收集起来做畜禽饲料的原料，干果的皮、核及木质材料收集起来用于生物发电，金属、塑料包装材料也收集起来出售，家庭基本上就不再产生垃圾了。

西方国家的有识之士也早就认识到，工业化、城市化的生产生活方式让农业生态系统损失了大量物质和能量，为了维持、扩大农业生产规模，就不断地加大外部物质和能量投入，既消耗了地力，又污染了环境。这样下去，各种各样的城市病越来越严重，人类社会难以为继，必须进行改革。1898年，英国社会活动家霍华德的《明日的田园城市》一书问世，他主张，城市的生活垃圾回归到农业生产系统中去。根据霍华德的思想，英国等欧洲国家进行了小范围的试验。20世纪70年代以来，环境保护在世界各地越来越受到重视。1972年6月，联合国召开“人类环境会议”，发表了《人类环境宣言》，提出了人类面临多方面的环境污染和广泛的生态破坏，呼吁人们要珍惜环境。从那以后，由德国等发达国家带头，开始垃圾分类，倡导循环经济。但40多年过去了，发达国家并没有解决垃圾问题，与霍华德的构想还相距甚远。发达国家普遍要靠输出垃圾缓解环境压力。我国从1996年开始垃圾分类，也取得了一些效果，但垃圾造成的经济、社会、生态问题没有得到根本解决。

西方发达国家认识到了生态破坏的严重性，却不能解决。从生态文明的角度观察就会发现，他们从思想观念到制度安排，还没有在实质上达到中国古代农耕文明的水平。

中国农耕文明时代已经确立了天人合一的宇宙观，中国人把自身看成是自然界的组成部分，尊重自然，顺应自然，而不能违拗自然。更为关键的是，中国祖先能够把天人合一理念变成可以操作执行的制度安排。农耕时代立足于“积肥—施肥”等实用技术，确保物质与能量进入良性循环，而且与农民及所有人的切身利益直接相关。中国自古就有农谚：“远年富多栽树，近年富拾粪土”。“多栽树”与“拾粪土”都是保护环境的有效技术措施，而且是与“富”这个根本利益紧紧联系在一起。这些内容虽然不是用国家法律的形式规定下来的，但所有农民都约定俗成地这样做，符合制度经济学定义的“制度”特征。

建设中国特色社会主义，必须通过改革，再造领先世界的生态文明。

第一，要把习近平生态文明思想作为发展经济尤其发展现代农业的基本指导思想。习近平指出：“生态兴，则文明兴；生态衰，则文明衰。”我国粮食总产量占世界的16%，化肥用量占31%，农药使用量180万吨，有效利用率不足30%。化肥农药过量的使用，残留在环境、土壤、农产品中，危害性不言而喻，对农业可持续发展形成了巨大的威胁，必须下决心尽快扭转这一局面。

第二，要破除对西方发达国家垃圾分类理念与政策的迷信。我国有很多热衷于环保人士，道德情操高尚，在推动垃圾分类过程中不怕脏不怕累，精神可嘉。但他们付出很多，在一些地方也搞成了垃圾分类，却往往难以巩固坚持下去。究其原因，就是照搬照抄发达国家不能彻底解决问题的垃圾分类理念与政策，对中华民族农耕文明的无垃圾社会传统茫然不知。

第三，要运用环境保护、生物、栽培等现代科技把传统农耕技术精髓提炼出来，形成可操作的现代农业技术体系。近年来，有机农业在全国各地方兴未艾。据笔者所知，成效比较显著的是中国科学院生态学家蒋高明研究员带领的研究团队，从2006年起，在山东省平邑县蒋家庄创办了名为弘毅生态农场的“生态农业种植标杆基地”，反复摸索，形成了“不用农药、不用化肥、不用农膜、不用添加剂、不用除草剂、不用转基因种子”的“六不用”种植法，小麦、玉米、蔬菜、水果的平均单产都达到或超过了周边农村按常规使用化肥农药的对比田块。标杆基地的土壤有机质含量是一般农田的3~4倍。越来越多的地方学习“六不用”种植法，也获得了成功。这说明，经过科学提炼的传统农耕技术，不但能够生产出高品质农产品，也能够创造高产量。当然农业化学品在农业生产中是否完全禁用，科学家们还可以继续进行试验研究。

第四，市场与政府各司其职，构建以“生态农业”取代“石油农业”的产业体系。毋庸讳言，弘毅生态农场的高品质有机农产品生产成本还比较高，比“石油农业”产品高出5倍左右，暂时还属于满足高消费人群的小众产品。这毫不奇怪。任何新技术在试验室阶段生产的产品成本都是高昂的。弘毅生态农场的试验流程既没有得高效率的市场体系支撑，也没有得到政府完善的公共服务体系的支撑，能够达到目前的水平实属不易。现在的涉农市场体系与公共服务都是围绕“石油农业”构建起来的。要下决心改变这种格局。在习近平生态文明思想指导下，以“生态农业”为核心重构产业体系。

笔者和同事、朋友们所做的微型试验及讨论结果表明，政府要转变观念和政策导向，彻底抛弃源于西方的“村收集、镇转运、县处理（主要是填埋和焚烧）”的农村垃圾处理模式，把现有垃圾处理产业链条上的公共产品和公共服务资金彻底转变为资源回收资金，发展壮大资源回收产业。这样，一方面把集中制造污染的垃圾处理财政支出转化为农民收入，另一方面让农作物生长必需的物质和能量就地回到土壤中。在农村重构无垃圾社会的基础上，再扩展到城市。也就是在建设生态文明方面，可以再来一次“农村包围城市”，做到了这一点，中国的生态文明建设领先于世界是必然的。

农耕文明时代农业生态系统的物质和能量循环，主要是以农户内部种植业和养殖业有机结合为载体的。

近些年来，随着工厂化养殖企业的迅速扩张和农村劳动力就业结构的变化，农户内部种养结合的模式逐渐被打破，农村既从事种植业又从事养殖业的农户越来越少。市场上供应的畜禽产品，基本上是由大规模的工厂化养殖企业生产的。单纯从企业经济效益的角度考察工厂化养殖，具有单位面积养殖密度大、效率高、成本低的优势。

但从生态文明建设的角度进行考察工厂化养殖，看法就会完全不同了。企业为了提高产量，减少畜禽发病率和死亡率，都会在饲料中掺入兽药和激素。这些药物的使用，一方面会残留在畜禽体内，直接影响了食品安全，危害消费者健康，另一方面会随着畜禽粪便排泄，给自然环境造成极大危害。

在短缺时期，为了满足肉蛋奶类产品市场需求，工厂化养殖发挥了作用；但在强调高质量发展和生态文明的新时代，工厂化养殖不但提供的畜禽产品口感和安全性大大低于农耕文明时代，连粪便排泄物也会因为含有兽药和激素而破坏土壤的有机构成，不利于植物生长。可以说，大规模、高密度工厂化养殖模式长期垄断养殖业，等于人类的慢性自杀。

发展现代农业，亟须重构种植业与养殖业的良性互动关系。2000年前后，我国开始推广发酵床养猪养鸡技术，利用锯末、秸秆、稻壳等农村常见材料做猪圈鸡舍的垫料，拌入发酵益生菌，畜禽粪便与垫料通过畜禽活动混合起来，发生生物反应，生成粗蛋白、菌体蛋白和维生素等营养物质，既消除了环境污染，又为畜禽提供了天然饲料，节约了养殖成本。垫料清除后就是发酵充分的有机肥料，施入农田可有效提升土壤有机质含量。类似这样的生态养殖技术，为重构种植业和养殖业良性互动关系，打开了广阔的前景，应该不断总结完善。

现代生态种植和生态养殖在技术上已经日趋成熟，突破了小农经济时代只能从事简单再生产的技术经济限制，在符合自然规律的基础上加大农业生态系统的物质和能量循环成为可能。要把它们从小规模示范推广为亿万农民赖以为生的产业，为城乡消费者提供质量好、数量足的农产品，最需要的是货币资本发挥第一推动力作用。通俗地说就是，要通过体制机制和政策创新，让搞生态农业的经营主体有钱可用，有钱可赚；让污染环境的石油农业尽快退出历史舞台，围绕生态农业构建出新的庞大产业集群。

第二节　处理好农民和土地的关系：巩固完善农村基本经营制度

几百年来，经济学界流传着威廉·配第的一句名言："劳动是财富之父，土地是财富之母"。可见土地资源在经济发展中的重要作用。劳动或劳动力问题，在讨论二元经济结构时已经讲过了。本章第一节的内容就是在讨论土地问题，是在说中国农村的土地应该是什么样子，形象的说法就是"富春山居图"那个样子，即使讨论现代农业要传承农耕文明精髓，其实也是在说土地，期待我国的农业用地越种越肥。有了这样的农村，有了这样的土地，就会让自然资本越来越雄厚。没有自然资本的不断增值，乡村资本就是无源之水，无本之木。

绿水青山变成金山银山，自然资本增值，不是等着老天爷给我们送过来，而是要靠农民自己干出来，也就是靠劳动，靠经营。这就涉及农民与土地的关系问题，用马克思主义观点看，就是生产关系，也就是在土地问题上人与人的关系。这是农民能否有效组织组织起来的根本问题，也是乡村振兴必须解决好的根本性制度问题。

一、习近平对农村土地制度改革的基本思想

土地制度在任何国家都是非常重要的基础性制度。这是因为，它直接决定了土地资源与劳动力资源的配置方式及其相应的配置效率，与财富的分配也关系极大。对于仍然依赖广大土地的农业，对于以农业为主导产业的农村，土地制度尤其重要。俗话说，土地是农民的命根子。

习近平对农村土地制度高度重视。2016年4月25日，习近平视察安徽省凤阳县小岗村，主持召开农村改革座谈会，他指出："新形势下深化农村改革，主线仍然是处理好农民和土地的关系。"

习近平在这里采用了"仍然"这个副词，明白无误告诉人们，毛泽东领导新民主主义革命取得胜利，建立新中国，使中国人民站起来；邓小平领导改革开放，建设有中国特色社会主义，使中国人民富起来，都是从正确处理农民和土地关系起步的。中国特色社会主义进入新时代，全面深化改革，解决"三农"问题成为全党工作重中之重，还是要立足于处理好农民和土地的关系。

新时代如何处理农民和土地的关系呢？学术界和党政官员中间是存在不同认识的。在党的十九大报告中，习近平对体制机制提出"城乡融合发展"要求后，最先谈到的制度安排就是"巩固和完善农村基本经营制度"。这既是习近平的一贯思想，更是习近平有关"三农"思想的精髓。早在2013年12月23日召开的中央农村工作会议上，习近平发表讲话，明确要求坚持和完善农村基本经营制度；2017年12月28日召开的中央农村工作会议上，习近平再次发表讲话，指出：农村基本经营制度是乡村振兴的制度基础。

农村基本经营制度是在党的十一届三中全会之后启动农村改革，推广小岗村的大包干经验建立起来的。其制度要件有三个：一是农村

土地归农民集体所有；二是集体土地由农户承包经营，分配方式是“交够国家的，留足集体的，剩下是自己的”；三是集体统一为承包土地的农户提供经营服务。这三点又可通俗地表述为宜统则统，宜分则分，统分结合的双层经营。《中华人民共和国宪法》第八条写入了这个内容。

在农村基本经营制度的三个制度要件中，土地归农民集体所有，是由毛泽东领导亿万农民创造的；集体土地由农户承包经营和集体为农户提供统一经营服务则是由邓小平领导亿万农民创造的。可以说，习近平要求巩固和完善农村基本经营制度，反映了他既不忘毛泽东的初心，也不忘邓小平的初心，是对十九大报告“不忘初心”主题的生动诠释。

习近平在完善农村基本经营制度方面也进行了重大创新。在重申“土地承包关系长期不变”的基础上，他总结提炼农村基层大量鲜活的改革实践，指出：“土地所有权、承包权、经营权‘三权分置’是重大制度创新和理论创新。”

与已往党的领袖相比，习近平对小农户的历史地位更加重视。他指出：“我国小农生产有几千年的历史，‘大国小农’是我国的基本国情，小规模家庭经营是农业的本源性制度。人均一亩三分地、户均不过十亩田的小农生产方式，是我国农业发展需要长期面对的现实。”面对这样的基本国情，“发展多种形式适度规模经营，培育新型农业经营主体，是建设现代农业的前进方向和必由之路”，要“提升小农生产经营组织化程度”。

二、全面认识农村基本经营制度优势

从农村基本经营制度的构成要件看，这是一项古今中外不曾有过的土地制度。中国特色社会主义进入新时代仍然要依靠这一制度推进农业农村现代化。农村基本经营制度如此重要，对它的制度优势必须有一个全面的认识。

农村改革40年，研究农村基本经营制度的学术文献可谓汗牛充栋。但主要是从统分结合中的“分”的角度评价其优势的。归纳一下，可概括出两个要点：一是农业适合家庭经营，即家庭经营农业的规模可小到一个花盆，也可大到几万亩；二是家庭经营农业劳动监督成本最低，劳动力与其他生产要素配置效率最高。

但是，单纯强调分的优势，既没有体现中国特色，更没有体现社会主义的制度规定性。

我们站在“不忘初心、牢记使命”的高度，运用历史唯物主义和中国化马克思主义政治经济学基本观点，梳理农业社会主义改造以来60余年农村土地制度变迁的风雨历程，就能够发现，农村基本经营制度具备三大制度优势，是土地私有制基础上的农户经营体制无法比拟的。

（一）农村土地集体所有制是耕者有其田的永久性制度保障

习近平强调，农村土地归农民集体所有，是坚持农村基本经营制度的“魂”，农村改革不论怎么改，都不能把土地集体所有制改垮了，否则，就是犯了颠覆性错误。这是对毛泽东思想以及我党第一代中央领导集体创立的农村社会主义制度的直接传承，在土地制度史上具有重大意义。

中华人民共和国成立后，我党立即在全国范围内进行了土地改革，实现了耕者有其田的民主革命目标。但从经济制度层面评价土地改革，它只是消灭了地主经济，让所有农民都成为小块土地私有者，从总体上看，中国农村经济并没有脱离小农经济范畴。顺其自然，土地占有上的两极分化还会重演。

事实上，土地改革之后几年时间，贫富分化开始出现，使共产党人不能不去考虑个体经济究竟向哪个方向发展的问题。为了避免农村重新两极分化，以毛泽东为核心的我党第一代领导集体，依据马克思主义政治经济学基本理论和革命根据地创造的成熟经验，在土地改革之后就注意引导农民走互助合作的发展道路，并于1956年开展了农业社会主义改造。

虽然我党在“大跃进”和“人民公社”运动中，犯了“急急忙忙往前闯”的错误，让1957年之前健康的互助合作运动出现重大曲折，但在此过程中，我党领导农业社会主义改造和发展现代农业的能力有了本质性提升。

首先，初步认识到了改造小农经济必须尊重市场。毛泽东总结急于向共产主义过渡造成的失败教训后强调：算账才能实行那个客观存在的价值法则。这个法则是个伟大的学校，只有利用它，才有可能教会我们几千万干部和几万万人民建设社会主义。

其次，以1961年3月22日中央工作会议通过《农村人民公社条例》（简称“人民公社六十条”）为标志，土地归农民集体所有的土地制度得以确立，宣告了土地私有制在中国彻底消亡。把这两点与农村基本经营制度实施30多年的实践综合在一起，让我们对中国共产党人确立农村土地集体所有制的初心，即坚持耕者有其田有了如下新的认识。

古今中外的农业发展史早就证明，耕者有其田是最有利于调动农民生产积极性的制度安排，具体地说，就是中国农民都希望拥有一块足以养家糊口的土地。但土地私有制再加上天灾人祸，一次又一次地碾碎了大多数农民的梦想。古代也有几位统治者迫于农民战争的压力，在改朝换代初期实行过耕者有其田制度，但作为地主总代表的皇帝无法让多数农民摆脱土地被兼并的噩梦轮回。农业社会主义改造之后形成土地集体所有制，则使耕者有其田的梦想变成现实，并且一劳永逸。农业社会主义改造历经60多年，既没有哪个能力弱、运气差的农户卖掉土地成为贫农，也能没有哪个能力强、运气好的农户买入土地成为地主，所有集体之内的成员都拥有与其他成员一样的土地所有者权利，想种地或只能靠种地养家糊口的农民，都能与其他集体成员一样有地可种。所有妇女与所有男人拥有一样的土地权利，为男女平等奠定了最为坚实的制度基础。

中华人民共和国成立前，从形式上观察小农户失去土地现象，除少数遭遇官府或豪强邪恶势力欺压情形外，大多数表现为土地买卖双方的自愿交易行为。深究这一现象就会发现，农户保有土地所有权同获得土地所有权一样，是有代价的，或者说是有成本的。比如，某个农户家里有病人，需要请医生看病，如果只能靠卖掉土地才能支付医药费，那么，医药费就在事实上成为农户保有土地所有权的代价。当农户没有现金储蓄支付医药费时，就必须在土地所有权与生命健康权之间做出取舍，选择生命健康，就意味着失去土地。

农田是地球表面的一部分，对于任何人都一样是生不带来死不带去。从农业劳动者与土地相结合形成农业生产力的角度考察，所谓土地私有制，其实就是要求劳动者进入农业生产过程必须付费的制度安排。劳动者付不起这笔费用，就只能另谋生路，凭借劳动力受人雇佣是通常选择，流离失所也是可能的。

共产党领导农民创立的土地集体所有制废除了这种制度安排，赋予农民获得土地的天然权利，而不必付出代价。这种天然权利被称之为农民的集体成员权。通俗地说，农村土地集体所有制，就是赋予农户娶进来的媳妇（相应包括倒插门女婿）和新出生的孩子获得集体土地的天然权利。这一制度安排不仅彻底改变了土地私有制造成农民之间土地权利的不平等，还彻底消除了农业劳动者获得土地必须付出的代价，做到了农业劳动者与土地结合的零成本。从资源配置效率角度进行评价，可谓达到最佳状态。从而，中国种地的农民就不再遭受他人的剥削，也就是不必把自己辛辛苦苦生产的农产品无偿地奉送给没有付出劳动的其他人。种地农民很辛苦，种地农民很重要，种地农民不能遭受剥削，这是从孙中山到毛泽东领导中国进行（且不论新旧）民主革命的初心。中国共产党领导农民创立了土地集体所有制，正是不忘“耕者有其田”初心的制度安排。

正是由于农村土地归农民集体所有具有制度优势，即使是在计划经济体制严重束缚农村经济发展的人民公社时期，土地资源与劳动者零成本结合的效率优势也顽强地表现出来。习近平对社会主义革命和建设时期农村发展取得的成就给予了高度评价：“我们党领导农民开展互助合作，发展集体经济，大兴农田水利，大办农村教育和合作医疗，对改变农村落后面貌做了不懈探索，虽历经波折，但取得了了不起的成就。”

（二）市场经济体制下土地所有者、经营者、劳动者三者利益的和谐统一

细心的读者都会观察到，党的十八大以来，习近平总书记谈到农村改革发展问题时，反复强调要发展壮大集体经济。这固然体现了习近平对农村社会主义农村制度的坚守，但更为重要的是，事实已经证明，农村集体经济在社会主义市场经济中显然了巨大的制度优势。不仅像江苏省华西村那样靠发展乡镇企业富裕起来的农村集体经济强大，就是在那些主要靠经营农业的纯粹农村，只要有了集体经济，也都非常好：土地没有撂荒，村庄得到整治，干群关系和谐，农民共同富裕。为什么会是这样呢？2006年农村税费改革后，笔者先后考察过几个农民自发延续“留足集体的”政策的农村，他们都要比周边不再

收取承包费的农村好得多。这让笔者认识上豁然开朗。

相对于人民公社时期的集体统一经营，在统分结合的双层经营体制中，农户与集体、农户与农户之间的关系发生了重大变化。集体统一经营体制下的农户只是单纯的消费单元，不是经营单元，其经济功能是向集体提供劳动力要素，集体与农户是整体与部分之间的从属关系。

双层经营体制建立起来后，顾名思义，集体是经营主体，农户也成为独立核算的经营主体。围绕土地这个农业的基本生产要素，集体与农户之间建立起新的经济关系，即作为土地所有者的集体发包土地，作为农业经营者的农户承包土地。承包合同在承包面积、承包期限、承包费缴纳方式等方面，约定了双方的权利和责任，实现了土地所有者与经营者的分离——市场经济体制下配置资源的一般形式，确立了集体与农户之间平等权利主体的地位。

显然，这是一种新的农民和土地的关系。这种关系，在中华人民共和国成立前的小农经济时代不存在，在人民公社时期不存在，在发达资本主义国家中也不存在。这样的制度安排在土地制度史和农业经营史上未曾有过，却符合市场经济的基本逻辑。

运用马克思在《资本论》中阐释的政治经济学基本理论，分析统分结合的双层经营体制中的不同权利主体，我们很容易看到，集体经济组织属于土地所有者，农户是向集体上交承包费即租金的农业经营者，有劳动能力的农户家庭成员是劳动者。当我们把这三者与土地私有制基础上的三者对照起来进行考察，会有更进一步的新发现。

从土地所有者的角度看，集体是土地所有者，保障了农民作为耕者希望拥有土地的根本利益诉求得以实现，也就是继承了毛泽东领导农民创立土地集体所有制的制度优势。

从土地所有者与土地经营者的关系看，已往租金体现出来的剥削关系即利益对立关系消失了，因为土地所有者收取承包费即租金，并不属于私人所有，而是归缴纳租金的承包户构成的集体所有，尤其重要的是，承包费形成集体积累，完全用于为承包户更高效更便捷进行农业经营及改善福利状况服务，如平整土地、修建水利设施、改造村庄、尊老爱幼等。

从农业劳动者与农业经营者及土地所有者的关系看，劳动者属于作为经营者农户的家庭成员，二者的利益是完全一致的，因而与土地所有者的利益也是完全一致的。

显然，农业中这种崭新的生产关系在土地私有制下不可能出现，马克思早已明确指出，在以私有制为根基的资本主义制度下，地主、农业资本家、农业雇佣工人三者利益处于完全对立的状态。

综上所述，市场经济体制下运行的农村基本经营制度，让我们看到农业中出现了一种崭新的生产关系，那就是农业土地所有者、农业经营者和农业劳动者之间利益的和谐统一。这既是中国共产党领导亿万农民发展中国特色社会主义市场经济最先取得的制度成果，也是运用马克思主义政治经济学总结农村改革实践得出的新结论。习近平指出，以人民利益为中心，是马克思主义政治经济学的根本立场。从农村基本经营制度中，我们能够洞悉这一根本立场在制度构建中是如何体现出来的，也就不难理解他要求“巩固和完善农村基本经营制度”的初心和深意。

（三）为乡村治理奠定社会主义经济基础

乡村治理是国家治理的重要组成部分。中国自古以来就十分重视乡村治理。中华人民共和国成立前乡村治理的基本制度特征是官绅结合，乡绅为主。一般说来，乡绅角色只能由那些家族财力雄厚的族长担当，通俗地说，就是地主说了算。所以，中国传统的乡绅治理作为一种上层建筑，赖以存在的经济基础大体上还是土地占有的两极分化。

如前所述，土地集体所有制彻底消除了土地私有造成的两极分化弊端，为土地权利人人平等奠定了制度基础。这是中国社会主义经济制度的底色，更是中国农村社会主义经济制度的本质特征。

在这个基础上，集体的土地资源如何发挥出更大效能，如何给集体和集体成员带来更多的收益，要通过集体成员民主协商进行决策，比如，集体的土地是否发包，如何发包，发包给谁，承包费是多少及如何收取，承包费形成集体收益后如何使用，等等，都要经过详细、充分地讨论后才能形成决议案。在这个过程中，农民之间不会仅仅讨论土地问题，还会讨论村庄整治、伦理道德、邻里关系、文化、体育、卫生等诸多事务，制定乡规民约，等等。所以，巩固和完善农村基本经营制度，也是实现乡村有效治理的过程。

三、农村基本经营制度的巩固和完善是个历史过程

上述结论是基于对农村基本经营制度典型形态的剖析。

2006年农村税费改革前，除极少数乡镇企业发达、集体经济实力雄厚的农村外，绝大多数农村的农户承包集体土地后，都要按照“交够国家的，留足集体的”制度约定，向集体缴纳承包费，时称“三提五统”——三项集体提留款、五项乡镇统筹款的简称。三项提留款包括公积金、公益金和管理费，大体上与集体统一经营时的会计核算科目相对应；五项统筹款包括乡村教育附加费、计划生育费、优抚费、民兵训练费、乡村道路等民办公助事业费，大体上与人民公社时期提供的公共产品和公共服务项目相对应。

“三提五统”只是一种笼统的称谓，实际执行政策的过程中，没有人会较真儿地分成八份儿收缴和缴纳。在农村税费改革前，都是用

"直来直去不拐弯儿"的办法处理"三提五统"。对于承包土地的农户来说，交给国家的和留给集体的当然越少越好。所以，"三提五统"还有另外的外称谓，叫作"农民负担"。为了减轻农民负担，1996年12月30日，发布了《中共中央国务院关于切实做好减轻农民负担工作的决定》，核心内容是要把"三提五统"的总额限制在不超过农民人均纯收入的5%的之内。从文件的标题可以判断出，中央早就要求过减轻农民负担，也就是说，在此之前，农民负担额超过这个额度的现象是普遍存在的。事实上，这个决定发布，并没有彻底解决农民负担沉重问题，2006年农村税费改革前估算出来的农民负担额大约是农民人均纯收入的11%。

再看农民缴纳了"三提五统"之后的使用。从政策设计本意看，"三提"是为了保障集体提供统一经营服务的费用，但实际执行的情况是，在绝大部分缺乏乡镇企业支撑的乡镇，都被乡镇政府收去用于乡、村党政部门的公共开支了，而且主要是用于乡镇的开支，真正用于改善本集体农业生产经营条件及农户福利的款项少之又少。乡镇政府使用"三提五统"费用，也并不都是用于五个统筹项目，还有相当大的比例用于给乡镇公务员发工资和办公经费。

在"三提五统"负担额之外，农村税费改革之前的农户还有两项负担：一是每个农户要按照承包土地的面积上缴农业税；二是每个农村劳动力每年要出30个义务工。

农业税一般是以向国家粮库交纳粮食的实物税（农民所谓的"皇粮国税"）形式完成的，农村改革后，也有一部分是以货币税的形式完成的。

农民的义务工主要是用于本村和本乡镇的道路和农田水利设施建设。基本是由当地农民受益了，是人民公社时期实行的劳动积累政策的延续。

所以，农村基本经营制度是一种很复杂的制度设计。它既是农村土地所有权、承包权和经营权之间的关系，又是国家、集体、个人（农户）三者之间的利益关系。

1982年全国各地农村集体土地普遍承包到户以后，迄今为止，经过了两轮土地承包，第一轮土地承包期为15年；1997年进行了第二轮承包，承包期为30年。习近平总书记在党的十九大报告中指出，2027年再进行第三轮承包，保持土地承包关系长期不变。众所周知，自第一轮土地承包以来，一部分农村并没有严格执行15年或30年的承包期一成不变，而是适应人口变化，实行五年一小调、十年一大调。有的村为了新增人口有地可以承包以及集体获取收入，预留了机动地；大多数农村则没有预留机动地，全部土地承包到户。机动地一般采取招标的办法发包，承包户上交承包费作为集体收入。

在国家、集体、个人三者利益关系问题上，也发生了重大变化。最具有历史意义的改革是以胡锦涛为总书记的党中央领导的农村税费改革。2005年12月召开的十届全国人大常委会第十九次会议通过决定，自2006年1月1日起，废止1958年颁布的《中华人民共和国农业税条例》，至此，在中国实行了2600多年的农业税制度成为历史。这是涉及农民与国家关系的重大历史事件，具有里程碑意义。与废除农业税一起，“三提五统”也在国家政策层面同时废止。农村公共产品供给和公共事业开支，由县级财政统筹解决。

四、巩固和完善农业基本经营制度，要不忘初心，实事求是

1990年以前，中央文件对农村基本经营制度的称谓是“家庭联产承包责任制”，群众和农村基本干部对它的俗称就是“大包干”。

1991年11月党的十三届八中全会通过的《中共中央关于进一步加强农业和农村工作的决定》首次明确提出："把以家庭联产承包为主的责任制、统分结合的双层经营体制，作为我国乡村集体经济组织的一项基本制度长期稳定下来，并不断充实完善。"到此农村基本经营制度正式确立下来，1999年3月第九届全国人民代表大会第二次会议通过的《中华人民共和国宪法修正案》规定："农村集体经济组织实行家庭承包经营为基础、统分结合的双层经营体制。"

30多年来，党中央、国务院几乎年年都要提"坚持和完善"农村基本经营制度，党的十九大报告的提法是"巩固和完善农村基本经营制度"。把"坚持"变为"巩固"，"完善"还在继续之中。笔者认为，"巩固"意味着农村基本经营制度有动摇之虞，不解决这个问题，"完善"就会陷入舍本逐末的窘境。

回顾农村改革40年，农村基本经营制度根基被动摇并不是危言耸听。1987年，贵州省成立了旨在为全国农村改革提供经验的"湄潭土地制度建设试验区"。在专业上指导试验的是从北京过去的几位专家。湄潭试验要解决的制度性问题，是"由来已久"的"中国农地产权虚置状态"。在主持试验的专家们看来，搞市场经济，就必须明晰产权。这是常识。湄潭试验的基本思路是"界定明确的集体土地产权主体"。改革的具体举措是，现有集体土地承包到农户后就不再调整了，通俗地说就是"增人不增地，减人不减地"，或农村"新增人口不再重新分地"。

把泥潭试验说得更直白些，就是在农村恢复土地私有制。这并不是笔者理解的错误，而是指导、参与试验的专家多年来写文章白纸黑字写明了的。专业学者和农口领导干部对此都心知肚明。更为重要的是，农民拿到农口部门颁发的承包地确权"铁证"之后就是这样认为的。

按照湄潭试验的思路深化农村改革，农村土地集体所有制就彻底瓦解了，农村基本经营制度的根基不是动摇了，而是根本就不存在了。然而，多年来，农口部门的一些领导干部一直把湄潭试验作为经验推广。

2003年3月1日实施的《中华人民共和国农村土地承包法》已经渗透了湄潭试验的“增人不增地，减人不减地”精神。

2007年10月1日开始实施的《中华人民共和国物权法》把农户的土地承包经营权规定为“用益物权”，即“土地承包经营权人依法对其承包经营的耕地、林地、草地等享有占有、使用和收益的权利”，“承包期内发包人不得调整承包地”。“承包期届满，由土地承包经营权人按照国家有关规定继续承包”。显然，起草物权法中有关土地承包经营权条款的学者和官员，对中国农村土地制度的基本看法，与指导湄潭试验的专家是一致的，只是土地私有制的字眼没有写进物权法。但通过对用益物权的具体规定，把土地承包权变成了事实上的私有产权了，集体作为土地所有者的权利被剥夺得干干净净，只剩下一个“集体”这个空壳了。

好在与宪法相比，物权法和土地承包法都属于下位法。改革开放以来，《中华人民共和国宪法》几经修改，最新的宪法修正案第八条仍然规定，农村土地归农民集体所有，由农户承包经营，实行统分结合的双层经营体制。这要归功于以习近平为核心的党中央的政治定力。

习近平在2017年中央农村工作会议上讲到“党对‘三农’工作的领导”时严肃地说：“我多次强调，农村改革不论怎么改，不能把农村土地集体所有制改垮，不能把耕地改少了，不能把粮食生产能力改弱了，不能把农民利益损害了，这些底线必须坚守，决不能犯颠覆性错误。”习近平在十九届中央政治局第八次集体学习时发表讲话，再次重复了这四个“不能”，也是在讲加强党对乡村振兴领导问题时讲的。在这次集体学习中，习近平还提出了新的论断：“要把好乡村振兴战略的政治方向，坚持农村土地集体所有制性质，发展新型集体经济，走共同富裕道路。”

农口部门领导干部的职责之一是指导农村基层深化改革。那么，他们就有责任回答习近平总书记“多次强调”过的重大制度性问题，也就是按照湄潭试验的基本精神搞土地确权，给农民“确实权，颁铁证”，农村土地集体所有制垮了还是没垮？农村土地集体所有制在市场经济体制下有没有优势？为什么在那些土地集体所有制维护比较好的农村，土地资源都能够利用得比较好，集体经济实力强大，农民能够共同富裕，社会风气也比较好；相反，像湄潭试验那样农民认为土地就是自家私有了的农村，土地经营不善，集体经济空壳，贫富差距很大，社会风气也相对比较差？为什么湄潭县率先搞了“增人不增地，减人不减地”改革，却在1987~2017年的30年时间里没有摘掉国家级贫困县帽子？中国农村搞土地私有制，优势到底在哪里？

笔者丝毫不怀疑指导、参与湄潭试验的专家和一些农口领导干部搞好农村经济、让农民富裕起来的主观愿望。但是，他们主张或采取具体政策措施废除农村土地集体所有制，不能不说是忘了毛泽东和邓小平两代中央领导集体改革农村土地制度的初心。当然，这也不奇怪。以历史的长镜头回看从新中国成立到农业社会主义改造完成这几年，翔实的党史资料表明，社会安定后，短短几年，一部分富裕中农就上升为新富农，农村中出现了贫富差距拉大现象。对此怎么看，在以毛泽东为核心的共产党第一代中央领导集体内部就存在不同看法。意见分歧的焦点，集中在是否“动摇农民小私有制基础”上面。众所周知，分歧以毛泽东的意见变成党的决策告终。毛泽东的理由是：通过发展农业合作社，“依靠统一经营形成新生产力，去动摇私有制基础，也是可行的”。不可否认，毛泽东为了推动农业社会主义改造，在党内批判“右倾机会主义”，压制了党内持有不同意见的同志，到1956年就完成了农业社会主义改造，使农村土地由农民个体所有变成了合作社集体所有，建立了土地公有制。后来在人民公社化运动中，演变成“三级所有，队为基础”的农村土地集体所有制和集体统一经营，成为党的十一届三中全会后农村改革的对象，也就是我们现在讨论的农村土地集体所有制。

对于从农业社会主义改造到人民公社化运动确立的农村土地集体所有制，中共党史权威教科书给出的结论是：“从方向上看，对个体农业、手工业和资本主义工商业的社会主义改造，是符合历史发展趋势和加快建设工业化的客观需要的。”①

本书前述内容已经证明，当年毛泽东做出建立土地集体所有制的决策是科学的，符合广大农民的根本利益，推动了农业农村现代化进程，尽管在操作层面存在“要求过急”等问题，但瑕不掩瑜。尤其是在社会主义市场经济体制下，消除了人民公社时期的“大锅饭”分配方式，突破了计划经济束缚，农村土地集体所有制的优势更加明显。

邓小平领导农村改革，建立农村基本经营制度，完全没有恢复土地私有制的意思，他还期待农村集体经济来个“二次飞跃”。如果在农村税费改革后，仍然坚持“留足集体的”，集体经济普遍空壳问题，一部分承包地粗放经营甚至撂荒问题，都可以得到解决。

如前所述，一些学者和官员主张恢复农村土地私有制度，理由是产权不清晰。这是必须回答的问题。因为搞市场经济，产权必须明

① 参见中共中央党史研究室：《中国共产党的九十年》，中共党史出版社 2016 年版，第 457 页。

晰，这是常识。但是，在这个问题上，必须像当年推广小岗村大包干经验那样，坚持实事求是的思想路线。历史告诉中国共产党人，搞中国特色社会主义，思想既不能被来自于苏联的社会主义教条束缚，也不能被来自于西方资本主义教条束缚。如果非要搞个“教条”即不变的原则的话，那就是把种田生产农产品的农民利益放在第一位。

在实事求是思想路线指引下，把如下几个问题辨析清楚，关于农村土地产权问题并不难回答。

（1）农村改革前，粮食产量比旧中国最高年份（1936年）的粮食产量高出了1倍，这说明，即使在土地经营体制存在严重弊端的情况下，土地集体所有制也能够显示其制度优势。农村改革后，那些土地集体所有制坚持得比较好的农村都要比坚持得不太好的农村发展得好。这说明，在市场经济体制下，农村土地集体所有制的产权效率比私有制更高。

（2）迄今为止，农村土地产权不清的问题确实存在，总根源是人民公社时期建立的“三级所有、队为基础”制度还没有进行过改革。这项制度意味着，某一块农田，既归几十个农户组成的生产队所有，又归这个生产队所在的由几百个农户组成的生产大队所有，还归这个生产大队所在的由几千个农户组成的人民公社所有。显然，在这样的土地所有制基础上，所谓土地产权即土地的占有、使用、处置、收益权，是难以做出有效制度安排的，对其进行改革的理由是显而易见的。小岗村创造的大包干经验只是把生产队的集体统一经营解体了，这是应当充分肯定的，但实事求是地看，大包干没有革除土地“三级所有”弊端。不仅如此，还把“队为基础”搞乱了，即人民公社时期的生产队作为经营实体不存在了，生产队在土地经营层面的“基础”权利被生产大队变身而来的行政村拿去了，表现在大包干之后的土地产权制度上，就是农户从村民组即原来的生产队承包土地，承包费却要交到行政村即原来的生产大队。这是比人民公社时期就存在着的“一平二调”管理弊端还要糟糕的制度安排。所谓“一平二调”，是指在人民公社或生产大队范围内搞平均主义，无偿调拨下级（最终都是落实到生产队）单位的土地、劳动力和物资。但人民公社时期的“一平二调”并不是普遍存在和时时存在的，主要取决于公社领导干部和大队领导干部的个人决策偏好。大包干之后，村民组作为土地所有者的经营权限被行政村拿走，就造成了一系列问题，尤其以“小官大贪”危害最甚。主张土地私有的学者和官员不是积极地改革这一制度性弊端，而是采取把集体所有制彻底废除的办法。这就如同一个人得了病，不是帮他治好，而是把他打死。如何彻底革除土地“三级所有”制度弊端，本书将在后面介绍广东省清远市农村综合改革经验，基于农村基层改革实践，给出一个答案。

（3）土地产权是否清晰，制度安排是否有效，检验标准不是看公有还是私有，而是要看交易成本决定的资源配置效率高低。据笔者观察，国内主张农村土地私有的学者无一例外，对科斯的新制度经济学尊崇有加。笔者也研读过科斯的经典著作，体会是，科斯确实主张明晰产权，但只有搞私有化才能明晰产权，并不符合科斯的学术思想。斯科给笔者最大的启发是，要通过明晰产权——对财产的占有权、使用权、处置权、收益权的科学安排，解决经济外部性问题，也就是让经济行为产生的正外部性（效益）和负外部性（损害）与市场主体的利益直接相关，以此形成对市场主体的激励与约束机制。史实与现实一再证明，在中国这种人多地少的基本国情（这也可以视为制度安排）下，土地私有制对种田农民的利益是极为不利的。首先，土地私有者（地主）必然要向种田人收取租金，对种田人不利是显而易见的；其次，由于农业的多功能性，土地私有者（地主）使用稀缺的土地资源很容易偏离国家的农业政策目标。总之，土地私有制不论对种田人还是对国家，都是交易成本很高从而效率很低的制度安排。相反，在完善的农村基本经营制度安排下，会形成上述三项制度优势，对种田人极为有利。主张土地私有的学者忽视完善的农村基本经营制度优势，说明他们还不善于用科斯的理论解释中国的农村改革。他们大声疾呼地批判人民公社时期存在多劳而不多得的弊端是正确的，但对于劳而又苦的种田人向不种地的产权人交纳租金却默不作声，就令人匪夷所思了。有的主张土地私有的学者曾经为形成"留足集体的"新的农村产权制度做出过历史性贡献，却看不到蕴含其中的制度优势，那就是农户获得土地承包权的成本（交承包费），变成行使土地经营权的资本（集体用承包费为农户服务）。

第三节　农民和市场的关系："三位一体"综合合作

本章第一节讨论农田与村庄的整治问题，旨在形成更多的自然资本，让农村能够供给更多的产品和服务，说得更直白一点，就是让农村变得生产更方便，生活更舒适。第二节讨论农村基本经营制度问题，是讲如何让种田的农民把农田（没有讨论农田以外的农村宅基地和建设用地问题）经营好，即如何发挥土地集体所有制优势，让种田农民得到更多的利益。但是，在市场经济体制下，农民把绿水青山变现为金山银山，必须通过市场交换这样的制度安排，也就是农民必须向消费者提供产品和服务，这样，事情就复杂了。马克思在《资本论》中早就说过："从商品到货币是一次惊险的跳跃。如果掉下去，那么摔碎的不仅是商品，而是商品的所有者。”这一节，我们就讨论，农民把商品和服务提供给消费者，如何把货币换回来，让农民的货币收入不少于那些消费者，让在农村搞农业成为一个有吸引力的职业。

一、新命题：小农户与现代农业发展有机衔接

1984年底，全国范围内人民公社的牌子全部换成乡镇党委和人民政府，标志着农村基本经营制度彻底定型，农民的生产积极性普遍高涨，农产品供给大量增加。这本是好事，但仅仅三四年的时间，广大农民就遇到了来自于市场方面的困扰：农产品卖不出好价钱甚至卖不掉，辛辛苦苦忙一年，没有挣到钱甚至亏本。当时，学者和官员将这类现象统称为“小生产与大市场的矛盾”。有人曾经感叹：搞计划经济农民受苦，搞商品经济（当时还没有普遍使用“市场经济”这个概念）还是农民受苦。

农业经济理论早就告诉人们，小生产与大市场的矛盾，也就是谷贱伤农问题由来已久，不是新问题，是存在了千百年的历史性难题。对此，当时理论界与官方提出的基本对策是“构建农业社会化服务体系”。当然，农业社会化服务不仅仅是解决农户农产品卖难问题，也包括购买农业生产资料、学习农业科技等诸多难题。

30多年来，为了构建农业社会化服务体系，方方面面一直都在努力探索，也摸索了一些经验。主要成果有两个：一是20世纪90年代初期发端于山东等地的农业产业化经营经验，基本模式是“公司+农户”；二是办农民专业合作社，2007年我国颁布实施了《中华人民共和国农民专业合作社法》，2018年对该法进行了修订。这些改革措施在一定范围内和一定程度上解决了一些问题，但还不能说从根本上解决问题。

从“公司+农户”模式看，有两个弊端长期克服不掉。一是龙头企

业与农户签订的农业订单反映的是交易双方利益博弈关系。多数情况下，农户只能获得订单价格确定的利益，无法从企业那里分享产业链条延伸带来的增值收益；少数情况下，农户不按合同办事，即不能按质按量交售农产品，甚至有私自出售农产品的现象，让龙头企业的合法权益受到损害。二是覆盖的农业生产部门有限。龙头企业一般是投资于资本技术密集型的养猪养鸡养牛等产业，而大田作物尤其是粮食作物生产很少有公司介入，大多数农户被排斥在农业产业化经营体系之外。

从农民专业合作社运作的实际情况看，单纯围绕某种农产品的生产经营组建合作社，起步阶段主要靠带头人为社员提供产前、产中、产后一条龙服务，压力之大是普通人无法承受的。所以，虽然10年来依法成立了超过200万个农民专业合作社，数量很庞大，但能够正常经营运作的合作社只有10%左右，大多数处于“僵尸”状态。并且那些能够经营运作的所谓合作社，绝大多数又是实质上的私人企业，并不具有合作社基本特征（随后将简要阐述）。在规模比较大的农民专业合作社中，绝大多数是缩小版的“公司+农户”，真正具有合作社本质特征的农民专业合作社少之又少。

用小生产与大市场的矛盾揭示农产品卖难的原因并不科学。在这个命题中隐藏着一种观念，那就是，小农生产这种农业经营形式必然走向灭亡。在我国已往讨论农业农村现代化问题的话语体系中，“小生产”是个特定范畴，代表的是过时的封建时代的生产方式。否定这种生产方式，就是当年农业社会主义改造“要求过急、工作过粗”的基本理由；也为近些年一些学者和官员主张在中国推广美国式大规模农业，让城市资本主导农业农村提供理由。在党十九大报告中，习近平把讨论了几十年的“小生产与大市场的矛盾”命题转换为如何“实现小农户与现代农业发展有机衔接”。这一新的命题隐含的判断是，小农户作为农业经营主体在我国将长期存在。

习近平在2017年12月28日中央农村会议讲话中说：“中国小农生产有几千年历史，‘大国小农’是我们国家的基本国情农情，小规模家庭经营是农业的本源性制度。人均一亩三分地、户均不过十亩田的小农生产方式，是我国农业发展需要长期面对的现实。”

这是习近平在探索中国特色社会主义农业农村发展道路历史进程中做出的重大理论判断。以推广小岗村“大包干”经验为突破口的农村改革，就是恢复小农户的农业经营主体地位，在这个意义上说，上一节讨论的农村基本经营制度，也就是土地集体所有制基础上的小农户经营体制。从中国历史上看，农耕文明就是在小农户为经营主体的制度基础上形成的。中国人勤劳、节俭、朴实、忠、孝、仁、义、礼、智、信的传统美德无不根植于小农户经营体制之中。小农户更是中国传统生态农业和无垃圾社会的直接践行者。甚至可以说，没有小农户作为农业经营主体，中国农村在制度层面彻底滑向西方资本主义制度是很容易的。

当然，肯定小农户的农业经营主体地位，并不是说历史上作为生产方式（制度）的小农经济一成不变，而要推动小农生产现代化。2018年9月20日，习近平主持召开中央全面深化改革委员会第四次会议，审议通过了《关于促进小农户和现代农业发展有机衔接的意见》，强调坚持小农户家庭经营为基础与多种形式适度规模经营为引领相协调，按照服务小农户、提高小农户、富裕小农户的要求，加快构建扶持小农户发展的政策体系，促进传统小农户向现代小农户转变，使小农户成为发展现代农业的积极参与者和直接受益者。

二、习近平的合作社思想与“三位一体”综合合作实践

什么叫传统小农户，什么叫现代小农户？前者如何转变成后者？

传统小农户除了具有土地经营规模狭小的表象特征外，更为本质的特征是从事自给或半自给生产，为买（油盐酱醋）而卖（农产品），参与市场的程度很低。收入状况主要受自然因素影响，市场因素影响比较小。与此相对，现代小农户虽然经营规模（土地面积）小，但完全是为卖（钱）而买（生产资料），高度参与市场竞争，家庭收入状况受自然因素影响较小，主要是受市场因素影响。

举个例子。几十年前北方农村，一个五口之家，有十亩地，主要种粮，养一两头猪和十几只鸡，一年到头，消费的农产品主要靠自家生产，现金收入很少，勉强维持温饱，这就是传统小农户；还是这个农户，几十年后的今天，拿出三亩地搞劳动力投入很多的温室蔬菜栽培，其余土地搞节省劳动力的机械化粮食种植，收入以蔬菜为主，生产的农产品几乎全部出售，自家消费的农产品基本外购，年收入可达到10万元以上，也可能是几万元甚至亏本，这就是现代小农户。

小农户从传统向现代的转变，可以理解成微观层面的二元经济结构转换。在这个过程中，对于那个小农户来说，直接感受到的最大难题是生产出来的农产品卖不出好价钱。这一点前面已经讨论过了。两种改革举措即“公司+农户”和办农民专业合作社，没有解决大多数小农户的难题。抽象地说，这就是小农户如何进入市场的问题，也叫作农民与市场的关系。在2018年9月21日中央政治局第八集体学习讲话中，习近平指出了这个问题。

对此，习近平从理论到实践都进行了深入研究与探索。

1998~2002年，习近平在清华大学攻读博士学位。他的博士论文研

究主题是中国农村市场化，得出的基本结论是：农民“要走组织化的农村市场化发展路子”。这里所说的农民组织化，包括农村集体经济组织帮助农户和农民合作社帮助农户两个方面。前者就是已经讨论过的巩固和完善农村基本经营制度。对于后者，细心的读者会问，习近平说的农民合作社与上面已经提到的农民专业合作社不是一回事吗？笔者认为，既有相同之处，又有重大差别。为了说清这个问题，有必要简单地普及一下农民合作社常识。

合作社是市场经济体制下弱小的生产者、消费者联合起来参与市场竞争的经济组织。社员入社要投入股金（多数情况下是按人均等入股），但决策坚持一人一票原则，实行民主管理；经营利润按照社员参与合作社经营业务的交易额进行分配；合作社对社员进行培训教育；合作社与合作社之间相互合作而不搞恶性竞争。

合作社的鼻祖是1843年诞生于英国的罗虚代尔消费合作社，全称是“罗虚代尔公平先锋社”，由纺织工人组成。所以，合作社从一开始就是同资本制大公司进行对抗的。马克思主义经典作家都高度重视合作社在否定资本主义生产关系中的历史性作用。列宁说：“文明的合作社工作者制度就是社会主义。”所以，中国共产党从革命根据地时期就带领农民办合作社，新中国成立正是通过办合作社引导亿万农民走上社会主义道路，本书第二章已经有所涉及。

大概在1900年前后，合作社普及到农业中。在世界范围内，涉农合作社有两类。一类是生产同一类农产品的家庭农场（农户）组成的专业合作社，围绕产品的生产经营为社员提供产前产中产后社会化服务。欧美国家的农民合作社基本上属于这种类型。另一类是同一个地区的农户全员参加的社区性合作社，为社员提供生产生活全方位的综合性的社会化服务，而且上下成体系。日本、韩国以及我国台湾省的农民合作社属于这种类型。农村改革前的人民公社作为合作社来看待，也是社区性合作社。

中国属于东亚国家，同日本韩国一样，人多地少，小农户占有劳动力、土地等农业资源的大部分。大包干之后，学术界和农口部门在办农民合作社方面是存在共识的，但中国农村究竟应该办哪种类型的农民合作社，却存在不同认识。制定农民专业合作社法的事实已经表明，主导这部法律的相关官员和学者选择了欧美类型的农民合作社。实践证明并不成功。2007年10月，也就是农民专业合作社法实施三个月之后，笔者受北京市房山区农民邀请，共同创办了一个农民专业合作社。我们几个发起人尽可能按合作社的本质要求和法律规定运营这个专业合作社。历经10年，2012的成为北京市级示范社，2018年成为国家级示范社。但我作为一个学者和亲身实践者清楚地知道，它并不具备农民合作社的本质特征，不是不想做到，而是无法做到。如果按照农民专业合作社条文以及教科书办这个合作社，早就垮掉了。

习近平作为农业农村经济发展理论造诣深厚的学者和一线领导干部，没有盲从西方农民合作社模式。2005年，习近平在担任浙江省委书记期间，亲自指导瑞安市进行生产合作、供销合作、信用合作"三位一体"的农村改革试验，深受广大农民欢迎。这是在继承我党第一代领导集体创办农民合作社丰厚遗产基础上的重大创新，开创了市场经济体制下中国农民合作社的新纪元。

习近平担任中共中央总书记之后，仍然对构建"三位一体"农民合作社体系高度重视。2014年，在全国供销合作总社成立60周年之际，习近平做出重要批示，要求供销合作社系统进行综合改革，办成"为农民生产生活服务的生力军和综合平台"。根据这一精神，2015年党中央、国务院发布11号文件，对供销合作社系统进行综合改革做出了全面部署，要求改革后的供销合作社成为“党和政府联系农民的桥梁和纽带”。为了扎实推进供销合作社改革，国务院启动了山东、河北、浙江、广东四个省供销合作社综合改革试点。2017年中央一号文件首次提出要积极发展生产、供销、信用“三位一体”综合合作。为农民生产生活服务，是对农民合作社功能的经济定位，成为党和政府联系农民的桥梁和纽带，则是对农民合作社功能的政治定位。显然，农民专业合作社不具备这样的功能。

习近平高度重视“三位一体综合合作”，可以从我们党改造小农经济的基本理论得到解释。把农民组织起来，发展生产合作、供销合作和信用合作，是毛泽东在延安时期就已经成形的思想，并在中华人民共和国成立后一直坚持。本书第二章已经介绍过了。可见，习近平的农民合作社思想蕴含了我们党的初心。

毛泽东的这一光辉思想并不仅仅停留在理论上，也落实到实践中。延安时期，习仲勋等老一辈革命家响应毛泽东的“组织起来”号召，在关中等地区组织农民开办了农业生产合作社、消费合作社和农民银行，既帮助农民发展了经济，又在人力、财力、物力上支援了抗日战争和解放战争。中华人民共和国成立初期，以毛泽东为核心的我党第一代领导集体，就带领亿万农民开展农业生产互助合作运动，并且为了让广大农民免受商业资本和金融资本的盘剥，成立了全国性的供销合作社和信用合作社。

这里需要强调一点。有人把供销合作社和信用合作社说成是计划经济的产物。是不符合历史事实的。从时间节点上看，延安时期肯定不存在计划经济，就是新中国成立之后，生产、供销、信用领域出现合作社都大大早于计划经济体制，而且有力地促进了当时农业农村经济发展，对恢复国民经济发挥了巨大作用。遗憾的是，后来受计划经济体制影响，供销合作社和信用合作社的合作经济性质遭到扭曲。

改革开放以后，供销合作社和信用合作社在市场经济大潮冲击下，都遇到了继续走合作经济发展道路，还是彻底企业化的历史性抉择。信用合作社在改制中，先是把“合作”二字去掉了，变成了信用社，后来就彻底变成了农村商业银行。供销合作社虽然企业化倾向也很严重，但仍然在总体上保留着建成为农服务合作经济组织的改革取向，而且在全国范围内保留了相对完整的系统，很多基层供销合作社也取得了为农服务和自身经济效益双丰收的改革佳绩。

特别值得一提的是，一些地方的党政领导和农民群众在瑞安经验启发下，自发办起“三位一体”性质的农民合作社，取得了大大超出预料的发展成效。比如，河南省兰考县的南马庄村和信阳市的郝堂村，广东省佛冈县的龙塘村，都是村党支部在上级党委政府支持下，从村庄内部开展信用合作起步，向村内农户提供生产生活服务，初步展现了“三位一体”综合合作的强大生命力。

三、三位一体综合合作的科学性及制度要点

虽然以毛泽东为核心的我党第一代领导集体创立了包括生产合作、供销合作、信用合作的综合性合作社体制框架，但很快被计划经济体制扭曲了，脱离了为农服务的宗旨。习近平设计的三位一体综合合作的农民合作社体制，其科学性只能在社会主义市场经济体制的角度进行阐释。

鉴于我国供销合作社改革尚未到位，三位一体综合合作体系还不成熟，理解这个体系的科学性，可以参考习近平推荐过的日本农业协同组合（即农业合作社，简称“农协”）模式。习近平在指导瑞安“三位一体”改革试验时指出，要结合我国实际情况借鉴外国好的经验，

“特别是日本等国的农协”经验。恰好，笔者曾经在日本东京大学农学部专题研究过日本农协的历史、体制及基本理论。

日本农协模式被国际合作社联盟认可，是东亚地区农民合作社的范本。它有以下特征：

首先，农协组织与政府层级一一对应，有一级政府便有一级农协。日本政府分为市町村、都道府、中央三个层级，农协也相应分成三个层级，而且农协的名称也与行政区划名称一致，如长野县农业协同组合、长野县穗高町农业协同组合。农户以及农村的非农户在居住的市町村范围内全员加入农协。这样的组织机构设置方式有两个优势；一是合作社成为政府与农民之间的桥梁和纽带，不论是中央政府还是地方政府，财政支农资金主要是通过农协投放下去的，保证了资金使用的高效率；二是及时准确地掌握全国性农业生产经营动态，有效防止“谷贱伤农”现象的发生。农户加入农协交纳股金是象征性的，仅相当于一两个小时体力劳动的报酬。农户在农协内部的权利完全平等，没有控股的大股东。农协经济实力强大，主要靠以金融为中心的经营业务提取公积金和公益金，得到政府保护农业农村发展的优惠政策支持也是重要原因。

其次，农协为农服务的综合性。农协设有农业技术指导、购销、信用、保险和生活服务等多个职能部门，各部门的业务相互支撑，为农民及当地居民提供“从生产到生活，从摇篮到天堂”的全方位社会化服务。在这种体制下，农业科技推广迅速高效，保证了农产品产量高且质量好；农业生产资料供应质优价廉，农产品销售直接进入批发市场，确保农户尽可能多地分享流通利润，免受商业资本盘剥。把农户的生产与农协的综合服务统一起来考察，便不难发现，日本农业农村经济，早就实现了一二三产业融合发展。

最后，农协经营运作以金融为核心。为农户提供金融服务，是农协最早也是最主要的经营业务。从农协萌芽状态算起，已经有超过150年的历史。第二次世界大战后，日本农协又发展了保险业务。所以，农协是一个实力雄厚的庞大金融组织，不仅在农村经济占据核心地位，在整个国民经济系统中也举足轻重。1990年的日本农协金融系统在世界各大银行中排名第七。正因为如此，农协不仅彻底解决了农民生产生活的贷款难和保险难等问题，还以其丰厚的盈利为其他部门尤其是农业科技推广、农户生活服务提供了坚实的经济支撑。

显然，日本农协具备上述体制特征，决定了其为农服务功能远在农民专业合作社之上。它在整个涉农市场上的功能定位是：发展中间商业，排除中间商人。也就是说，日本农协是涉农市场的垄断组织。但是，农协对涉农市场的垄断，是为了对抗资本制企业利用市场机制对小农户的盘剥。它通过健全的、强大的服务功能，满足农户近乎全部的生产生活服务需求，并且尽可能地将所有经营环节的利润留在农协内部，由农户分享。

我们可以做一下中日两国农产品流通现状的对比，来体会其中的体制性差别。

先说中国。超市销售某种蔬菜，零售价是每公斤6元。在我国目前以农户分散生产经营为基础的农产品流通体制下，超市是以每公斤4元的价格从批发市场进货，而批发市场里的该种蔬菜又是经销商以每公斤2元的价格到田间地头从农户手里收购来的。如果农户的生产成本是每公斤1.6元，那么，农户生产1公斤该种蔬菜的纯收入是0.4元。

再看日本。为了更直观地理解农协保护农户的机制，我们剔除汇率、物价等因素，假设上面的例子同样出现在日本。由于日本有农协体制，除了城镇消费者到农村进行体验式消费之外，农户不会在田间地头出售农产品，而是把收获的该种蔬菜送到农协分检包装，统一运到批发市场上出售，农户能够获得每公斤4元的毛收入，扣除农协不超过批发价10%的运销费用（亦可看作农协的营销收入及当地农民的劳务收入），作为生产者的农户能够拿到手的销售收入不会低于每公斤3.6元，同样扣除每公斤1.6元的生产成本，则日本农户的纯收入是中国农户的5倍。

与销售农产品获得批发价格相对应，农协也同样帮助农户购买农业生产资料和日用品，享受批发价格。总之，农协帮助农户稳妥地赚到从批发市场到村庄的流通利润。比赚取流通利润还要重要的是，农协强大的金融功能彻底解决了农民贷款难和保险难问题，并且把信贷和保险业务利润也赚到手里。说到日本农协对农户利益的保护，用中国老农的一句话来形容，就是“肥水不流外人田”。

正是靠这样充分保护农民利益的农协体制，日本1972年就实现了城乡居民收入均等，也实现了农业农村现代化。日本能够取得这样的农业农村发展成就，并不仅仅靠政府对农业的保护政策，更为重要的是，农协在涉农市场上对农户提供全方位服务，形成了农业农村经济发展的强大内生动力。

农协虽然是涉农市场的垄断组织，但它并不排除农业内部农户以及产地之间的竞争，即生产相同农产品的农户之间与产地之间，还是要努力争取自己的产品产量高、质量好、成本低，以获取更多的收益。农协在鼓励内部竞争的同时，又会发挥全国性合作经济组织的管理优势，防止农产品过剩生产，确保农户生产农产品有利可图。

习近平指出，日本农协是个半官方的组织。这一认识恰如其分，揭示了日本农协成为涉农市场垄断组织的制度根基。需要说明的是，在日本现代农业经济发展理论看来，农协具有半官方组织的性质或拥有涉农市场垄断地位，不但不违背经济发展规律，相反，还是日本农业农村经济实现创新发展的必然要求。

日本著名经济学家东畑精一运用熊彼特的创新理论，研究引领日本农业经济发展的企业家问题，得出的结论是：推动日本农业经济发展的企业家，不可能是传统小农户和传统地主，农产品加工商和收购商可以成为引领农业发展的企业家，却不是主要的，能够全面引领日本农业发展的主要企业家是政府。政府通过财政和金融渠道向农业农村经济系统追加货币资本，实现资源重新配置，引领农业农村经济发展。但政府发挥企业家职能要通过农协来实现。东畑精一把农协比喻为实现政府农业农村经济发展目标的“特战部队”。

尤其应当说明的是，东畑精一的农业经济发展理论得到了熊彼特的高度赞赏。日本战后制定的农协法和农业基本法，都体现了这一理论的精髓。正因为有这样的理论指导，所以日本的财政支农资金，有一半以上是通过农协投放到农业农村经济系统中的；在农村金融保险领域，农协更是处于绝对垄断地位。用中国式语言表达日本政府与农协的关系，可谓农协是政府联系农民的桥梁和纽带，是落实政府农业农村发展政策的抓手。

需要补充说明的是，在日本农协体制下，并不排斥专业合作社的存在和发展。事实上，日本农协也在内部围绕各种产品组织农户加入某某“部会”，同我国的农民专业合作社的基本功能是一致的。日本农协体系中的各类“部会”只负责生产环节，其他产前产后经营环节的服务全部由农协有关部门提供，部会负责人完全没有我国目前专业合作社理事长那么大的经营压力。所以，只有三位一体合作社体系建立起来，我国大量处于僵尸状态的农民专业合作社才能焕发生机活力。

第四节　习近平开创城乡融合发展新纪元

乡村是自然资本充盈的“富春山居图”，描绘这幅画卷的画师是组织起来的农民。依靠完善的农村基本经营制度，农民掌握了土地资本，依靠三位一体综合合作，农民掌握了货币资本、生产资本、商品资本，价值增值尽收囊中。这就是习近平对农业农村社会主义市场经济体制的顶层设计，标志着中国的城乡关系和工农关系进入融合发展新纪元。

“双层经营+三位一体”体制在古今中外农业经营史上独一无二。它以农民组织化为制度精髓，确保小农户以最低的交易成本获得土地、资金、信息等各种资源，并公平分享利用这些资源产生的经济效益。这意味着小农户彻底摆脱传统小农经济体制机制的束缚，成为高度组织化的现代农业农村经济发展主体，在市场竞争中与城市市场主体处于平等地位，实现人才、土地、资本等要素在城乡之间双向流动。在这样的体制中，农民仍然是独立的市场经营主体，仍然是经济人，有着充分的自由选择权，但作为集体经济组织成员和合作社社员，就不再是斤斤计较的小人，而互惠互利的君子。人民币也能够在这样的体制中充分发挥为人民服务的基本职能。

当然，我国现阶段的“三位一体综合合作”体系还处于草创阶段，暂时还不能与日本农协相提并论。但我们有理由相信，中国构建现代农业农村经济发展体制机制，也具有日本不可比拟的制度优势。

一是中国农村的土地集体所有制优于日本农村的土地私有制。1961年日本制定第一部农业基本法时，期待革除农户经营规模细小弊端，扩大专业农户的土地经营规模，培育出单纯靠经营农业就能够与城镇居民收入持平的“自立经营农户”，既增强日本农业的竞争力，又降低政府补贴农业的财政负担。但是，受制于农村土地私有制，一些丧失农业经营兴趣和经营能力的农户宁可土地撂荒，也不卖出土地，导致日本创新农业经营体制的改革目标至今没有实现。

中国在农村土地集体所有制基础上，农村基本经营制度显示出土地所有者、经营者、劳动者三者利益和谐统一的优势，为农户扩大规模经营创造了制度条件。大量调研资料表明，凡是在农村基本经营制度坚持得比较好的农村，推进农业适度规模经营的速度都要比日本农村快得多。

二是在政府发挥引领现代农业农村经济发展企业家作用方面，中国政府的能力大大强于日本政府。与其他发达资本主义国家相比，日本政府动员资源的能力相对较强。但无须详细对比，20多年来中日两国经济社会发展的状况，已经不可辩驳地证明，中国政府的创新能力和资源动员能力在世界各国政府中是最强的。

日本农协体制总体是好的，但并非完美无缺。我们完全有理由相信，在中国共产党领导下，“双层经营 + 三位一体”的城乡融合发展的体制机制必将让中国的农业农村发展比日本更胜一筹，做到既讲公平又讲效率。

实施乡村振兴战略，是一项长期而艰巨的任务。要把习近平对乡村振兴的顶层设计变成基层探索实践，要求各地区、各部门领导干部牢固树立政治意识、大局意识、核心意识、看齐意识，把好实施乡村振兴战略的政治方向。

第五章

乡村振兴的基层探索

《中华人民共和国宪法》已经把习近平新时代中国特色社会主义思想明确为国家发展的指导思想。这一思想之所以能够指引全党和全国各地区、各条战线全面深化改革开放，是因为它回应了时代的声音，代表了人民的心愿，反映了人民的根本利益诉求。习近平对乡村振兴做出顶层设计，正是亿万农民的心声和智慧的集中体现。或者说，在党的十九大报告提出实施乡村振兴战略之前，体现新时代特点的全面深化改革已经在乡村大地上春潮涌动。

习近平在2018年9月21日中央政治局第八次集体学习讲话中说，党中央对乡村振兴的顶层设计已经明确。他要求：要处理好乡村振兴“顶层设计和基层探索的关系”“要发挥亿万农民的主体作用和首创精神，调动他们的积极性、主动性、创造性，并善于总结基层实践创造，不断完善顶层设计”。这一章，笔者基于农村基层调研，介绍几个案例，期待对探索乡村振兴道路的实践者和理论工作者有所启发，对完善顶层设计有所裨益。

第一节　清远农村综合改革

2018年10月23日下午，习近平总书记视察了广东省清远市。据权威媒体报道，习近平总书记听取了广东省推动粤东西北脱贫攻坚和清远农村综合改革（以下简称“农综改”）汇报，对当地的做法表示肯定。习近平总书记在这里对当地干部群众说，城乡区域发展不平衡是广东高质量发展的最大短板。要下功夫解决城乡二元结构问题，力度更大一些，措施更精准一些，久久为功。要坚持辩证思维，转变观念，努力把短板变成“潜力板”，充分发挥粤东西北地区生态优势，不断拓展发展空间，增强发展后劲。习近平的这些话是在清远农村说的，对指导全国乡村振兴同样具有重大意义。

清远农综改的具体做法简称为“三个重心下移”和“三个整合”。“三个重心下移”是指，党支部、村民委员会由行政村下移到自然村或村民组，公共服务由乡镇下移到行政村改造而来的公共服务行政片区；“三个整合”是指，整合农户零碎的承包地资源、整合财政涉农资金、整合各种涉农服务平台。

一、“第二次土改”：叶屋由穷变富，新城由乱到治

尊重农民的首创精神，是40年前开始的中国农村改革取得成功的基本经验。清远农综改也不例外。这一节先介绍叶屋和新城两个自然村，也是在重复这个基本经验。对于清远农综改而言，这两个村的作用同40年前带头搞大包干的小岗村等差不多。笔者对于农村基本经营制度“统”的优势的新认识，也是源于2013—2014年期间几次到这两个村调研产生的灵感。

（一）叶屋村改革的起因与做法

叶屋村是清远市所属英德市的一个自然村，隶属于石牯塘镇萤火行政村，也是一个村民组。这里指出叶屋村的自然村和村民组两个属性是有铺垫意义的。该村有35户，128口人，水田130亩，旱地772亩。在粤北山区丘陵地带没有任何特别之处，普通得不能再普通。

叶屋村自1982年分田到户之后，没有再动过地，可谓是农村土地二轮承包时就自发地执行了“增人不增地，减人不减地”政策。每户平均拥有8.1块地，超过10块地的也有几户。起先，各家各户的收入主要靠农业生产经营，后来逐渐过渡到主要靠外出务工经商。这个村商业化的农业生产经营项目有三个，一是养鱼，二是种水果，三是养蚕。

由于各户地块分散不好打理，加上外出务工收入越来越高，土地撂荒和粗放经营现象越来越严重，水田丢荒了40多亩。直到2009年底，统计的人均纯收入2000元左右，低于全国平均水平，在扶贫工作中，被确定为省定贫困村。

面对这种状况，干了20多年村主任（当地农民对自然村干部的称谓，其实是村民组组长）的叶时通逐渐产生了要改变一下的想法。

叶时通的想法源于他自身的实践。他家当初分到了3亩鱼塘，因为养鱼兼养猪（鱼塘边建猪舍形成立体养殖模式，）效益好，他就把主要精力放在这个项目上。恰好他家的鱼塘边上是村里的荒地，他就不断地开挖扩大鱼塘面积，到2000年之前，达到了11亩。就靠这一个项目，叶时通在一般年景收入都能达到10万元，比外出打工收入高得多。联想到本村人少地多的实际，叶时通断定，只要各家各户分散的土地都能像自家的鱼塘一样连成片，就都能形成像样的生产经营项目。虽然做不到都养鱼养猪，但种桑养蚕、经营果园只要规模扩大了，效益也不差多少。这个想法在叶时通的脑海中翻腾了很长一段时间，到2008年他下决心要把这个对大家都有好处的想法变成现实。于是，他找到村理事会（叶屋村村民自发成立的组织）其他四名成员，说出了自己的想法。经讨论，村理事会成员一致认为，这是叶屋村切实可行的发展出路，并且，他们把这样做称为“搞第二次土地改革”。村理事会成员的意见统一后，就立即分头行动，到各家各户征求意见，村民们也普遍积极响应。于是，2008年冬天，叶屋村由理事会提出土地改革议案，召开全村家长会进行讨论。

在第一次家长会上，各户家长都接受叶时通讲的道理，对土地集中连片没有反对意见，但真正落实并不容易。最大的障碍是，土地承包到户之后一直未变，各家各户的人口却发生了很大变化，再加上开荒、修建水利设施和道路等因素，户与户之间在人地比例和生产条件方面都有了很大差别。讨论调整土地问题，矛盾焦点很快集中到各户人均土地数量不等和土地质量优劣两个问题如何解决上面。在这两个问题中，最难解决的还是人多地少户和人少地多户之间的矛盾，前者要求重新按人分地，后者说承包到手的土地就不退了，这是国家政策。

围绕着这两个核心问题，叶屋村用了一年多时间，召开了30多次家长会。这期间，既有和风细雨式的说服，也有暴风骤雨般的争吵，甚至闹到了险些打破头的地步。好在没有人上访，因为大家都知道，土地连片是叶时通想出来的主意，对各家各户都有利，上面领导从一开始就不知道件事情，也没有参与进来。吵来吵去，最终各户家长取得了四点共识：一是叶屋村的所有土地资源是属于叶屋全体村民集体（有的农民说是共产党的），不是哪一家哪一户的私有财产，人人都有同等的权利，娶进来的媳妇和新出生的孩子应当有土地，去世的老人和嫁出去的闺女应当把土地让出来。二是土地管理不善甚至撂荒的农户基本上是那些地多人少的农户，多占土地也没有收益。三是土地集中连片后，即使请人帮忙或出租也比较容易。四是收一些承包费用于修建水渠和田间道路，让土地质量大体相当。

到2009年入冬，村民们一致同意将所有的水田（含鱼塘）、旱地、山林全部收归集体，重新按每户人口数量连片承包。①

在取得基本共识的基础上，为了重新分地，叶屋村理事会带领全体村民做了两项基础性工作：一是丈量土地，35户家长共同对全村所有土地面积进行丈量记录，明确了可重新发包的水田、旱地、山林的面积及位置，同时也明确了各户已种各种作物的状况。二是进行农田基础设施建设。灌溉条件和道路条件对农业生产经营效益影响很大，

① 叶屋村早些年把200亩旱地租给水电站使用获得租金收入，仍然维持合同关系不变。

为了避免由此产生的矛盾，理事会决定并经家长会讨论通过，在落实土地重新发包方案之前，动用向水电站出租土地形成的集体积累资金，完成所有土地的通路通水工程，具体内容是，用16万元修建4公里机耕路，用13万元修建2公里农田排灌渠道，让所有水田排灌顺畅，让机动车能够开进每一块土地。到2010年春天，叶屋村顺利完成了这两项基础性工作。

经过两年的反复讨论磋商，叶屋村制定了大家都满意且简单易行的重新发包土地方案：

（1）所有土地按在籍人口平均分配，各户承包土地面积的基本决定因素是家庭在籍人口的多少。承包期为20年，到期后重新调整。

（2）村中每人无偿承包的土地面积为水田（含鱼塘）1亩、旱地2亩，其余土地由各户视具体分配地块的情况有偿承包，或由集体向外出租，形成集体收入。

（3）水田与旱地的兑换比例是1∶2，即一亩水田等于两亩旱地，多承包1亩水田就要少承包2亩旱地，反之亦然。

（4）主要劳动力常年外出务工的家庭只能承包一块旱地，不能承包水田；主要劳动力在家务农家庭既可以选择水田，也可以选择旱地。各户承包的土地要连片。

（5）合理确定土地优先承包权。一种情况是，某一块土地原有承包户已经形成一定规模，愿意继续承包这块地，有优先权。另一种情况是，有两户以上都想承包同一块土地时，由随机抽签决定谁取得优先权。

（6）地块面积大于承包户应得无偿承包面积时，或者由亲门近枝的其他家庭之间自愿进行土地割补，或者向集体交租金。以叶时通村长为例，该户现有8口人，可无偿分到水田（鱼塘）8亩、旱地16亩，原有11亩鱼塘愿意继续承包，多出的3亩水田（鱼塘）面积可由他的同胞兄弟承诺割让出6亩旱地或3亩水田作为对集体的补偿，他们兄弟之间的利益关系由他们内部自行协商。如果没有其他家庭愿意割补，多出的面积按照规定向集体缴纳租金。

叶屋村按照上述方案重新发包土地后，困扰了他们30多年的土地分割细碎问题彻底解决，形成了专业化规模化经营格局，各家各户全部成为种植养殖专业户。沙糖橘种植面积超过20亩的有4户，鱼塘面积达到15亩、养猪超过100头的有10户，蚕桑种植面积超过10亩的有5户。即使人口少的家庭，最小一片承包地的面积也超过了8亩。在各家各户都选择了擅长的经营项目和满意地块外，全村还多出320亩旱地和20多亩鱼塘，统一连片向外出租，在原来集体出租土地收入的基础上每年增加了5万元。

叶屋村经过土地改革，不仅实现了专业化规模化经营水平大大提高，劳动力就业结构也发生了重大变化。“386170部队”种田的现象有了根本性改观。课题组现场看到，叶屋村的十几位村民在鱼塘里合力捕鱼，都是青壮年劳动力。这次土地改革前有60人左右外出务工，土地集中连片后便有40多个青壮年劳动力回到村里经营自家承包地，因为这些农民的经济账算得很明白，在村里务农比外出务工卖力气的收入高一些，家庭生活也更加安定和谐。目前叶屋村外出经商务工的劳动力下降到15人左右。农户收入水平提高更为明显。从最直接反映农民经济状况的人均纯收入指标看，2010年就超过了1万元，2015年以后已经稳定在2万元以上，彻底摘掉贫困村帽子，成为远近闻名的富裕村。

由于有了集体收入，水渠、农道都能得到很好的维护，每年村集体还能拿出固定资金搞福利，如每到重阳节，村集体给20多位60岁以上的老人发放200元的慰问金，考上大学的学生奖励1万元。土地改革前，打药、灌水、排水经常导致邻里之间闹矛盾，现在全然不见了，相互帮忙成为习惯。

（二）新城村改革的起因与做法

新城村同叶屋村一样在英德市，隶属于西牛镇小湾行政村（现称行政片区）。有128个农户。

人民公社时期，新城村是一个规模比较大的生产队，同其他农村一样穷。吃大锅饭的统一经营体制被打破，水田、旱地、林地按人平分给各户承包经营，只用几年时间就解决了吃饱饭难题，农民都很高兴。但是到了20世纪80年代末期，分田单干后也出现了很多新的矛盾和问题，主要有：年轻人外出打工，一些家庭缺乏劳动力造成土地丢荒；山林界限模糊不清，越界砍树和偷砍树木事件时有发生，水田用水管理无序，引发多起打架斗殴事件，严重影响村民团结；宅基地使用无序，村民乱占宅基地现象愈演愈烈；村内环境脏乱差，村民矛盾不断；生活水源被承包山塘的养鱼户严重污染。总之，村民中只顾自己不顾集体和他人的现象越来越严重，先下手为强成了潜规则，几百人的村子如同一盘散沙。对这种状况，全体村民个个有怨气。

新城村的转机由重建宗族祠堂开始。该村各户全部是曾姓子孙。到20世纪80年代中后期，旧祠堂破败不堪。一是因为存在宗族情结，二是为了形成村民团结的纽带，当时的村组干部决定重修祠堂，号召全体村民集资。

从感情上说，全村没有人反对重建祠堂，但真正着手修建，事情就变得复杂了。主要原因是各户的经济状况参差不齐，集资过程阻力重重，由此还衍生出家族内各房系之间的新矛盾，有的村民怀疑村干部偏向自己的房系。结果是重建祠堂不仅没有重新凝聚人心，还让人心更加涣散。历经10年左右，1997年新上任的村干部想出了一个解决矛盾的办法：由各房系推举出一名比较有威望的人当本房系的代表，组成全村代表会。重建祠堂的各项决策都由代表会讨论决定，再由全村各户家长会通过后才能实施。这样一个组织机构和议事决事机制的建立，为新城村重建祠堂工程带来了转机，各家各户都在议事决事机构中有了代理人，大事小情都公开透明，一旦决策下来的事情，执行起来就不存在任何阻力了，昔日的种种矛盾迎刃而解。1998年，祠堂重建工程顺利完工。

在重建祠堂的过程中，围绕资金筹措和管理问题，引发了新城村土地承包关系和村务管理方式的一次重大调整：因为有部分困难家庭无力缴纳资金，村干部便在代表会上提出把已经按人分给各家各户的山林、山地、旱地收归集体重新有偿发包。

村干部这样提议的理由有两个：一是要解决村集体的土地资源和劳动力资源利用效率很低问题。当时的基本情况是，各家各户的承包地东一块西一块，七零八落，一部分家庭主要劳动力外出经商务工，照顾不了家里的土地，只栽植些省人工、好管理的低效益作物或林木（比如木薯），有些土地甚至完全丢荒。而另一部分家庭的劳动力不能外出挣钱，手里的土地却不够用，造成土地和劳动力资源双重浪费。二是要筹集祠堂建设资金。村干部的考虑是，土地是集体的，不是哪家哪户的，建祠堂是集体的事情，集体把土地充分利用起来，收取一些承包费，就可以筹措到足够的建设资金。村干部把这个想法拿到村代表会上讨论，大家都认为可行。最后在全村家长会上得到了超过90%村民的支持，少数人有自己的想法，碍于房系负责人和大家的情面，也没有硬性反对，更没有上访告状。

于是，1998年新城村从各户收回全部1228亩山林地，以承包期20年、30元/（亩·年）的价格重新发包。这样，集体有了收入，就把建设祠堂的23万元集资款逐年如数退还给了各家各户，村民们都非常高兴。2007年，新城村又把260亩旱地全部回收，划成若干地块，以承包期10年、300元/（亩·年）为底价竞标重新发包，于是，有36户有了成片的果园。鱼塘则是每年通过竞标发包，标价高者获得鱼塘承包经营权。村内没有人愿意承包的地块由村集体统一对外发包，增加集体收入。300亩水田作为口粮田，按照每人6分的标准整块承包到各家各户无偿耕作，承包期也为10年，承包到期后重新调整，增人增地，减人减地。

这样，不仅农户承包地块七零八落和丢荒问题迎刃而解，集体也有了稳定收入，2004年集资18万元建设的自来水款项也逐年退还给各家各户。为了避免村民之间用水矛盾和高效利用水资源，新城村把农田灌溉用水和生活用自来水实行统一管理，由专人负责。生活用自来水按照0.30元/吨收取费用，果园灌溉用水按照0.80元/吨收取费用，稻田灌溉免费。

新城村不仅对农业用地资源的承包关系进行了调整，在宅基地利用方面调整力度更大。前些年的新城村是一副破落模样：全村的宅基地高低不平，楼房与泥砖房参差不齐。很多农户的房屋东一间西一间，人与猪牛相邻而居，街道上鸡屎牛粪随处可见，每到夏季蚊蝇多得吓人，城市里来的亲戚总是捂着鼻子、提起裤角走路。在这样的村子里生活，年轻小伙子找媳妇很难。在祠堂和自来水工程完工后，新城村的干部们下决心改变村庄的落后面貌。

2010年，新城村把代表会改成新农村建设理事会，专门研究本村的新农村建设方案和有关策略，其中最棘手的问题是宅基地的多占与乱占。自生产队解体以来，新城村村民通过建新房、保留旧宅、搭建茅寮、栽树种菜等方式，一户占有村庄内多块土地的现象十分普遍，某一户的宅基地竟然有10块之多。为此，村干部和村民理事会经过反复讨论后做出了5年彻底改变村庄脏、乱、差面貌的决定：村里所有土地归集体所有，一切乱种乱占的菜园、果树、茅寮全部铲除，村庄周围栽种的水竹、麻竹收归公有，按每户一棵（实际上是同一个根系——笔者注）的原则重新分配。根据国家规定的每户一宅的原则，以祠堂为中心，按照大街道宽6米、小街道宽4米的方案重新规划宅基地，拆除所有不符合规划要求的旧房屋，每套楼房的建筑面积与高度严格按照规定兴建。考虑到有些家庭有两个以上男孩，面临孩子长大后分家问题，预留出宅基地，供男孩满18岁以后兴建第二套楼房。

为了顺利推进新农村建设，新城村采取了两项辅助措施：一是在村庄外围为每户修建了一间砖瓦平房，用于堆放杂物、柴草或饲养畜禽；二是为了腾出泥砖房占用的宅基地，妥善安置马上拆旧建新的无房户和暂时缺乏建新楼房经济实力的困难户、五保户，根据需要建设了一批两房一厅一厨的周转房。由于新城村改变村庄落后面貌的决策符合所有村民的心愿，加上措施得力，3年时间，新村庄已经初具规模，已经有超过80%的农户住上了四室两厅两卫一厨的新楼房。单纯看住宅和村庄环境，新城村已经进入高标准小康农村行列。

新城村靠管理集体土地有了集体收入，在集体资金管理方面，也完全做到了公开公正。自1998年集体有了固定收入以来，每年都要把村里的集体收入账目和支出账目详细列表，分别张贴到祠堂内两侧墙上，让祖宗和全体村民检验。笔者在新城村的祠堂中看到，一面墙上贴着收入流水账，另一面墙上贴着支出流水账，在支出账上，连购买了几元钱的订书钉等小物件都一一列出清单。

通过这样的改革，新城村多年来由承包地和宅基地的分配使用造成的农民之间的矛盾彻底化解，土地给各家各户以及由各家各户组成的村集体带来了比改革前多得多的利益。如今的新城村，土地集体所有、集体经济、统分结合，都不再是个空洞的概念，而是实实在在地让所有成员能够受益的利益纽带。近两三年，财政给予新城村一些村庄美化绿化方面的支持，村前建起了风水塘，水田进行了高标准整治。小小的新城村，已经变得风景如画。

二、提炼农民自发改革经验，推动“三个重心下移”

叶屋、新城两个自然村的改革完全是农民自发的，是村里多年积累的问题倒逼出来的。在清远市，类似的改革并不仅仅发生在英德市的这两个小村庄，其他县（市、区）都有类似的典型案例。

反复发生的现象要在规律上找原因，普遍发生的现象要在体制上找原因。

（一）“三个重心下移”的基本理由

2012年1月担任清远市委书记的葛长伟经常深入农村调研，看新城村、叶屋村这类亮点看多了，就形成了一些印象：纯农业地区也有亮点；纯农业地区的亮点基本上是自然村，是由村民小组组长带着干出来的，一般还会有个理事会之类的非正式组织支持小组长工作，村（组）集体或多或少都有些积累；干部和群众都很乐观、很阳光；村（组）里的事务基本上不用上级党委政府操心，甚至没有向上级党委政府要过一分钱。相比之下，行政村的支部书记和村委会主任，基本上是见面就哭穷要钱，埋怨群众难管，党支部的领导作用很难影响到自然村，党员在自然村发挥作用，也主要是个人行为，而不是组织行为。尤其是行政村两委班子换届选举，拉票贿选比比皆是，选一次矛盾就积累一次，成了让县乡两级党委头痛的大事，甚至成为一些农村不稳定的根源。

这一现象让清远市委反思：党委政府农村工作的重心在哪里，着力点在哪里，如何把农民有效地组织起来。

原来的人民公社体制分成三个层次，即生产队、生产大队、人民公社，以生产队为基础。发源于安徽小岗村的大包干经验在全国农村普遍推广以后，生产队作为生产经营单位基本上不存在了，党和政府农村工作的着力点自然而然地上移到行政村，也就是原来的生产大队，农村的管理层次由三级变成两级。乡镇以上党政机关工作人员到农村做工作，只能依靠行政村。这样，上级党委政府为解决“三农”问题投入的大量人力、物力、财力，也就自然而然地落在了行政村。这不仅是由大包干引起的农业经营体制和行政体制的变化，也是国家农村治理体系的重大变化。

对照新城、叶屋这类自然村或村民组发生的巨大变化，分析行政村层面发生的种种乱象，葛长伟及清远市委一班人认识到：大包干之后，农村最大的体制问题是农民组织化水平太低，农村基本经营制度要求“统分结合”，但大多数农村只有“分”，而没有“统”；要把全体农民有效地组织起来，应当从自然村或村民组做起。因为，在这个范围内，很多村民同宗同源，即使姓氏不同，历史上、现实中，各家各户之间也有千丝万缕的联系，构成了完全的熟人社会。50多年前人民公社制度定型，土地归农民集体所有，30多年前打破人民公社制度，集体向农户发包土地，都是在村民组这个层次上实现的。所有农民都能够接受的“集体”是自然村或村民组，超出这个范围，绝大多数农民不承认外村外组的人属于同一个集体。组织农民从自然村或村民组做起，最简单也最有效。

相比之下，行政村由多个自然村或村民组构成，村民之间包括村干部与村民之间并不熟悉，甚至根本不认识，充其量是个半熟人社会。农村绝大部分土地归村民组所有，行政村没有支配权。所以，在行政村范围内组织农民并不容易，行政村在村民组和村民之间分配上级拨付资金等资源很容易造成矛盾。少量行政村集体经济实力比较强大，基本上是靠搞非农产业，尤其是靠出租土地和房屋，经验不适合推广到纯农业地区。即使在少量富裕农村，也有以村民组为单位出租土地和房屋的。

（二）最初的“三个重心下移”

正是基于对农村实际情况的深入调研和理性思考，催生了“清发［2012］33号文件”。根据党的十八大精神2012年11月26日，中共清远市委和清远市人民政府下发了《关于完善村级基层组织建设推进农村综合改革的意见（试行）》，把清远市农村改革推向了新阶段：清远市农村综合改革，简称“三个重心下移”。

这个文件出台的大背景是：“家庭联产承包制改革实现了包产到户，调动了农民的积极性，这是中国农村一次非常关键的改革。但由此也产生了农村基层治理模式和农村产权关系不适应、不配套的问题。农村基层治理只到行政村一级，而农民生活是以自然村落为单位，生产方式是以一家一户为个体单位。导致农村组织化水平低，表现为农村集体经济难以发展起来，农村公共服务难以到位，农村稳定缺乏基础。”这段话摘自葛长伟2013年8月29日在推进村建工作连州会议上的讲话。

针对农村存在的普遍性问题，清发［2012］33号文件确定的总体改革思路是：“把增加农民收入、提高农村公共服务水平作为完善村级建设推进农村综合改革的根本出发点，以群众满意作为衡量工作成效的根本标准”；“以创新农村治理模式、创新农村生产经营模式、创新农村基层党建模式为途径，进一步加强村级基层组织建设，深化农村综合改革”，“形成以村级党组织为核心，基层自治组织、农村经济组织相结合的设置合理、功能完善、作用突出的村级基层组织体系，巩固党在农村的执政基础”。

需要特别说明的是，清发［2012］33号文件所说的“村级”是指自然村，也包括规模较大的自然村中的村民组，总之是指农民之间知根知底的熟人社会范围，而不是行政村。为了做实自然村或村民组，清发［2012］33号文件规定了如下具体改革路线图。

1. 村民自治组织下移

现有全国农村治理体系的组织构架是“乡镇—行政村—村民组”。依据《中华人民共和国村民委员会组织法》的规定，行政村和村民组都属于村民自治组织，但村民自治的重心是在行政村范围内由村民民主选举出来的村民委员会，是事实上的“乡镇—行政村”两级构架。“但现实中，绝大多数村民委员会很难发挥自治作用。”这是时任清远市委组织部长黄兆芬2013年8月29日在推进村建工作连州会议上做出的判断。为了解决这一长期存在的老大难问题，清远市委确定的改革方案是，保留村民自治的精髓，改变村民自治的范围，具体的办法是把“乡镇—行政村—村民小组”调整为“乡镇—行政片区—村（原村民组或自然村）”。

清远市把村委会下移到自然村（村民组）的着眼点，是增强村委会的自治和服务能力。连州市的熊屋村早在20世纪80年代就由村民自发成立了村民理事会，协商办理村内各种事务，后来又陆续涌现了新城村、叶屋村这类典型。他们提供的共同经验是，在自然村的范围内，由于村民之间的利益高度相关，且彼此知根知底（信息对称），比较容易做到村民自我管理、自我服务、自我教育、自我监管。清发［2012］33号文件规定：下移后的村委会的主要职能是“办理本村的公共事务和公益事业、生产发展、村庄规划建设、矛盾调解、政务协助、民意表达等事务，引导村民依法依规制定村规民约，提高自治水平”。对于民主监督，文件也参照新城村、叶屋村这些村民自治搞得比较好的农村的经验做出了详细规定。

根据这一规定，村委会主任的选举就不在行政村范围内进行了，而是在自然村或村民组范围内进行。

2. 集体经济组织重心下移

实行家庭联产承包责任制之后，“集体经济”这个概念在党政机关发布的文件中经常出现。在绝大多数人的观念中，所谓的“集体”已经不包括由原来的人民公社体系中的生产队转化而来的村民组，而是专指由生产大队转化而来的行政村，集体经济组织的法人代表是行政村的党支部书记或村委会主任。但大多数行政村既不像江苏华西村那样有效益可观的村办企业，又不像珠江三角洲地区的农村那样可以向企业出租土地，所以，在经济上几乎没有什么收入，成为集体经济的“空壳村”，根本无力为农户服务提供统一经营服务。

葛长伟在农村调研中注意到，一些年长的行政村党支部书记仍然沿用30多年前的组织称谓向他反映情况：生产队（即村民组）掌握土地，搞到一些经济收入要比大队（即行政村）容易。这个现象启发了清远市委。清发［2012］33文件规定，在村委会下移的同时，农村集体经济组织的重心也下移到自然村或村民组。按照广东省政府的统一规定，村民组层次上的集体经济组织称为“经济合作社”，行政村层次上的集体经济组织称为“经济联合社”，简称经联社。

清远农村综合改革在经济上要做实经济合作社。清发［2012］33文件规定：经济合作社要加大对集体土地的统筹力度，发挥集体土地资源优势，提高土地利用集约化水平和产出效益；创新集体货币资金、固定资产、集体资源（简称“三资”）管理机制，对原村委会的“三资”进行妥善处置——简称“清理三资”；加强村集体经济组织经营管理人才培养。清远市委、市政府特别强调，经济合作社要充分发挥掌握农村土地资源的制度优势，做实做强农村集体经济。

需要说明的是，“清理三资”是做实经济合作社非常关键的改革步骤，它不仅从资金、资产、资源三个方面理清了行政村与村民组以及村民组与村民组之间财产和利益边界，更为重要的是，它从程序上和实体上恢复了经济合作社在集体经济中的“基础”地位。

3. 党支部设置重心下移

“三个重心下移”前，清远市农村党支部的设置同全国大多数农村一样，基本上设在行政村，村民组或自然村没有固定的党组织设置，很多村民组或自然村连党小组也没有，甚至没有党员。行政村两委的工作主要是完成上级党委政府交办的工作，即使是有党员的村民组或自然村，党员也发挥不了什么作用。不可否认，多年来，农村党组织与农民群众的游离状态越来越严重，党组织在农民群众中的根扎得越来越浅。

针对这一涉及我党执政根基的严峻现实，清发［2012］33文件规定：乡镇党委应在下辖片区设立党政公共服务站的同时建立片区党总支，同时在片区下辖的村（原村民小组或自然村）建立党支部，扩大党组织覆盖面，在具备条件的村办企业、农民专业合作社、专业协会等建立党支部。

清远市委在下移村委会和集体经济组织的同时下移党组织，目的是强化党组织在农民群众中的领导核心作用。他们要求建立健全村级党组织的运作机制，在集体经济比较薄弱的地方一般实行党支部书记、村委会主任、集体经济组织负责人“一肩挑”；建立健全村级班子联席会议制度，即村委会（村民理事会）、集体经济组织和党支部共同讨论决策本村各项事务，确保党组织在决策本村重大问题中发挥领导核心作用。为了达到这一要求，清远市委借鉴以往成熟经验，要求乡镇和片区两级党组织选优育强村党支部书记，注重在农村致富能手、农民专业合作社负责人、复员退伍军人、外出务工经商返乡党员中，选拔思想政治素质好、带动能力强的优秀党员担任村党支部书记。鼓励优秀民营企业管理人员、机关和企事业单位退休干部职工中的党员回原籍担任村党支部书记。同时，清远市委还要求创新农村党员队伍管理机制，加强发展党员工作，重点在村委会成员、致富能手、村民代表中发展党员，探索实施竞争择优确定入党积极分子和发展对象制度，推行发展党员党群民主推荐、民主测评和责任追究制度，落实发展党员票决制、公示制，确保新党员质量。此外，对于如何发挥在村党员、流动党员作用，如何清退不合格党员，如何对党支部书记及党员进行培训、考核，也做出了一系列规定。

（三）最初的“三个重心下移”的配套改革措施：公共服务下移

“三个重心下移”后，原来的行政村怎么办？清远市委对行政村的功能定位做了实事求是的分析研究，得出的结论是，改革行政村是必需的，但是，在行政村的范围内保留党政组织，作为上级党委政府与农民群众的纽带更是必要的。

“三个重心下移”的着眼点是，在党的领导下农民组织起来，通过建立健全村民自治机制，自己的事情自己办。但超出自治范围的公共服务就不能指望农民自治组织来承担，应当由公共服务机构来提供。而且，清远市的乡镇范围内都有几百个自然村或村民组，有几万农民，对他们的公共服务完全由现有乡镇党政机关公务员队伍承担起来也是不现实的。所以，把行政村改造成行政片区，利用现有村两委的人员和场所，就地办起党政公共服务站，作为乡镇党委政府的派出机构，就能够把原来行政村没有履行好的公共服务职能扎扎实实地担当起来。这是“三个重心下移”最重要的配套改革措施。

清远市委把县乡公共服务延伸到行政村（片区），也是有扎实的实践基础的。该市所属的阳山县，早几年就不断探索如何破解政府机关“门难进，脸难看，事难办”的新路子，创造了三级社会综合服务网络经验。

阳山县针对农村公共服务滞后、群众办事难的现实，按照“延伸乡村、覆盖县域、均等服务”的思路，到2012年4月建成了覆盖县、镇、（行政）村三级的社会综合服务网络。具体的制度安排是，农民群众来办事，即使需要县级行政机关承办（盖章）的，经过“三站”就能顺利办好：首先到设在村（社区）里的社会综合服务站说明情况，填写规定的表格，称受理站；接着由受理站将群众要办的事项送到镇（乡）社会服务中心，称为中转站；经过乡镇职能部门审核后，由中转站送到县社会综合服务中心办结，称为终点站。

“三站”式服务把党政机关系统中为老百姓服务的办事窗口尽数囊括，也就是说，老百姓凡是要找政府办事，都由社会综合服务网络办理，不必“土地的事情去土地局，福利的事情去民政局”了。除非是县、乡办事窗口的行政人员必须“面试”办事群众（如结婚登记），农民只要到设置在行政村的受理站填好表格就可以了。

为了让全县所有农民都能够享受到与城镇居民一样的公共服务，阳山县委县政府还特别采取了两项提高办事效率的举措：一是将县直部门249项行政管理职权中的177项下放或委托乡镇行使，绝大多数事情让农民到乡镇综合服务中心就能够办理；二是为取送群众办事资料方便快捷，由县财政出钱，为各乡镇社会综合服务中心配备了专跑“县—镇”的面包车，为行政村配备了专跑“镇—村”的摩托车。三级社会综合服务网络的建立大大方便了城乡群众，尤其是边远农村的农民，绝大多数需要找政府职能部门办手续的事情，都可以不出村就能办妥，村服务站把办完的手续直接送到群众家里。阳山县的社会综合服务网络启动以后，群众一片叫好声。

时任阳山县委书记武文超对笔者说：政府机关“门难进，脸难看，事难办”，也不要把板子都打在办事窗口的机关和干部身上，要从体制机制上解决问题。很多群众都是第一次到窗口办某件事情，既不知道表格怎么填，也不知道如何把自己的情况表达清楚，窗口办事人员很无奈，久而久之，难免心气不顺，给群众脸色看。三级社会服务网络解决了这个问题，由村干部受理农民要办的事情，彼此沟通起来容易，说话轻一点重一点都无所谓，嘻嘻哈哈中把事情就办妥了。然后，由干部按照流程给群众办事，就很容易，办好了之后村干部把手续送到群众家里，群众自然高兴，也密切了干群关系。

作为“三个重心下移”的配套改革措施，清远市委把阳山的经验总结提升，在全市所有行政村都参照阳山县的做法建立了社会综合服务站或党政公共服务站，把公共服务从机关窗口延伸到行政村的村部。

在这个意义上，清远市也有同志把公共服务重心下移同“三个重心下移”并列，称清远市农村综合改革为“四个重心下移”。笔者是赞同“四个重心下移”说法的。后来，由于多种原因，清远市委用公共服务重心下移取代了最初的集体经济组织重心下移。不论是“三个重心下移”还是“四个重心下移”，改革举措的基本内容都是一样的。

（四）加强党对农村综合改革的组织领导

清远市推行“三个重心下移”初期，由于具体工作是从农村党的基层组织建设角度切入的，所以主管部门设在了党委组织部系统。随着改革的深入，清远市委越来越清晰地认识到，“三个重心下移”并不单纯是农村基层组织建设，而是农村改革的全面深化，涉及从生产力到生产关系、从经济基础到上层建筑，落脚点是国家农村治理体系的重新构建，成效要体现在加速农业农村现代化进程，让农村安定团结，让农民尽快增收致富上面。达到这样的改革目标，需要把党政各部门掌握的各种资源配置到最基层，单纯靠党委组织部门主抓“三个重心下移”，就很难把分散在诸多部门里的资源统筹协调起来，需要一个强有力的组织机构对农村综合改革实施统一领导。

基于上述看法，清远市委于2013年8月成立了“中共清远市委农村工作委员会”，由市委副书记兼任主任委员，下设办公室，对市委常委会负责，统筹协调全市的农村综合改革工作。在清远市委的强有力推动下，各县（市、区）也全部成立了农村工作委员会，形成了党领导农村工作的体制新格局。

为了扎实稳妥地推进以“三个重心下移”为基本内容的农村综合改革，清远市委选择了英德市西牛镇、佛冈县石角镇、连州市九陂镇进行试点，也就是在试点镇一步到位，把行政村改制为行政片区，其余绝大多数乡镇则是按照“三个重心下移”的精神推进农村综合改革。

三、“三个整合”深化农村综合改革

按照“清发［2012］33号文件”文件精神，“三个重心下移”在清远农村全面展开，仅仅一年多的时间，取得的成效出人意料。很多村庄闻风而动，像叶屋村、新城村那样干起来了，更有像叶屋村、新城村那样早在农村综合改革之前就悄悄改革的典型被挖掘出来。但也必须承认，大多数农村是做不到叶屋村、新城村那样农民自发改革的，否则，党的领导作用也就无从谈起。

党的十一届三中全会之后一个时期，农村改革曾经出现过“上面放，下面望，中间有个顶门杠”的状态。同样，清远农村综合改革启动以后，也存在“上面热，中间冷，下面等”的现象。出现这种现象并不奇怪。向叶屋村学习，承包地要动；向新城村学习，住宅和承包地都要动；向阳山县学习，县乡村三级干部只能是规规矩矩地给老百姓办事；三个重心下移了，自然村和村民组有权了，行政村好像除了帮村民到行政窗口办事就没有什么权力了。这几个方面综合起来，清远农村综合改革带来的变动非同小可。

为了打破“上面热，中间冷，下面等”的局面，2014年7月17日，中共清远市委和清远市人民政府发布了《关于提高农村组织化水平 进一步深化农村改革的实施意见》，即“清发［2014］7号文件”。该文件对深化农村综合改革提出的总体要求是：全面深化农村综合改革，以提高农民收入水平和生活质量为目标，围绕提高农村组织化水平这一核心，进一步完善基层党组织建设、村民自治、农村公共服务“三个重心下移”，积极探索农村土地资源、财政涉农资金、涉农服务平台“三个整合”，创新和完善农业经营体制机制，……实现农业繁荣发展、农民福祉增加、农村和谐稳定。

这是“三个整合”改革举措的正式提出。把“三个重心下移”与“三个整合”对照起来不难发现，前者是主要是在乡镇范围内进行的“向下做实”的纵向改革，加上“三个整合”，整个清远农村综合改革就是横向到边、纵向贯通的全方位农业农村改革了。整合农村土地资源，使改革到了绝对底部；整合财政涉农资金，使改革捅到了天上，因为大部分财政涉农资金是来自于中央财政的；整合涉农服务平台，则横向囊括了全部涉农工作部门。让我们看看“三个整合”的具体内容吧。

（一）整合农村土地资源

从形式上看，整合农村土地资源，主要是学习叶屋村的经验，解决承包地细碎化问题，让农户手中的承包地集中连片，提升土地资源要素的配置效率，是个生产力发展问题。

但土地分割细碎的问题已经存在多年，却改不了，背后一定是生产关系在起阻碍作用。叶屋村和新城村的成功，实际上是农民自发地进行了生产关系调整。所以，在这个问题上，清远市委基于农民的创造和习近平的农村改革顶层设计理念，强调了以下几点：

一是落实农村土地集体所有权，积极探索农村土地集体所有权的实现形式。坚持农村土地集体所有这个农村基本经营制度之“魂”。农村经济合作社或经济联合社按照农村集体所有权归属和集体资产产权归属设置，是农村集体土地的所有者代表，是农村集体资产经营和管理的主体，负责办理集体土地承包、流转及其他集体资产经营管理事项。支持有条件的经济社或联合社在尊重群众意愿的基础上，在确保农民土地承包权不变的前提下，积极探索农村土地集体所有权的实现形式，发展壮大集体经济，增加群众收入。也就是说，解决土地分割细碎问题，要像叶屋村和新城村那样，集体作为土地所有者要发挥主导作用，而不是一个虚化的牌位。

二是稳定农户承包权，推进农村土地确权登记颁证工作。在群众自愿基础上，鼓励在集体经济组织成员内部进行土地互换并地、解决细碎化问题后，再稳妥推进土地承包经营权确权登记颁证工作。确权登记颁证工作要充分依靠农民群众自主协商，以确权确地为主；城郊或农村集体土地经营状况发生较大变化的地区，也可以确权确股不确地。

三是放活土地经营权，促进农业用地规模化经营。按照依法自愿有偿原则，支持土地经营权在公开市场上向家庭农场、专业大户、农民合作社等新型农业经营主体流转。结合清远实际，土地经营权流转应以集体经济组织内部为主。不提倡一次性以低价将农民土地经营权向集体经济组织以外长期流转，防止农民的土地收益长期低位固化。总结推广“叶屋经验”，鼓励在集体经济组织成员内部开展互换并地，促进农业适度规模经营和产业分工。

四是探索农村集体建设用地流转模式。积极推动城乡建设用地增减挂钩试点政策，开展土地复垦工作，获得的周转指标，在公共资源交易中心平台进行公开交易、有偿使用，指标交易取得的土地净收益及时全部返还用于改善农民生活条件和支持农村集体发展生产。

（二）整合财政涉农资金

整合和统筹财政涉农资金，以支持主导产业、重点项目、重点区域和重点对象为方向，探索在财政预算编制等环节归并整合涉农资金，集中投入，加快形成能力，提高财政资金使用效率。

一是整合普惠性财政涉农项目资金。允许基础条件相对较好的村进行试点，将普惠性资金集中到村（自然村）集体，统筹用于村基础设施建设和发展公益事业。探索农业林业补贴发放新方式，发挥村民自治作用，在群众自愿的前提下，按照相关政策规定的流程，将种粮直补、生态公益林补偿等资金集中由村集体统筹，用于村公共事业和公共设施建设。

二是整合非普惠性财政涉农项目资金。坚持“渠道不乱、用途不变”的原则，将中央、省、市、县安排的各项可整合涉农资金，按照农业生产发展类、农村社会发展类、扶贫开发类三大类进行整合统筹使用。对中央、省级涉农专项资金，通过以规划优质项目为抓手，积极争取中央、省有关部门的支持，从而将中央、省级涉农专项资金进行整合。对市、县两级财政安排的涉农资金，通过以预算编制或预算调整为抓手，从而将市、县两级财政涉农资金进行整合，改变项目多头管理、绩效不高、资金细碎化的问题。建立统筹机制，成立市涉农资金整合领导小组，统筹项目规划、方案制定、资金申报等环节，对来自不同部门、目标相近的资金进行统筹使用。完善涉农资金管理和监督制度，确保资金有效使用。

三是探索财政涉农资金投入方式。涉农资金主要支持农村、农民合作社以及发挥带动作用的农业企业。把农民合作社作为财政支农的重要载体和平台，财政支农项目优先安排符合条件的农民合作社实施，探索将涉农财政资金投入转化为农民合作组织资产、成为农民生产经营资本的有效途径。

四是创新农村金融服务体系。探索农村产权抵押融资；完善金融服务网点建设；稳妥开展农村信用合作试点；进一步推进农村征信体系建设；探索和发展政策性涉农保险。

（三）整合涉农服务平台

一是统筹整合农村服务站（点）。建立健全农村社会综合服务站，统筹推进农村基层公共服务资源有效整合，实现设施共建共享。以村级社会综合服务站为平台，对现有的各部门分头设立的村级服务站（点）全面清理整合，对已有的办公场所、设施、技术、服务项目等资源进行整体规划、统筹运作，建立综合性的服务平台。逐步拓展社会综合服务站的服务功能，满足群众日益增长的需求。总结推广阳山县经验，依托县、镇、村社会综合服务中心（站），探索建立农村集体“三资”管理交易、农村产权综合交易平台，促进农村“三资”管理交易和农村产权流转交易规范化、公开化、信息化。充分发挥阳山县农村综合改革试点先行先试作用，推广应用其先行开发、运行的平台应用软件，避免各自为政，重复开发，实现资源共享、规范管理。

二是统筹整合涉农信息平台资源。整合各部门在镇、村建立的信息平台资源，在村级整合建立信息综合服务平台，在镇级整合建立综合门户网站和网上办事大厅，将所有涉农服务项目整合到网上办事大厅，实现各部门数据垂直和横向的互联互通，形成便捷、高效的综合服务平台。在全市政务信息资源共享平台的基础上，建设涉农信息资源共享子系统，形成一个涉农信息资源数据共享平台。

三是统筹整合基层农业生产服务资源。强化农业生产公共服务和社会化服务，以建设统一、高效的新型农业生产服务平台为目标，整合基层各类农业生产服务主体，提高农业生产服务水平，为农民提供生产技术、农资供应、农产品购销、金融、保险、通信等生产服务，构建高效的农业生产服务体系。按照“返本出新”“改造自我、服务农民”的要求，积极稳妥开展供销合作社综合改革试点，探索村社共建，建立基层供销社与农村经济组织的经济利益共同体。加强以电子商务为重点的农产品流通信息化建设，依托第三方电子商务平台，建立清远市农产品电子商务平台，开展农产品网上交易。

此外，“清发［2014］7号文件”还强调，在“三个重心下移”和“三个整合”基础上，要求“大力创新农业经营体系，提高农业综合效益”，包括确保粮食有效供给安全，提高农产品质量等；在培育新型农业经营主体方面，要求“大力发展农民合作社”和“积极培育家庭农场”两种类型；要求加快推进美丽乡村建设，着力改善农村环境；要求深入推进精准扶贫，以村民自治重心下移为抓手，增强贫困户自我脱贫的主体意识，激发其内生动力。

四、为什么说清远农村综合改革具有里程碑价值

2013年秋季学期，时任清远市委书记葛长伟在中央党校中青班学习。因工作关系相识以后，笔者一直密切跟踪清远市农村综合改革。

据我所知，在“清发［2012］33号文件”和“清发［2014］7号文件”之外，清远市委、市政府还发布了一系列文件，推动“三个重心下移”和“三个整合”落到实处。从制度层面理解清远农村综合改革，这两个文件的相关规定是基本素材。

把清远农村综合改革放在我国农村改革40年的全局中考察，应当说是具有里程碑价值的。

（一）符合重大改革的一般特征：问题导向，困难重重

小岗村当年创造大包干经验，是被饥饿和贫穷逼出来的，让农户成为独立的经营主体，拉开了中国特色社会主义市场经济的序幕，功不可没！但不可否认，自大包干经验普遍推广后，当年以“分”著称的农村典型再也没有为农村深化改革提供过有益的经验，包括他们创造的“统分结合”，也是只有“分”而没有“统”，说好的农户承包集体土地要“留足集体的”，结果却是集体没有收到一分钱，导致集体没有任何“统”的能力，农户群体成了“一盘散沙”。如果这个问题不解决，不要说承包地集中连片经营这类小小的经济问题多年解决不掉，就是中国共产党组织农民的政治优势和革命传统也将彻底丢掉。

正如“清发［2014］7号文件”的题目表达的那样，清远农村综合改革要达到的基本目标就是“提高农村组织化水平”。自人民公社摘牌以来，中央文件一直要求“坚持和完善”“家庭联产承包责任制”及其演变而来的“农村基本经营制度”，这明确意味着中央知道，农村基本经营制度是不完善的，有动摇的风险。清远农村综合改革正是致力于解决不完善的问题，消除这一制度被动摇的风险。

清远农村综合改革的动机无懈可击，具体措施源于群众和基层的创造，切实可行，但真正推行起来并不容易。

前面提到，清远农村综合改革存在“上面热，中间冷，下面等”

的现象。这说的是发生在清远市内部从市级到县（市、区）、乡镇、行政村的事情。为什么会出现冷和等的现象呢？笔者在跟踪清远农村综合改革的过程中了解到，来自于外部的压力甚至阻力是巨大的。

2016年5月21日至23日，时任中央政治局常委兼任中央党校校长刘云山同志去广东省调研基层党建情况，到了清远市农村。看到新闻报道后，笔者立即同清远市委农办的同志通电话，想了解刘云山同志对“三个重心下移”尤其是党支部下移的看法。对方一反常态，很为难地说了些面上的情况。在反复追问下，才吞吞吐吐地告诉笔者，在刘云山同志调研之前，有关部门要求清远把领导人能看到的有关“三个重心下移”的字样都清除掉，这样，也就不可能向中央领导汇报“三个重心下移”及其效果了。

这让笔者非常诧异。后来仔细一想，也不难理解有关部门这样做的缘由。笔者到全国各地调研早就了解到，多年来，很多地方出于各种原因搞行政村合并，党组织也跟着合并，党支部领导的范围越来越大。在有些同志看来，这才是提升农村党建水平的正确方向。所以，有关部门不认为党支部重心下移到村民组和自然村，能够加强和改善党的基层组织建设，也并不奇怪。

清远农村综合改革加强还是削弱了农村基层党的建设，事关政治方向，如果主管部门不认可，压力之大，可想而知。为了证实清远同志反映的情况是否属实，笔者以中央党校教授的身份征求过有关部门负责同志的意见，印证了事前的猜测。

2014年年底，由中央党校经济学教研部在中央党校召开小型“农村土地集体所有制有效实现形式研讨会”，主要内容是由笔者领衔的课题组简要发布调研成果，请清远市委主抓农村综合改革的负责同志与叶时通一起来研讨会介绍情况。参加研讨会的外请专家局限在有关部委直接参与农村改革政策制定的司局级领导干部范围内。在讨论阶段，对于叶屋村搞土地集中连片经营，外请专家一致赞同，但对于村集体是否有权或应该收回已故老人和外嫁女的承包地分给新增人口，集体是否应该向土地承包户收取承包费，就有截然对立以及模棱两可的三种看法。

清远农村综合改革与农口部门主导的农村土地确权在时间上大体重合。笔者第一次去清远市全面调研农村综合改革，到了阳山县小江镇下坪行政村的田心经济合作社（自然村）。这里正在搞土地确权试点，政府以每亩地40元的价格请专业公司制作了“小江镇下坪村田心经济合作社农村土地承包经营权确权登记公示图”，贴在了村委会的公告栏里。由图上可知，农户的承包地支离破碎，最小的一块地面积只有1分多一点。由于到田心村之前我们调研组已经去过了叶屋村和新城村，知道了承包地集中连片的好处及其改革办法，清远市委正在推广叶屋村和新城村的经验。笔者问下坪村和田心村的干部：照这张图搞确权，究竟有什么好处？干部回答说：也看不出什么好处，上边让干就干呗。笔者又问：按照上边的要求确权之后，再像叶屋村那样搞承包地集中连片，是更容易还是更困难？干部回答说：应该是更困难了。

正是因为清远市委清楚地知道，像田心村那样确权不利于农村土地资源整合，就向上级主管部门反映，要求先进行土地资源整合再进行确权，但主管部门以执行“国家政策”和“中央决策部署”有时间节点为由拒绝了。

涉农资金和涉农服务平台在支农惠农方面效率之低，人所共知，但清远市委真要整合也是困难重重。笔者的亲身经历也见证了改革之难。

应佛冈县委“提供可复制的农村改革经验”的要求，笔者代表中央党校经济学教研部，建议他们在集体经济组织（行政村范围内的经济联合社）内部，由党支部书记牵头，成立信用合作部，既解决农民贷款难问题，又解决集体经济“空壳”问题，增强农村基层党支部在农民群众中的凝聚力和领导力。

佛冈县委采纳了我们的建议，选择了既是广东省社会主义新农村试验区，也是清远市农村综合改革试点的石角镇龙塘村进行试验。单纯从调动农村党支部一班人和群众参与积极性的角度看，工作并不难做。但成立之前就有相关人士警告笔者，这是违法的，有可能让党支部书记犯非法集资罪。面对这样的阻力，笔者以中华人民共和国宪法第八条、中央一号文件相关规定、习近平总书记的相关讲话精神和实践为根据，把他们顶了回去，龙塘村信用合作部于2013年12月得以成立。几年下来，运转正常，达到了预期目标。

但直至2018年，仍然有人对龙塘村信用合作部进行非难。笔者质问这些人：为什么对农民贷款难熟视无睹，为什么对集体经济空壳视而不见，为什么对习近平总书记“开展农民合作金融试点”的指示置若罔闻？！清远市委在整合涉农服务平台的过程中，对于推广农村集体经济组织内部开展信用合作的经验十分重视，市委农办在充分调查研究基础上，于2015年12月发布了《清远市经济合作社系统设置信用合作部工作指引》，但至今也只推广到了40多个村。

从“清发［2014］7号文件”的内容看，如果按照清远市委整合涉农服务平台的改革初衷推进改革，农户的产前、产中、产后、购买、销售、技术、金融、保险等社会化服务需求是能够得到满足的，农民合作社（清远市委很早就采用了这个有别于“农民专业合作社”的概念，与习近平总书记的提法基本吻合）是能够迅速发展壮大起来的。在供销合作社改革方面，其基本精神与2014年习近平总书记对供销合作总社成立60周年批示精神完全吻合，比2015年在山东、河北、浙江、广东四省进行供销合作社改革试点早了一年。但真正动手进行整合，马上就会受到多方掣肘，步履维艰。

跟踪清远农村综合改革的过程让笔者深切地体会到，习近平总书记说，乡村振兴要“破除体制机制弊端，突破利益固化藩篱”，真如黄钟大吕，振聋发聩。

（二）清远农村综合改革带来了农村显著变化

清远农村综合改革尽管很难，但有群众的自发改革作根基，有习近平新时代中国特色社会主义思想的明确指引，还是取得了令人刮目相看的成效。清远农村综合改革的效果集中到一点，就是农民确实组织起来了，自觉自愿地、热火朝天地干起来了：平整土地，修水渠，修田间道路，改造破败村庄，修葺农家宅院，一年半载，旧貌换新颜。大批青壮年农民从城市回到乡村，从外地回到老家，依托整治后的土地和村庄，按照一二三产业融合发展和城乡融合发展的思路置产兴业。一幅幅“富春山居图”呈现在清远乡村。叶屋村、新城村的星星之火，已经形成燎原之势。对照一些后起之秀，叶屋村、新城村的干部群众已经明显感受到了如何继续发展的压力。

历史经验一再证明，评价中国共产党关于农业农村农民的理论、道路、体制、政策是否正确，就看农民是否动员起来了，是否自觉自愿地按照党所指引的方向努力奋斗。当年的土地革命是这样，当年的农村改革是这样，如今的乡村振兴仍然会是这样。党的十八大精神指引下启动的清远农村综合改革，让我们看到了亿万农民成为乡村振兴主体的希望。“干部干事，农民挑刺”，“政府花钱，群众埋怨”的现象，在全国各地农村已经司空见惯；在清远，真正落实了“三个重心下移”和“三个整合”的农村，已经完全看不到这种现象。

再用几个数据佐证一下清远农村综合改革成效。

夯实基层组织建设。2018年年初，清远全市行政村一级建立党总支1081个，在自然村（村民组）建立党支部9383个。在自然村选举产生村民理事会16800多个，群众真切感受到了身边有带头干事的党组织和党员，强化了党组织对自然村（村民组）工作的全面领导。

整治土地和建设美丽乡村。截至2018年5月，清远全市整合耕地达到74.3%，大多数农户的承包地实现了小块变大块，多块变少块，土地粗放经营和撂荒现象大大减少；按照整洁村、示范村、特色村、生态村、美丽田园五个梯度，创建达标美丽乡村1752个，完成农村人居生态环境综合整治20户以上的自然村8444个，完成率达到71.7%，其中省定贫困村3283个20户以上自然村的整治工作全部启动，有2059个已经完成整治，都大大超额完成省里下达的整治任务。在整治土地和村庄的过程中，最难能可贵的是，很多自然村党支部、村民理事会、经济合作社发挥作用，做到了所有农户自觉自愿地“四不补”，即拆除自家旧房舍不要补助、占用自家承包地不要补助、铲除自家青苗不要补助、出工投劳不要补助，而且，凡是做到了“四不补”的村，都是工程进度快质量好，最终群众得到的实惠最多。对于“四不补”，很多当地领导干部感叹，行政村或乡镇主导这件事根本做不到；很多外地来参观考察的领导干部感到不可思议。

2011年和2012年，清远市第一产业用电量连续负增长。农村综合改革全面铺开后，2013年第一产业用电量增长率由负转正，达到4%，2014年接近9%，2015年超过15%，2016年超过18%，2017年超过17%。自2014年以后，清远市第一产业用电量增长率显著高于粤东西北其他地级市，更大大高于全国平均水平。经验数据表明，产业用电量增长率与GDP增长率有极强的相关性。清远市统计部门的专家认为，现有统计数据不能全面反映农村经济增长状态。管中窥豹，清远农村综合改革极大地激发出了农村经济增长潜力，是可以定论的。

农村综合改革带来了农村安定团结的局面。据九陂、西牛、石角三个农村综合改革试点镇所在市县相关部门提供的数据，试点之后涉农上访案件显著下降。启动“三个重心下移”试点的2013年，三个镇涉农上访案件分别是9宗、10宗、18宗，经过三年改革，党支部和村民自治组织比较充分地发挥了作，到2015年底，分别下降到4宗、0宗、7宗。据时任西牛镇党委书记赖志军说，涉农上访案件大部分是农民之间因为鸡毛蒜皮的小事没有处理好引发的，小部分是镇村两级干部不作为乱作为造成的。不论哪种情况，党支部出面，充分发挥村民理事会和村民自治的作用，上级党委政府依法办事，扶正压邪，彻底化解涉农上访矛盾是完全可以做到的。

（三）清远农村综合改革实现了重大制度创新

清远农村综合改革给农业农村现代化注入了强大动力，引起了各方面的关注，先后被列入中央农村工作领导小组办公室改革联系点、全国农村改革试验区、全国涉农资金整合优化试点市。2014年以来的中央一号文件一直强调“开展以村民小组或自然村为基本单元的村民自治试点”，直接来源于清远经验。2016年10月，中共中央办公厅、国务院办公厅印发《关于以村民小组或自然村为基本单元的村民自治试点方案》，该文件在起草的过程中邀请清远市委农办的两名同志参加。但是，由于清远市委秉持少说多做的原则推进农村综合改革，没有对外进行宣传，虽然中央、地方及行业媒体已经有不少报道，但总体上处于比较零散、就事论事的状态。笔者认为，对于清远农村改革经验已经到了可以全面总结的阶段。笔者将清远农村综合改革取得的重大制度创新归纳为以下几条。

第一，党支部建在村组（自然村或村民组），彻底夯实了中国共产党在农村的执政基础。

中国共产党成为成熟的马克思主义政党，重要标志之一，是毛泽东在军队建设上创立了“支部建在连上”的制度。那么，农村党支部建在哪里呢？清远市委从农村综合改革一开始，就在思索这个问题的答案。2015年12月21日，清远市委、市政府在提交给中农办和农业部的农村改革试验区汇报材料中写道：“我市探索在村民小组或自然村建立党组织，就是真正‘把支部建在连上’。”这就涉及了农村党建的重大制度安排问题。

人民公社时期，农村党支部在绝大多数农村是建立在生产大队的，只有极少数生产队建有党支部，实际上也只相当于党小组。农村改革后，生产队解体，党支部也只能建立在生产大队翻牌而来的行政村。

笔者拥有5年的人民公社机关干部的工作经历，又亲身经历了40年的农村改革历程。对照清远经验让我认识到，在生产大队及行政村建立党支部，不符合“支部建在连上”的基本原理。

军队中的连队不仅是个战斗单元，更是保证战斗力的生活单元，100名左右的官兵吃住在一起，玩乐在一起，训练在一起，彼此之间非常熟悉。党的领导只有深入到连队这样的战斗单元里，党指挥枪才是有效的。换言之，连队是军队中的熟人社会。相对于军队而言，绝大多数生产大队都有几百个农户，男女老少都在千人以上，已经超出了熟人社会范围，没有办法作为独立的集体生产生活单元存在，只能分成若干个生产队，由熟人构成独立的集体经济组织。所以，当年人民公社把生产队作为基础是有道理的。清远市把农村党支部建立在村组，找到了熟人社会的扎实根基，夯实了农村党建基础，是重大制度创新。

习近平总书记2018年10月视察清远一个月之后，主持中央政治局会议，修订并发布了《中国共产党农村基层组织工作条例》。习近平在会议讲话中指出，要坚持支部建在村上。这里所说的村，主要是指自然村。这是习近平在农村党建领域的重大理论创新和制度创新，发展了毛泽东的党建思想。自2014年以来，中央一号文件和中共中央办公厅、国务院办公厅多次部署在村民组或自然村开展村民自治试点，也是着眼于加强党在农村的执政基础。

第二，建立了民主有效的村民自治制度。

1987年11月，我国颁布（试行）了第一部村民委员会组织法，目的是通过村民自治的方式在农村发展基层民主。这一初衷是应当肯定的。一开始这项制度就被俗称为“海选”或“村官直选”，即5~7人的村民委员会由行政村范围内所有年满18岁的村民直接选出。这种选举方式，同西方国家最低阶的地方政府选举模式基本一样，因而受到了西方学者尤其是美国学者的称赞。

但是，30多年的实践证明，这种西式民主制度在行政村范围内实行也存在“水土不服”的弊端。农村基层党组织虚化弱化边缘化、拉票贿选、小官大贪、族群对立等等，都与此制度直接相关。广大农村选民并没有从这项制度中得到任何实际利益，如贫困问题、农村集体经济发展问题、农村公共产品供给问题、维护公序良俗问题，哪一样靠它也解决不了，每到“海选”季节，县乡两级党委政府还深受其累。

清远实行村民自治组织下移制度，在现有村民委员会组织法框架内，只是缩小了村委会选举范围，就彻底消除了存续了几十年的西式民主选举乱象。在九陂、西牛、石角三个试点镇，只在村组层次选举村委会，在整个清远市，选举7万名的村组理事会成员，既不搞党委政府推荐候选人，也不搞村民（10人以上）联名推荐候选人，完全由全体农户直接选举，结果却是没有一起贿选现象发生，更不用党委政府动用警力维持选举秩序。

笔者曾经向石角镇当选的一位（自然村）村委会主任提问：你有了权之后为什么就不会以权谋私？他回答说：兔子不吃窝边草。在这个位子上搞歪门邪道，马上就露馅儿，谁都敢骂我。我从小在这里长大，大家信任我，就只能一心一意为他们服务。

玩味这位农民朴实的话语，让笔者明白了一个道理：村组范围内是完全的熟人社会，每一位拥有被选举权的人品德和才能如何，选民都心中有数；选谁不选谁，与每一户的切身利益直接相关；有了这样的选举基础，坏人和能力不足的人不可能当选。清远搞村民自治组织下移，避免了民主乱象（无效），揭示了民主有效的基本原理，那就是，选民与被选举者之间信息充分对称，利益直接相关。台湾地区选举领导人，把民主变成闹剧，大概也是因为违背这个原理吧。

第三，形成了产权明晰且功能健全的农村基本经营制度。

跟踪清远农村综合改革，让笔者对农村经济体制改革的历史过程有了新的认识，那就是，推广小岗村的大包干经验和当年的五个中央一号文件，并没有把人民公社彻底解体，“三级所有”和“政社合一”的体制弊端仍然存在。是清远农村综合改革，让农村集体经济制度凤凰涅槃，浴火重生。这一观点的基本内容在本书第四章的第二节和第三节已经阐述过了。

党支部和村民自治组织下移，还属于农村上层建筑层面的体制改革，必须与经济基础层面的体制改革相配合。

清远农村综合改革在行政村与村民组之间清理资金、资产、资源，该归谁的就归谁，延续了50年（1962~2012年）的一块土地“三级所有”（既归上百人的生产队集体所有，又归上千人的生产大队集体所有，还归上万人的人民公社集体所有）的弊端彻底革除了，生产大队翻牌而来的行政村两委不再具有支配原生产队基础上成立的经济合作社的土地及其他财产的权力及权利。也就是说，在人民公社时期，生产队只是土地集体所有者的基础，并不具有排他性，大包干之后，村民组的土地集体所有者身份虚化了，清远农村综合改革中，由村民组构成的经济合作社成为具有排他的唯一的土地集体所有者。

清远农村综合改革把行政村的土地所有者权利归还给经济合作社，把为农户经营提供社会化服务的功能归还给经济联合社，使之彻底行政化，变成上级党委政府提供公共服务的派出机构。这样，政社合一的体制弊端也彻底革除了。在此基础上，经济联合社充实了购买、销售、信用等合作经济组织的服务功能，实现了小农户与现代农业发展的有机衔接，确保农民首先是种田农户尽可能多地分享到农业全产业链的增值收益。

经济合作社和经济联合社都是集体经济组织。农民与土地的关系主要在经济合作社层面处理，农民与市场的关系主要在经济联合社层面处理。宜统则统，宜分则分，统分结合。财政涉农资金投放和涉农服务平台向这两级合作社聚焦，农村基本经营制度得到了巩固和完善，双层经营体制有了新内涵。

当然，这并不是说清远农村综合改革已经完美无缺，但通过“三个重心下移”和“三个整合”，国家、集体、农户三者利益关系日益和谐，一个既不改旗易帜又不封闭僵化的现代国家农村治理体系正在形成，则是有目共睹的事实。清远农村综合改革还需要全面深化。正如现任清远市委书记郭峰所说，要牢记总书记嘱托，解放思想，推动改革再前行。

第二节　大宁县、乡建院、蒲韩合作社的探索

清远农村综合改革是全面的，已经形成了比较完整的乡村振兴制度框架。但很多环节上还有待完善。这一节再介绍三个案例。这几个案例涉及的改革领域，在清远农村综合改革中也都能找到相似的例子。但在笔者看来，从改革的力度、方法和效果上看，要比清远做得更好。如果这些案例单位及其他地方能够相互借鉴，取长补短，那么习近平总书记对实施乡村振兴战略的顶层设计就能够贯彻落实到位。农业强，农村美，农民富，就能够更好更快地变成现实，乡村发展滞后这块中国现代化进程中的短板变成“潜力板”就大有希望。

一、大宁县“购买式造林”重塑国家集体个人三者关系

清远农村综合改革的“三个整合”就包括整合财政涉农资金，已经取得很好的效果，特别是在五个梯度的美丽乡村建设中，清远采用以奖代补、先干后补、标准越高补贴标准越高的办法，调动自然村整治村庄和土地的积极性。但是，笔者认为，单纯从整合财政涉农资金并提高使用效果的角度进行评价，山西省大宁县创造的购买式造林经验可能更好，市场机制运用得更灵活更充分。

大宁县属于山西省临汾市，总面积967平方公里，辖2镇4乡、84个行政村、309个自然村，总人口6.9万人，农业人口5.2万人。大宁地处黄土高原残垣沟壑区，生态脆弱，是吕梁山集中连片特困区的一部分，现有建档立卡贫困人口3410户9341人，是国家扶贫开发工作重点县，全省十个深度贫困县之一。

2016年8月，现任县委书记王金龙到任，把他担任黑茶山国有林管理局局长时创造的购买式造林经验成功地移植到了大宁县，并且同时

把经验的精髓复制到交通、水利等其他领域，也获得了预期效果。这个经验已经在山西省得到省委、省政府的肯定并在全省推广，各级媒体都进行了报道。

王金龙在林业领域可谓科班出身。本科学的是林学专业，毕业后到国有林场工作，从最基层的技术员做起，一直干到国有林管理局局长。在我国林业战线，“造林不见林”现象已经存在多年。王金龙认为，造成这种现象的根本原因，是计划经济体制没有破除，不论是国有林业管理局还是地方林业管理部门，都是只注重造林过程管理，不注重造林结果管理，下达指标，拨付经费，组织人员造林，就算完事了，提高造林成活率只是停留在号召上，没有切实管用的政策措施。

2012年11月，王金龙担任黑茶山国有林管理局长、党委书记后，有了最终拍板决策权，就同基层干部及造林工人、农户反复沟通，决定在管辖范围内进行改革，他称之为“购买式造林”。改革的核心内容是，从管理造林过程变为购买造林结果，即按照财政拨付的造林经费制定造林计划，也就是确定造林面积和地点，然后把造林任务卖给造林主体即林业工人或农户。大多数宜林地的造林（经费）价格是每亩760元。第一年作为卖方的管理部门只付给作为买方的造林主体30%的经费，用于购买苗木等材料，其余70%的经费等到三年后验收成活率达到85%以上再付给造林主体。结果是，经过三年改革试验，管理部门省心多了，造林进度快多了，造林质量好多了，造林成本省多了，造林主体收入多多了。上级领导满意，群众更满意。

改革的成功让王金龙深信，生产关系进行小调整，生产力就能大发展。习近平总书记说“绿水青山就是金山银山”，是至理名言，落到实处，就是要让老百姓在保护生态环境中得到实际利益。

调任大宁县委书记之后，王金龙打开工作局面仍然从推广购买式造林经验入手，但又不局限于造林。他在到大宁县工作之前，进行购买式造林改革与林场所在地党委政府有过密切合作，深知县域范围内造林、道路、水利等公共产品提供领域存在效率低质量差乃至腐败问题。在王金龙主导下，大宁县委遵照习近平总书记“破除体制机制弊端，突破利益固化藩篱”，“提高农民组织化水平”等指示精神，结合脱贫攻坚和外地经验，从农村集体到县乡政府，进行了两项重大改革。

一是党支部把农民组织起来，建立“村社一体”股份经济合作社，重塑农村新型市场主体，承接政府投资实施的各种村庄项目，并开展多种经营。

农村与国有林场不同，土地归集体所有，由农户承包经营，小农户经营规模细小，青壮年劳动力基本上外出打工了，脱贫攻坚任务繁重，党支部要发挥领导作用，但集体经济力量薄弱。造林在农村的政府项目中只是一部分。原封不动地移植国有林场购买式造林办法并不合适。

大宁县在移植黑茶山林场组织当地农民成立脱贫攻坚造林专业合作社经验的基础上，创新了农民组织方式。具体做法是，选择7个行政村进行试点，成立由党支部领办、村民个人资产入股、财政支农资金和集体资产评估入股的“村社一体”股份经济合作社。

各村成立股份经济合作社，首先进行了集体清产核资和集体经济组织成员身份确认的基础性工作。在组织农民充分讨论的基础上所有集体经营性资产和政府投入的项目资金都折价入股到合作社，并量化到集体经济组织成员个人，在此基础上，鼓励农户将承包地、资金入股到合作社。经社员大会选举，由村干部组成理事会，由普通集体成员组成监事会。村股份经济合作社理事长由党支部书记担任、副理事长、理事由其他村干部担任。

股份经济合作社下设建筑施工、植树造林、森林管护、畜禽养殖、干鲜果种植、特色产业发展等专业队，为村庄经济全面发展奠定组织基础。当前村股份经济合作社的主要功能还是投标承接政府在村庄投资的项目。获得工程项目后，再由合作社的专业队组织社员实施。大宁县规定，为了扶持贫困户自我发展，来自贫困户的劳动力不能低于工程用工的80%。

二是统筹整合财政涉农资金，改革招标办法。

大宁县委县政府将来源于中央、省、市财政的支农建设项目专项资金以及县本级财政资金进行统筹整合，包括土地整理、农业综合开发、水利、交通、林业等项目资金捆绑使用，优先投向农村发展急需的工程建设，由县财政拨付给乡镇脱贫攻坚领导组管理使用。这一改革主要是解决多年来财政涉农资金“撒胡椒面”和“打酱油钱不能买醋”等条条框框造成的浪费问题。

在统筹涉农资金的基础上，大宁县还改革了政府投资项目招标办法。自招投标法实施以来，农村建设项目资金的争取、筹集、使用和工程的发包、管理主要在县一级完成。农村建设项目审批下来后，项目的发包权一般是归属于县相关的行政管理部门，并由其负责在全县范围内以招标的形式发包给专业施工单位，再由中标的施工单位具体负责承建。在项目实施的过程中，乡镇党委政府和村两委只负责辅助性协调配合工作，对项目资金的使用和工程规划没有发言权。这种办法看似公开公正，实则效果很差。各村几十万至几百万元的小项目，工程队还没有进村，设计、招标等环节已经将工程款消耗掉15%以上，其间还夹杂着腐败现象频发。工程队进场后得不到村民的有效配合，同样资金规模的施工项目，成本要比城里高得多。所以，农村的政府投资项目，少数质量好的造价很高，大多数质量很差，还引发了很多矛盾。

针对这种弊端，大宁县委县政府规定，凡是技术含量不高、村股份经济合作社和贫困户投工投劳可以实施的农村中小型项目，一律下放到乡镇脱贫攻坚领导组主持实施，按照招标程序进行招标。县里相关职能部门为项目实施提供工程的规划设计、可研编制、技术指导、质量控制、竣工验收，参与指导竞价议标。乡镇脱贫攻坚领导组指导“村社合一”的股份合作社竞价议标，组织项目申报，指导项目全程实施。乡镇脱贫攻坚领导组根据县里制定的项目资金管理办法，向中标的村股份经济合作社依序支付材料款。工程验收合格后，扣除质保金，将余款支付给承建的合作社。村股份经济合作社即村集体平均能够获得工程造价7%的利润，形成集体积累。

为了提高工程质量和提高农民素质，大宁县委县政府要求相关部门对农民进行相关的技术培训，如造林、道路施工、土木工程施工等。

2018年，大宁县在7个试点村投入项目资金2433万元，其中：水利工程515.5元，道路建设工程733.9万元，购买式造林278.7万元，村文化广场、卫生室等整村提升工程239.6万元，产业发展项目665.8万元。平均每村投资347.6万元。这些工程全部由“村社合一”的股份经济合作社实施，赋予了党支部组织领导经济建设的责任与事权，增加村民务工收入336万元，带动贫困户250户639人和非贫困户91户263人，人均增收3723元，拓宽了群众增收渠道，一举摘掉了贫困户的帽子。还为7个村集体经济创收169万元，平均每个村24万元，增加了村党支部为群众办事的底气。

为了防止合作社再度出现计划经济时期存在的“出工不出力”现象，合作社实行“联产计酬责任制”“组织起来再单干”“合作社内部再购买”等管理办法，充分调动了贫困群众参与工程建设的积极性，有效防止“出工不出力”现象的再现。这些工程全部由“村社合一”

的股份经济合作社实施，在村农民务工有了可靠门路，实现了农村居民收入增加的预期目标。

对于大宁县的这套改革办法，农民的说法是："村里的事情村民管、村里的工程村民干、项目的资金村民赚"。2018年暑假期间，笔者带领调研组去大宁县调研。在曲峨镇山庄村看到，刚刚完成的村容村貌提升工程和村支两委办公场所扩建工程由合作社组织施工，仅用了20多天就完成了，23名社员获得劳务收入6.4万元，人均增收2782元，建设成本由原来的1700元/平方米下降为890元/平方米。同购买式造林一样，取得了速度快、质量好、成本低、村民收入多的效果，群众发自内心地拥护和赞成。

对于大宁的经验，目前多数媒体和领导干部是从生态建设与脱贫攻坚相结合、整合财政涉农资金的角度进行总结的，强调了提升农民组织化程度作为实现改革目标的体制改革措施的重要性。这当然是正确的。但我们调研组认为，从习近平总书记关于脱贫攻坚与乡村振兴要有机结合的指示精神高度认识大宁经验，可以看作是新时代农村基本经营制度的重大创新。这样认识更能体现大宁经验的可复制性和制度创新价值。

自以毛泽东为核心的我党第一代领导集体创立农村集体经济制度以来，一直强调正确处理国家、集体、个人三者利益关系。当年推广小岗村创造的大包干经验，仍然是从正确处理三者利益关系角度进行概括的，即是人们耳熟能详的"交够国家的，留足集体的，剩下是自己的"。当时讲"交够国家的"，还只是强调农民要为国家工业化贡献资金和农产品，从工农关系和城乡关系的角度看，还是农民利益处于被剥夺的状态，集体则是落实剥夺农民利益的政策工具和组织载体。大包干作为改革举措，是农民以固化利益损失——满足国家和集体的利益诉求——为条件，争取到获取经济发展增量的权利——“剩下是自己的”。在这样的体制框架内，国家和集体处于被动地满足农民利益诉求的状态，没有很好地体现毛泽东要求正确处理三者利益关系的制度设计初心。

2006年农村税费改革后，农业税和“三提五统”全部取消，三者利益关系基本上不再被人们提起了，似乎这个问题不存在了。现在看来，不讲是不行的，国家、集体、个人三者利益都不能得到保障。体现在大宁这样的县域就是，以中央财政为主，各级财政向农村投了很多钱，政策目标却没有高质量地实现；集体既没有从国家支农政策中得到利益，也没有从农户承包经营中得到好处，被两边架空了；农户从国家和集体那里得到的“增量利益”也很少。

大宁的购买式造林经验及其精髓复制后产生的良好效果启示我们，在城乡关系和工农关系进入城乡融合发展——国家剥夺农业农村农民利益的政策全面废止，代之以全方位的支农惠农政策——的新时代，社会主义市场经济体制已经全面确立，仍然要处理好国家、集体、个人三者利益关系。

新时代国家在农村的根本利益是什么？就是农村要补上发展滞后的短板，在经济、政治、社会、文化、生态领域全面振兴。为此，国家必须执行向农村大规模投入的政策。但是，国家要实现预期政策目标，就必须像土地改革和农村改革那样，让农民获得看得见摸得着的实际利益，激发广大农民投身于乡村振兴的积极性和主动性。在国家与农民之间，必须有农民构成的集体作为桥梁和纽带，而不是国家把赚钱的工程承包给资本制企业，利益的大头让承包商和官员赚走了，给农村留下一堆质量不高甚至是烂摊子的工程，农民充其量挣一点微薄的工资。

从农村基本经营制度优势体现为正确处理国家、集体、个人三者利益关系的角度看，大宁经验的精髓是：满足国家——林造好、路修好、水治好等等，壮大集体——有利润用于充实集体经济，富裕自己——农民收入增加。在大宁，集体经济组织成为一手托两家即国家利益和农民利益的新型市场主体，大大提高了资源配置效率，降低了交易成本，让我们看到，在习近平新时代中国特色社会主义思想指引下，实现了国家、农村集体和农民之间三者利益的和谐统一。

二、四两拨千斤：乡建院陪伴地方党委政府带领农民描绘富春山居图

在大宁县调研时我们了解到，农村集体和农民的积极性调动起来之后，立即碰到的瓶颈因素是县里掌握的资金严重不足。2018年大宁县7个试点村共投入财政资金2433万元，主要用于道路、水利、整村提升等基础设施建设和产业发展。大宁县委县政府据此测算，改革在全县全面铺开后，仅造林护林营林、农村道路、水利工程建设就需要资金2.4亿元。

大宁县委依据生态脆弱区要重点做好生态保护的区域定位和国家级特困地区也要全面建成小康社会的目标要求，提出了创建“有机大宁、园艺大宁、诚信大宁、文明大宁、幸福大宁”即“五个大宁”的发展目标。对照这样的发展目标，七个试点村的投入水平也是很低的。即使中央、省、市允许大宁县更大力度地整合涉农资金，仍然是相差很远。中央农村工作领导小组办公室副主任、农业农村部副部长韩俊2019年1月12日出席“清华三农论坛2019”时表示，坚持农业农村优先发展，……落实乡村振兴战略规划今后五年的重点任务，大约需要投资7万亿元以上。参照农业农村部提供的这一数据，如果按照大宁县国土面积占全国万分之一获得国家投资（确定这样测算标准当然是不科

学的，权且选择一个参照系而已），那么大宁县可以得到7亿元，平均每年1.4亿元。再假设大宁县作为生态脆弱区和贫困地区应该多得到一些，比如达到10亿元，每年也只有2亿元，与实际需求相比，仍然相距甚远。

那么，大宁县的出路在哪里，生态脆弱区和贫困地区只能望钱兴叹，继续落后吗？笔者从大宁县2017年国民经济和社会发展统计公报上查到了如下两个数据：存款余额17.55亿元，贷款余额6.19亿元，相差11.36亿元，也就是说，大宁县有超过11亿元的资金外流了。如果每年从金融系统拿出3亿~5亿元（不及闲置资金的一半）投向农业农村，加上国家的财政投入，确保大宁县投向农业农村的资金不低于5亿元，建设“五个大宁”的资金短缺问题，应该能够解决吧。但目前严峻的现实是，大宁县用不上这笔钱。怎么办？

我们举出李昌平带领的乡建院以“四两拨千斤”的乡村建设思路，协助——乡建院自称“陪伴式服务”——地方党委政府组织农民办合作社，推动乡村振兴的案例，对破解农业县乡村振兴缺乏资金难题应当是提供了切实可行的路径选择。

要说清楚乡建院，有必要先简单介绍一下李昌平。

互联网搜索“李昌平”，我们能够看到如下信息：李昌平，男，汉族，1963年4月生于湖北省监利县。先后就读于湖北省机电学校、华中农业大学农经学院、中南财经大学，经济学硕士。先后4次担任乡镇党委书记、县农村工作部副部长等职，2000年3月，致信朱镕基总理，反映当地面临的突出问题。①

① 准确地历史事实是向党中央上书，而不是写信给朱总理一个人。李昌平在棋盘乡党委书记任上，依据多年的工作经历和理论思考，向党中央报告“农村真穷，农民真苦，农业真危险”。其他中央政治局常委也对李昌平反映的情况做了批示，只是朱总理派人进行实地调研，引起舆论轰动。

李昌平因为向党中央上书并引起中央领导高度重视，在“三农”领域一鸣惊人。同年12月当选《南方周末》2000年年度人物。不久，因多重原因，辞去党委书记职务，南下深圳打工。2002年1月，其专著《我向总理说实话》[①]。一书由光明日报出版社出版，农村改革泰斗杜润生为该书作序。在北京逗留期间，得到著名“三农”问题专家温铁军帮助，担任《中国改革》杂志记者、编辑。

李昌平在北京工作期间，与在京农口官员及“三农”学界的学者都有广泛的接触。让他感到现有“三农”理论、体制、政策无法解决他向党中央报告的“三农”问题，应当重新探索解决中国“三农”问题的理论、体制和政策。于是，他离开了杂志社，也离开了北京，先后参与了受到国家扶贫办肯定的NGO组织香港乐施会在云南等地的扶贫工作，受河北大学邀请，创建河北大学中国乡村建设研究中心，任主任、研究员。被媒体评为2006年度“中国最具行动能力三农人物”。

媒体评价李昌平是最具行动能力的“三农”人物，名副其实。他在参与扶贫工作的过程中认识到，都说农民是弱势群体，而农村老人又是农民中间最大的弱势群体。这让他产生了为农村老人群体服务的冲动，他称之为自己的精准扶贫之路。

李昌平为老人服务的第一步是从自己的出生地湖北省监利县周河乡王垸村迈出去的。王垸村是洪湖西岸边上的一个渔村，村民大多以养殖螃蟹和鱼虾为生，贷款需求比较大。在20世纪80年代，农业银行和信用社的分支机构离王垸村比较近，农民贷款也比较容易。后来，农业银行和信用社都撤到镇上去了，村民们不仅贷款难，存款也要跑十几公里。因为他在本地名气大，又为人豪爽，兄弟姐妹和亲戚朋友

① 这个书名是李昌平接受责任编辑建议确定下来的，从图书市场营销策划的角度看，极为成功。

贷款就找他帮忙，他就求爷爷拜奶奶地找贷款，身体累，心也累，还丢面子，贴钱还贷款是常有的事。

2005年年初，身陷困境让李昌平把过去认为没用的理论和政策与现实拼接成一个解决问题的方案。他找到村书记李花清说，咱们村有点集体积累，每年能够拿出5万元给村里的老人过年发红包，人均200元。我们要拿这笔钱给老人带来更大的利益。我找10万元，村里出25万元，每位老人出2000元，创建王垸村养老资金互助社。由老人们给年轻人放贷款，解决村民贷款难。他找来的10万元和村里的25万元所产生的利息收益全部分配给老人。李昌平把这个机制概括为“资金互助促发展，利息收益敬老人”。

李昌平跟李花清书记算了一笔账：动员250个老人，一人出资2000元，就是50万元，加上村集体出资25万元和他出资10万元，合计是85万元。按照信用社的实际贷款利率算，当年收益不少于12万元。每个老人当年可实现分配400元，比上年增加一倍，还有积累，且本钱也还在。如果逐年增加资金规模，不仅老人收益年年增加，还能帮助村民解决贷款难，群众也会感到党支部办了好事实事，有利于改善干群关系。

李花清觉得李昌平出了个好主意，但有两点担心：一是符不符合政策？二是放款了收不回怎么办？李昌平就讲了中央一号文件的精神，让李花清有了政策依据。对于放贷风险，李昌平讲了四点，让李花清相信可以把风险降到最小：第一，开始时，每户最高只能贷款5万元；第二，农户用土地承包权抵押贷款；第三，把老人编成小组，把贷款指标分配到老人小组，贷款由老人小组审批，根据贷款额度由几位老人担保贷款；第四，贷款时夫妻俩都必须签字画押。这样，即使有个别农户贷款后经营失败了，应该不会赖老人们的账。只要不赖账，极个别人一时还不上本金，先还利息，再慢慢还本金。这样，风险应该是可以控制住。

经过李昌平和李清花的一通宣传，村里的老人们参与积极性特别高，还给李花清书记鼓劲打气。他们花了一天多时间，协助老人“积极分子”和村干部制定了王垸村内置合作金融——养老资金互助社章程，选举了理事会和监事会，70岁的老书记李功兵被选举为理事长，村支书李花清被选举为监事长。2006年年初，王垸村养老资金互助社开业，初始资金87万元。

李功兵理事长领导的理事会制定了一套极其简单的工作机制和管理办法：所有贷款的期限都是一年，贷款要申请排队编号（先申请优先得到贷款），每年腊月小年前后两天，收回本息，进行决算，然后再按照申请贷款的排队号发放贷款，还要召开分红大会，张榜公布分红名单。理事会一年只办公5天时间。

2006年王垸村养老资金互助社收入超过12万元，每个老人分红400元，比上年增加了一倍，且还增加了2万元积累。后来，每年到了老人分红的日子，就成了村的老人节。2016年，养老资金互助社的资金规模超过了300万元，收入接近40万元，年终每位老人分红1000元。这一年村老人协会举办了首届重阳节，摆酒席100桌，请正规剧团在村里唱了两天两夜的花鼓戏，村里的乡贤为重阳节捐款7万元，年轻小伙姑娘踊跃当志愿者为老人服务。由于村里办起了养老资金互助社，村里发生了很多变化，特别是老人地位高了，好儿子好儿媳越来越多。

王垸村养老资金互助社的成功，让李昌平找到了破解“三农”难题的路线图，他将这个农村金融模式命名为“村社内置合作金融”。

2009年，李昌平应邀去河南省信阳市平桥区党校和信阳市委党校讲课，题目是《建设新农村，先建新金融》。李昌平讲课中抨击了一些学者和官员靠土地确权让农民获得正规金融机构贷款的观点，讽刺这些人脑残。他说，正规商业银行不可能接受农民农地抵押贷款。道理非常简单：农地抵押给银行后，农民如果不还贷款，银行要通过打官司等一系列非常复杂的程序才能把农地过户到银行，这要花很多精力和金钱；银行得到农地后，再把农地转包出去的成本也会高得惊人，转包后所获得的收益覆盖不了成本。

平桥区政府的主要领导问李昌平：农户靠承包地就不能获得抵押贷款吗？他回答说：农民承包地、林地等只有在村社内部进行抵押贷款才是有效的，这就要求在农民村社内部建立起合作金融组织，此外就没有更好的办法了。因为，土地是村社集体所有的，农户把承包地在村社内部的合作金融机构抵押贷款后，如果违约不还款，承包地可直接收回到村社集体后再发包或转包，处置违约的成本极低。所以，只有搞村社内置合作金融，承包地才会具有抵押价值。

平桥区政府领导听了李昌平讲述的一番道理和办法后，当即邀请他去了五里店镇有名的贫困村——郝堂村。他走进郝堂村遇到的第一个人是村委会主任胡静。胡静当时56岁，从当年的“铁姑娘班长”干到村长，已经有几十年了，但村干部的路却越走越窄。她说明年就不做村干部了。李昌平问胡静不做村干部的原因，胡静说村里的老人们太可怜了，想做点实事帮老人一把，却不知道怎么做。胡静说这话的时候，眼泪都快掉下来了。在场的区干部告诉李昌平，就在前两天，村里有两位老人自杀了，胡静刚刚办完丧事。这些年，村里年年都有老人自杀。老人们是不愿意成为子女的累赘，不愿意再过这种苦日子。

于是，李昌平给胡静讲了王垸村的养老资金互助社，并承诺，从自己的课题费中拿出5万元，再找政府要10万元，用这15万元做种子资金，引导郝堂村的乡贤和老人参与创建郝堂村村社内置合作金融——

郝堂村夕阳红养老资金互助社，表白办社宗旨的宣传动员口号仍然是“资金互助促发展，利息收益敬老人”。

包括自己，胡静动员了7名乡贤出资14万元作为敬老基金，加上李昌平和政府的15万元，初始发起资金共29万元。郝堂村夕阳红养老资金互助社2009年10月份开业，只有15位老人相信，每个老人出资2000元入社，村集体也筹集2万元加入，互助金总额为34万元。受李昌平的启发，村民在讨论控制贷款风险的时候，第一条就是土地承包权和林权抵押贷款。困扰政府主持改革的官员们很久的农地不能抵押贷款难题，轻而易举地化解了。以资金互助为纽带，老人、乡贤、集体、政府组合在一起，郝堂村扭转衰败局面有了动力源。

2011年，李昌平和孙君发起创建“中国乡村规划设计院”，后更名为乡建院，总部就设在郝堂村，协助郝堂村搞新农村建设。

孙君本是一位画家，但对中国乡土文化情有独钟，渐渐就以村庄规划设计为主业了。他在郝堂村为乡建院的功能做了定位：协助党委政府和农民，“把农村建设得更像农村”。郝堂村一些东倒西歪的茅草房他不让拆，这里修那里补，几个月后就成为最具有乡土气息的旅游景点；火柴盒式的二层三层农家小楼装饰上传统建筑元素，成了城市高端人士向往的乡间别墅；现代建筑材料能不用就不用，建筑技术主要依靠本村本地传统泥瓦匠。乡间的小溪得到整治、生活污水生化处理、学校选址重建，开辟出大片荷塘，等等。仅仅两三年，郝堂村成了远近闻名的乡村旅游景点，每到节假日，很多游客的轿车在村内找不到停车位，只能停在村外路边。

郝堂村夕阳红养老资金互助社成功启动后，李昌平又指导郝堂村在村内进行土地收储。按照规划，村集体需要收储数百亩土地用于新农村建设，第一批需要收储83亩，需要向相关农户支付170万元现金。

从收储土地的谈判到收储土地的资金筹集，老人们都发挥了核心作用。由于村集体收储土地十分顺利，规划设计方案落地也非常顺利。随着乡村旅游在郝堂村日益火爆，土地增值导致集体经济爆炸式增长。2015年，郝堂村集体资产总规模就超过了5000万元。

2009年的郝堂还是个贫困山村，衰败凋敝；2013年的郝堂被住房和城乡建设部授予“宜居示范村”，年客流量超过百万人。这简直像变魔术。但郝堂却没有请任何开发商参与，除政府进行了必要的公共基础设施投资外，完全由村集体带领农民自主进行新农村建设，土地增值收益和金融创新收益全都归村民和村集体享有。2015年，胡静被授予“全国劳动模范”。2009~2016年，郝堂村夕阳红养老资金互助社累计为老人分红109万元，积累达到76万元。李昌平把郝堂模式及其在其他地方的不断复制，称为“四两拨千斤”，也就是说，政府不花那么多钱，也能够又快又好地改变乡村落后面貌。相反，对于农村发展中政府越俎代庖遭到群众埋怨，大笔财政资金被浪费的现象，李昌平在讲演中常常讥讽为“千金拨不动四两”。

郝堂村的成功，让乡建院一发而不可收拾，成了中国最大的为地方党委政府提供农村改革发展和乡村建设咨询服务的社会企业。在接受乡建院服务的农村中，李昌平认为，以村社内置合作金融为发动机的村庄，做得最好的已经不是郝堂，而是湖北省鄂州市梁子湖区的张远村。这个村1600口人，以前村民从银行贷款大概只有100万元左右，2013年搞起内置合作金融后，贷款逐年增加，2018年达到1100多万元，贷款投向主要是本村在外经商的村民。其他发展了合作金融的村庄也与张远村类似。这说明，合作金融不仅能够解决在村务农的农民贷款难问题，也能解决活跃在城镇的中小企业主的贷款难问题，并给予家乡利益回报。这真是具有中国特色的城乡融合发展！

现在，乡建院已经有100多名正式员工，承接了近80个县（市、区）乡村建设服务外包项目，把郝堂模式复制到了200多个行政村。已经有多个村名声在外。2017年6月习近平总书记考察山西省脱贫攻坚，到过岢岚县宋家沟村，称赞这里工作做得好。乡建院的服务团队为宋家沟村从软件到硬件面貌大变样付出的心血和汗水，获得了巨大成功。

乡建院在帮助村党支部组建以内置合作金融为核心经营业务的农民合作社之外，陪伴式服务的内容是全方位的。村庄规划设计服务，包括产业规划、生态规划、民房改造、乡村文化修复等。环保事业服务，包括指导村民进行垃圾分类、污水处理、有机栽培农作物等，保护生态平衡，让农民在可持续发展中拥有宜居的生活环境。乡村生态养生养老指导，建设生态养老村，将城市老人的财产优势转变为在农村养老的消费优势，将农民的土地、物产、生态、劳动力等优势转变为服务养老的养老产业优势，推动一二三产业融合发展。社区营造指导，引导村民从社区生活出发，集合各种社会力量与资源，通过对集体成员的动员和互动，形成村民自我组织和治理的发展体制机制，通俗地说，就是让老人、儿童、妇女和所有村民都参与进来，营造出宽松快乐的生活氛围。

乡建院还以郝堂村为基地，开展乡村建设培训工作，把乡村建设理念和方法传授给县乡村干部和乡建志愿者、协作者，促进乡村振兴中人力资本的增值。笔者受邀到培训班讲课时明确向基层干部讲，郝堂是从李昌平在当地党校讲课起步的。以郝堂村为样板的农村改革发展路径，完全符合习近平新时代中国特色社会主义思想，这里真真切切是看得见山、望得见水、让人记得住乡愁的富春山居图。笔者作为中央党校教授，愿意为乡建院敲敲边鼓。

三、蒲韩社区有个三位一体功能齐全的农民合作社

清远市在农村综合改革中引导农民办合作社，大宁县也在引导农民办合作社，乡建院则是陪伴农村基层干部和农民办合作社。这是正确处理农民与市场关系的不二法门，以合作金融为核心的乡村资本要运作起来必须如此。但是，从构建第四章已经讨论过的“三合一体”综合性农民合作社体系的角度看，这几个地方的农民合作社都还历史太短，全方位为小农户提供社会化服务的功能并不完善。本书举出最后一个案例，对于致力于乡村振兴的各方面人士或许有所补益。这就是山西省永济市的“蒲韩种植专业合作社联社”（以下简称“蒲韩联社”）。

（一）蒲韩联社成立的过程与基本情况

蒲韩联社是在永济市蒲州镇及韩阳镇范围内成立的区域性合作经济组织。发起者是原蒲州镇寨子村小学的女老师郑冰。1998年，她与丈夫开办了一家农资经销店。为了帮助购买农资的乡亲们掌握使用技术，郑冰在永济市妇联的帮助下，成立了农业技术培训学校和寨子村科技中心，既给当地农民带来了实惠，也扩大了农资销售量，自家也获得了可观的经济收益。但郑冰夫妇也发现，单纯靠传授农业科技，对小农户虽有帮助，但还是解决不了“卖难”“贷款难”等折腾了农民多年的老大难问题。

2007年7月1日，《中华人民共和国农民专业合作社法》正式实施。郑冰以培训了几年的当地农民为基础，由寨子村率先发起，在蒲州、韩阳两个镇范围内成立了28家农民专业合作社，为社员种植小麦、棉花、蔬菜、水果、芦笋、花生、坚果等诸多生产项目提供产前、产中、产后服务。后来这些专业合作社在郑冰指导下，归并成9家专业合作社。虽然专业合作社的规模扩大了，但在参与市场竞争过程中，各

个专业合作社都发现，自身业务范围狭窄、方式单一，竞争力仍然不强，风险很大，还需要开拓其他方面的合作，实现抱团取暖。

于是，郑冰在外部专家指导下，把合作社的业务逐渐扩大到产品销售和资金互助等方面。2012年7月，9家合作社再次联合，在工商部门登记注册为“蒲韩种植专业合作社联社”，成为具有综合服务功能的合作经济组织。因为蒲韩联社跨行政区域，也被一些专家和媒体笼统地称为“蒲韩乡村”或“蒲韩社区”。多方面的合作对当地农民产生了极大的吸引力。到2016年底，入社农户达3865户，占两个镇农户总数的57.7%，覆盖了24个行政村、43个自然村、耕地5万多亩。联社现有专职管理人员38人。如今的合作社业务涉及农业技术培训、土壤改良、日用品统购、农资统购、农产品统销、资金互助、老人互助养老、儿童及家长农耕教育、手工艺传承等9个方面，基本上涵盖了农民的日常生产和生活服务需求。

20年来，蒲韩联社遇到过挫折，更积累了经验。梳理他们走过的道路，对于更好地实施乡村振兴战略，尤其是实现习近平总书记要求的“组织振兴”，具有启示意义。

（二）蒲韩联社的主要经营项目与人才培养

经过多年的发展，蒲韩联社形成了以下经营项目：

1. 生态生产合作

（1）土壤改良和有机种植。还在开办农业技术培训学校时期，合作社就指导农户正确使用化肥农药。2010年前后，合作社自觉开始以改良土壤为目的进行有机生产统一指导。第一年，合作社号召社员自愿拿出1亩地进行有机种植实验。3年后推广到每户5亩，统一要求在改良的耕地上种植4~5种不同的作物或果树品种，这样做既是错开农时，为了防止一哄而上导致果品滞销，又能发挥家庭生产优势，使劳动力、资金都得到优化配置。全程有严格的技术指导和监控。

（2）生产生活资料购买服务。蒲韩联社从1998年起步，就开办了农资销售业务。到2003年，兴办了5家农资连锁超市。自2014年后又增加了为农户提供日用品统购服务项目。2017年的总交易额是1000万元，获利100万左右。

（3）农产品进城销售。为了推动绿色生产及其农产品销售，蒲韩联社到城市开办农产品消费商店。联社生产的有机农产品虽然价格比普通产品高30%左右，但信誉好，品质优良，在市场上大受欢迎。本着与市民共享的理念，城市消费店的销售员同时也是推广传播有机种植理念的辅导员，他们依托互联网技术，以“配送”方式与城市社区形成联合体。到2017年底，这些销售店铺已经设置到运城市和永济市的27个城市社区，每月服务8100多户居民，年交易额超过730万元。此举使合作社与城市居民建立了信任关系，走出了一条城乡融合的新路。

（4）兴办乡村旅游。蒲韩联社协调推进农村一二三产深度融合，制定统一服务接待标准，组织指导300个生态户自愿加入乡村旅游项目。2018年，以家庭农场的方式接待游客超过3万人次，旅游收入达到至少250万元。

2. 日常生活与文化服务

（1）合作养老。由于青壮年劳动力进城务工，农村的养老成为严峻的社会问题。因此，农户纷纷要求合作社兴办照料老人的服务项目。于是，蒲韩联社在村里租下民房，以入股合作的方式筹集资金，于2015年创立了“不倒翁学堂”即养老院。每位参加养老合作的老人由子女每月交费200元，合作社保证老人每天吃两顿饭。“不倒翁学堂”本着老有所为和老有所乐的精神，组织老人参与诸如挖野菜、做手工艺等轻便劳动来增加收入。这项合作虽非以营利为目的，但也没有让合作社贴补，基本上自负盈亏。养老院共设30个站点，每个站点安排2名护工、志愿者，还在全合作社内动员了30名义工参与养老服务，让75岁以上的老人不出村就可以养老。现有参与养老的老人360名。

（2）农村儿童教育。在高校专业人士指导下，蒲韩联社针对农村留守儿童开设儿童学堂、手工屋、兴趣屋等。儿童兴趣屋有12个，为儿童提供蒙学教育、自然教育、乡土教育等等。他们不是简单模仿城市幼儿园，而是针对乡村儿童特点，引导儿童热爱自然、热爱家乡，向儿童传授优秀传统文化与传统技艺。并在2016年起开办了夏令营，不仅吸引了本地儿童，还吸引了60名外村以及城市孩子。

（3）文化服务。合作社在发展过程中，看到了文化既是一种释放天性、改变自我的力量，又是一种团结凝聚的力量。所以，他们首先组织妇女跳广场舞，组织学习提高，倡导优良家风家教，批评不遵守文明规则、不孝敬老人、闹家庭矛盾的村民。这样，既增强了合作社的凝聚力，又提升了村庄的文明风尚。

3. 资金互助

农民贷款难一直困扰着农村经济发展。为了破解这个难题，2010年蒲韩联社与经济学家茅于轼创办的富平小额贷款公司建立了业务联系。但这家小贷公司设置的年化利率高达21%，不但农户很难承受，也使蒲韩联社陷入了债务危机。所以，3年后终止了与富平小贷公司的合作。为了摆脱债务危机和解决资金短缺问题，2012年9月，蒲韩联社在专家指导下，开办了社员资金互助业务，并且由专家引荐了香港施永青基金会出资1000万元作为启动资金。

蒲韩联社关于资金互助的章程规定，参加资金互助的社员可分别以资格股和资金股入股。高级社员可以户为单位向联合社贷款。高级社员除资格股外还可以入资金股。资金股为1000元1股，每户最多10股。每户可按照入一贷十的比例申请贷款。最高金额是3万元，最高月利率1.5%，期限最长1年。

为了切实帮助小农户，合作社根据农户需求，及时调整贷款额度和发放贷款的方式，尤其是对小额贷款用户，实行降低贷款利率的政策，甚至对贷款2000元以下者实行贴息，使真正有需求的农户得到了最大实惠，贷出去的款项虽然额度不大，但也因利率较低，贷款的需求不降反增。2015年放贷3500万元左右。2016年放贷4200万元左右。虽然因贷款额度而降低了利率，使资金互助的收入减少了一些，但是，联合社通过扩大购销业务的合作，整体的利润还是增加了。2016年的联合社盈利达到了400多万元。给社员返利280多万元。

4. 形成拥有合作理念的人才队伍和激励机制

乡村凋敝最明显的特征是缺少年轻人。但在蒲韩联合社却有很多返乡青年，其中女青年占了大多数，很多人是受过良好教育的大中专学生。这些青年妇女在加入合作社团队时，都经历过多次培训。她们衣着得体干净、待人淳朴热诚，认同合作理念，有责任感，对投身农民合作社事业充满自信。形成这个局面不是偶然的。蒲韩社区一直非常重视人才队伍的培养，形成了农村可持续发展的内生动力。

从2007年起，在“永济市农民技术培训学校”的基础上，以这个学校培训的人才为骨干，合作社建立了辅导员制度，通过辅导员与合作社社员进行深度联络沟通。现有辅导员113人，主要是来自本乡本土的青年。蒲韩联社要求辅导员工作积极主动，个人品行文雅高尚。联合社各部门的干事和专职人员都参加到辅导员团队中来。

为了让年轻人尽快成长，理事会和监事会负责人都由年轻人担任，任期届满后进行交流调整。 建立了与辅导员挂钩的分配机制。在收入上，5个业务部门独立合算，由部门干事负责运营，每月结算一次，纯利润按照合作社10%、部门10%、其他公益业务支出10%提取，其余返还社员。

（三）蒲韩联社给我们的启示以及面临的问题

蒲韩联社在20年的探索中，走过了磕磕绊绊的历程，总体上看，已经摸索出了一套“小农户与现代农业发展有机衔接”的具体办法，给我们以诸多启示，同时也面临着一些需要解决的实际问题。

1. 蒲韩联社给我们的启示

（1）农民合作社拥有“三位一体综合合作”的服务功能是完全可能的。根据习近平总书记的“三农”思想，2017年和2018年中央一号文件都要求发展“三位一体综合合作”，以“提升小农户组织化程度”。蒲韩联社已经具备了这样的服务功能，而且各服务功能之间相互支撑，既增强了合作社经营上的稳定性，也形成了对农户的强大吸引力。证明了习近平合作经济思想完全符合农民的根本利益诉求和客观经济规律。笔者比较了亲身考察过或媒体上介绍过的众多农民合作社，其中包括供销合作社系统的基层社，蒲韩联社是全国范围内功能最全、运行最稳定、拥有社员最多的“三位一体”农民合作社。

（2）综合合作支撑农民专业合作社可持续发展。我国农民合作社的主要形式是以某个经营项目为核心的专业合作社，全国已经超过200万个，其中绝大多数处于“僵尸”状态。蒲韩联社的原点是郑冰夫妇的农资经销店，也属于从专业合作社起步。但管理团队没有拘泥于某个项目，而是把各个专业合作社整合到联合社中，形成综合服务优势，把农户手中掌握的土地、产品、资金、人才、市场信息等多种要素有机地组合成市场竞争优势，有效地改变了专业合作社单打独斗的艰难局面。迄今为止，不仅联合社生机勃勃，每个加入到联合社的专业合作社也都充满活力。

（3）发挥熟人社会优势构建乡村治理有效的组织载体。乡村是一个熟人社会，村民之间的互信互助远比城市重要。蒲韩联社在发展的过程中，管理团队自觉或不自觉地把熟人社会原理和制度优势发挥出来了。他们特别尊重本地的公序良俗，在管理人员中注意培养大公无私、全心全意为农户服务的精神。以此为前提，蒲韩联社在兴办各种事业当中，注意引导社员形成积极正面的思想道德观念，关心村内的公益性事务，帮扶贫困人口，在开展经营活动的同时，也进行社会建设和文化建设，形成了基于熟人社会的乡村治理载体。

2. 蒲韩联社面临的问题

蒲韩联社是由农民自发办起来的，在发展过程中也接触到了方方面面关注农民合作社的人士或组织，毋庸讳言，也存在一些亟待解决问题。

（1）合作社的社会化服务与政府的公共服务重叠。蒲韩联社为了解决乡村的社会问题，增强合作社的吸引力，以合作方式开展了一些养老、助小等经营性业务。形成这个局面是有历史原因的，当时政府的公共服务在这些领域处于“缺位”状态，合作社及时“补位”，为农村的社会建设做出了贡献。如今，政府加大了针对农村的社会建设工作力度，整个运城市在农村普遍设立“老人日间照料中心”，与合作社产生了理念冲突和工作上的重叠。有些党政官员认为，当政府来“站位”的时候，合作社就应该“退位”。这就使原本并不复杂的问题变得棘手起来。

（2）偿还施永青基金借款压力让联合社再次面临资金链断裂危机。蒲韩联社引入施永青基金作为资金合作方后，虽然解除了富平小贷公司带来的资金链断裂危机，并在合作社内部开展了资金互助业务，但由于放贷资金80%来自于施永青基金，合作社内部向社员筹措的资金只占20%，而且蒲韩联社向来自于施永青基金放贷资金支付高达8.4%的年化利息，使蒲韩联社与施永青基金的合作合同到期后面临资金链断裂的现实危险。

（3）蒲韩联社在当地党政组织与外来力量之间纠结。蒲韩联社在籍籍无名的起步阶段，是受到永济市妇联、科协等部门大力扶持的，镇村党政领导也给予了各种各样的支持。但是，在合作社有了一定起色后，外部一些热衷于农民合作社发展的人士和组织似乎在这里看到了希望，便越来越多地以调研及业务指导的方式介入进来，对联社管理层面灌输了很多新的理念，甚至帮助合作社消除了资金断裂危机。在这个过程中，当地党政领导和相关部门领导就有了被边缘化的感觉，形成了近些年来不支持、不反对的基本态度。而作为合作社发起人的郑冰也常常在当地党政领导和外来专家之间感到茫然不知所措。她既希望得到党委政府的认可和支持，又担心党政领导介入后让合作社偏离专家指引的发展方向。

2018年春节前夕，笔者和中央党校同事前往蒲韩联合社及当地党委政府调研，既感受到了“三位一体综合合作”的旺盛生命力，又深深感到过时的观念和体制机制也束缚着它的发展。

第三节　总结、建议与展望

这是本书最后一节。简短的内容，不仅总结这一章的4个案例，也关照到前面4章阐述的乡村振兴理论。在此基础上，对阅读本书的党政官员和“三农”领域的学者提出建议，也展望一下未来。

一、总结

城乡融合发展，是习近平总书记对城乡关系和工农关系的顶层设计，更是对实施乡村振兴战略的顶层设计。

如何从经济发展理论尤其是农业农村经济发展的角度理解城乡融合发展，如何在实践上实现城乡融合发展，是本书讨论的中心问题。在笔者看来，城市剥夺农村、工业剥夺农业固然做不到城乡融合发展，反过来农业农村农民以弱者的身段仰赖城市和非农产业的呵护也不行，而是要让农业农村农民自身强大起来，也就是习近平总书记反复强调的要形成农业农村发展的“内生动力”。

通读本书可知，上述看法源自毛泽东创立的农村包围城市理论与实践。毛泽东带领秋收起义失败的革命队伍上井冈山之前，中国的农民不仅贫弱，甚至愚昧，这也是中国积贫积弱的根源。毛泽东用“打土豪分田地”的办法把他们组织起来，成为世界上最能打仗的革命队伍，打出了中国的朗朗乾坤，打得世界上多行不义的军事强国胆战心惊，落花流水。胜利之本在于建立了党指挥枪的根本原则，党指挥军队为人民的根本利益而战。

城市和非农产业的发展靠资本。迄今为止，我国农业农村农民相对于城市资本处于弱势地位，就在于没有形成资本制度。所以，本书提出了“乡村资本”概念。乡村资本同人民军队的性质一样，是为人民首先是为农民尤其是为种田农民服务的，属于农民尤其是属于种田的农民。至于怎么样做到乡村资本属于种田的农民，几个案例给出了具体方法，透视这些具体方法，就能看到蕴含于其中的道理。

有人可能质疑：你举出的那几个案例哪里像资本？笔者的回答是，这几个案例中的主人公都是资本运作的高手。资本意味着扩大再生产，货币不断增值，增值的奥秘是交易成本低、效益高。叶屋村、新城村的农民种田可以无成本获得土地，交一些承包费好像是成本，却是用来为下一个生产周期降低生产成本服务，为交承包费的承包户增加福利服务。大宁县的合作社、乡建院陪伴的合作社，蒲韩联合社，都是这样，把农民组织起来，从农民身上赚钱，为被赚钱的农民服务。李昌平为了防范金融风险，降低信贷业务成本，把一群老人动员起来，就管用了。这是世界上最高明的资本运作，当今最发达的资本主义国家没有，是中国特色社会主义市场经济制度中形成的资本，是一群为了改变贫穷落后面貌的中国农民之间形成的合作关系。

讲述这几个案例之后，还有一个让笔者惊讶的发现，那就是这些案例的主人公都不约而同地进行了农用地和村庄的整治，不但没有造成过剩，还扩大了内需，推动了农村产业转型升级。这让笔者打消了撰写第五个案例——山东省青州市南张楼村在德国农村土地整治专家指导下，按照“城乡等值化”理念整治土地和村庄的经验——的念头。但德国专家提出的理念及其做法，即在整治土地和村庄的过程中要保护好生态环境和人文传统，让乡村具有不低于城市的生产生活价值，确实值得中国的官员和学者学习。

资本是由企业家运作的。真正的企业家不能制造过剩，要不断地转型升级。在中国共产党领导下，农民组织起来，把土地、资金、劳动力高效率地配置在一起，实现了经济学家所谓的“帕累托改进”，甚至是“帕累托最优”，不称作乡村资本，还能叫什么呢？！

二、建议

按照写作常理，总结之后就可以收笔了。但为了加强针对性，笔者认为，向读者提出一些建议或许是必要的。

第一，深化农村改革要按照顶层设计推进。

习近平总书记在2017年中央农村工作会议上讲话中强调："改革是乡村振兴的法宝"。对于这个论断所有人都会赞同。但究竟如何改，又会众说纷纭。笔者认为，新时代的改革与40年前的改革相比，已经有了不同的特点。2019年1月23日，在中央全面深化改革委员会第六次会议上，习近平指出，党的十一届三中全会是划时代的，开启了改革开放和社会主义现代化建设历史新时期。党的十八届三中全会也是划时代的，开启了全面深化改革、系统整体设计推进改革的新时代，开创了我国改革开放的全新局面。这就告诉我们，新时代全面深化改革，已经不再采用40年前的"摸着石头过河"的办法，而是"系统整体设计"。习近平在第八次中央政治局集体学习时指出"党中央已经明确了乡村振兴的顶层设计"。所以，深化农业农村改革，必须把以习近平为核心的党中央对乡村振兴的顶层设计学懂弄通，要明确树立"四个意识，"不能随心所欲。特别要注意，习近平总书记给深化改革画出的两条底线绝对不能触碰，那就是既不走封闭僵化的老路，也不走改旗易帜的邪路。触碰了两条底线就不是改革。比如，那些恢复农村土地私有制的主张和实际举措就不是改革，而是倒退，是走改旗易帜的邪路。

第二，解放思想要针对违反乡村振兴顶层设计的条条框框。

习近平总书记能够对乡村振兴进行顶层设计，既是深刻全面总结国内外农业农村现代化经验教训的结果，更是针对我国农业农村现代化进程中多年能够解决却没有解决的实际问题。农村改革已经40年，比人民公社的历史整整长了一倍。现在农业农村现代化进程面临的制度障碍不能说与人民公社体制没有任何联系，但主要问题还是农村改革后造成的，形成了一些束缚生产力发展的条条框框。比如，在巩固和完善农村基本经营制度方面，只讲"分"不讲"统"，把一味的"分"

当成教条，甚至要“分”到土地集体所有制成为“空壳”。所以，解放思想，推动乡村振兴，不是一些人想说什么就说什么，而是要像毛泽东领导延安整风、邓小平领导检验真理标准大讨论那样，有很强的针对性和现实性。在新时代乡村振兴中解放思想，就是要在习近平总书记领导下，破除那些与乡村振兴顶层设计不相符的思想观念和体制机制。

40年农村改革取得的巨大成绩不容否定。一些新自由主义经济学家按照他们的逻辑进行解读是不能接受的。在他们看来，新中国成立之后尤其是农业社会主义改造之后农村的社会主义制度没有任何可取之处，搞市场经济就要将其全部废除。理由是产权不清，资源配置效率低，交易成本高。本书已经指出，土地集体所有制被事实上瓦解之后，土地粗放经营甚至撂荒问题一直解决不了，农民为主体的农田水利建设也不如农村改革前，资源配置效率也是很低的，而且剥削现象死灰复燃。这证明新自由主义经济学那一套主张在中国行不通。毛泽东创立的土地集体所有制经过市场经济的洗礼，可以做到土地所有者、经营者、劳动者三者利益和谐统一，堪称帕累托最优，具有新自由主义经济学解释不了的制度优势。所以，解放思想，既要突破“左”的教条束缚，也要突破“右”的教条束缚。

第三，破除体制机制弊端，突破利益固化樊篱。

所有改革都是针对体制机制弊端，都会打破旧有利益格局。本书的几个案例都证明，现行农业农村经济体制确实存在弊端，也形成了利益固化樊篱。但只要按照中国特色社会主义本质要求进行大胆改革，就能够解决多年积累下来的老大难问题，农民的积极性和主动性就能够调动起来，形成农业农村发展的内生动力。

第四，涉农部门要以勇于自我革命的精神推进改革。

改革，改别人比较容易，改自己则比较难。习近平总书记多次要求全党尤其是各地各部门领导干部，要以勇于自我革命的精神参与到全面深化改革的伟大斗争中来。如果说前三条建议主要是说给从省到乡各级党政领导干部听的，那么这里也要对涉农部门领导干部提出建议。

农业农村工作行政主管部门指导深化农村改革，最重要的课题是如何“巩固和完善农村基本经营制度”。这其中最根本的问题是农村土地集体所有制是否还要坚持。习近平总书记的态度是非常明确的。他多次对主管部门表示：无论怎么改，不能把农村土地集体所有制改垮了，不能犯颠覆性错误。所以，农业农村主管部门就有责任和义务回应总书记提出的要求。农村土地集体所有制到底垮了还是没有垮？农村土地集体所有制有什么优势，如何表现出来的？有哪些成功经验值得推广？如何让广大农民尤其是种地农民的根本利益从土地集体所有制中得到保护？

发改委和财政部门应围绕涉农财政资金使用效果和效率问题，着眼于农民组织化程度的提高和发展壮大集体经济，着力解决条块分割、部门利益以及形式主义造成的资金大量浪费问题。

农村金融主管部门应该明确回答：农村金融体制的目标模式是商业金融还是合作金融，存贷利差归谁分享？如何通过农村金融体制改革提高农民组织化程度，发展壮大集体经济，促进农民共同富裕？

供销合作社系统深化改革的顶层设计已经明确，那就是2015年中央11号文件的基本精神，构建“三位一体综合合作”体系，在经济上成为农民生产生活服务的综合平台，在政治上成为党委政府与农民之间的桥梁和纽带。但几年过后，为什么很多农户仍然没有从供销合作社改革中受益？

妇联和共青团如何在提高农民组织化程度中发挥应有的作用，如何在参与构建综合性农民合作社体系中找到自己位置?

三、展望

我们党的历史上有两次马克思主义中国化，都是从解决农村根本性问题开始的，让中国站起来了，也富起来了，取得了改造中国且影响世界的巨大历史功绩。

习近平领导的全面深化改革，是又一次马克思主义中国化。实施乡村振兴战略，表明习近平同毛泽东、邓小平一样，仍然把解决“三农”问题摆在全面深化改革重中之重的战略地位上。习近平对乡村振兴的顶层设计，不仅高瞻远瞩，更切中农村体制机制弊端。我们有理由相信，按照习近平的顶层设计实施乡村振兴战略，中国必将强盛起来；中国在农业农村现代化进程中发挥制度优势，赶上韩国，追赶日本，不再遥不可及，是完全能够实现的伟大梦想。